관계와 책임

관계와 책임

초판인쇄 2018.12.20
지은이 이승갑
디자인 신별나(byul_na@naver.com)
펴낸곳 여울목
출판등록 2014.4.30
주소 서울시 마포구 동교로3길 79, 404호
전자우편 pfpub@naver.com
팩스 0504-137-6584

Copyright ⓒ 여울목 2018

*이 책은 저작권법에 따라 보호받는 저작물이므로 무단 전제와 복제를 금합니다.
*잘못된 책은 바꾸어 드립니다.

ISBN 979-11-87254-24-9(03230)
값 15,000원

이 도서의 국립중앙도서관 출판예정도서목록(CIP)은 서지정보유통지원시스템 홈페이지
(http://seoji.nl.go.kr)와 국가자료종합목록시스템(http://www.nl.go.kr/kolisnet)에서
이용하실 수 있습니다. (CIP제어번호 : CIP2018041061)

Relationships & Responsibilities

관계와 책임

과정-관계적 사고로 책.임.있.는. 신학하기

이승갑 지음

추천사

이승갑 박사의 여섯 편의 주옥같은 글들이 묶어져 『관계와 책임』이란 제목으로 출판된 것은 한국의 교회와 신학을 위해 매우 유의미한 일이 아닐 수 없다. 이 책의 출판이 한국의 교회와 신학을 위해 매우 의미 있는 것은, 특히 다음 두 가지 이유에서이다. 첫째, 이 책은 정통주의 신앙과 신학을 가진 사람들에게 아직도 다소 생소하거나, 심지어 의심스럽게 느껴지는 화이트헤드의 과정사상의 관점에서 쓰였다. 과정사상의 가장 큰 특징은 관계적, 역동적 세계관에 있다고 할 수 있다. 과정사상에 따르면, 시간을 가로질러 지속되는 실체적, 정적 존재가 타자와 관계를 갖는 것이 아니라 상호관계성 안에서 관계적, 역동적 존재가 매순간 생성되고 변화한다.

둘째, 이 책은 하나님의 절대적 주권과 지배가 아니라 인간 편에서의 자유의지와 책임을 강조하는 과정사상적 인간론을 보여주고 있다. 과정사상에서 세계의 미래는 닫혀 있지 않고 열려 있다. 왜냐하면 세계를 인도하시는 하나님의 힘이 일방적, 강제적이지 않고, 설득적, 상호적이기 때문이다. 이와 같은 개방적 세계에서는 하나님과의 상호적 관계 안에서의 인간의 자유로운 선택과 결단, 그리고 책임 있는 실천의 중요성이 강조되고, 따라서 인간은 하나님과 협력하는 공동 창조자(co-creator)라고 불린다.

하나님이 세계와 갖는 설득적, 상호적 '관계'의 방식이 그러한 관계 안에서의 인간의 자유로운 선택과 결단, 그리고 실천을 통한 '책임'을 요청한다. 이런 의미에서 이 책의 제목이 '관계와 책임'이다.

이 책의 앞의 세 마당은 보다 이론적인 부분으로서, 과정사상의 관계론적 세계관과 그러한 세계관에 기초한 기독교인의 삶, 종말론적, 생태-윤리, 그리고 동물신학을 고찰한다. 그리고 뒤의 세 마당은 보다 실천적인 부분으로서, 과정사상의 관계론적 세계관에 기초한 인간의 실천적 책임을 위한 과제들을 생명과학, 다문화화 현실, 민족주의 등의 문제들을 중심으로 고찰한다.

첫째 마당 "과정-관계적 사고와 기독교인의 책임적 삶"에서는 오늘의 생태학적 위기, 사회 경제적 부정의와 소외, 정치적 억압과 고난 등의 주제들을 중심으로 하나님과의 공동 창조자로서 인간의 책임적 삶의 방향을 제시했다.

둘째 마당 "과정사상과 종말론적 생태-윤리"에서는 오늘날 전 세계가 직면하고 있는 생태학적 위기의 상황에서 하나님과의 공동 창조자로서의 인간에게 요구되는 기독교의 생태윤리를 과정사상적 종말론의 관점에서 제안했다.

셋째 마당 "과정-관계적 신관과 동물신학"에서는 모든 존재의 상호의존적 관계성과 비-인간 피조물의 가치에 대한 과정사상적 이해에 근거해서 피조세계 안의 모든 생명과 비-인간 타자에 대한 경외를 강조하는 동물신학의 가능성을 제안했다.

넷째 마당 "생명과학의 발전과 신학적 인간 이해"에서는 생명과학의 발전으로 인해 장기복제, 나아가 인간복제 시도가 이루어지는 오늘날의 상황에서 이에 대한 기독교적 입장을 신학적 인간 이해의 관점에서 다루었다.

다섯째 마당 "다문화화 현실과 (문화)민족주의의 극복"에서는 최근 급속하게 진행되는 우리사회의 다문화화 현실 속에서 지적되는 (문화)민족주의 문제를 사이드, 호미 바바와 같은 탈식민지 이론가들의 이론, 특히 바바의 혼종성 개념을 중심으로 비판적으로 숙고하고, 비배타적, 관계회복적 정의를 구현할 수 있는 길을 제시했다.

여섯째 마당 "민족주의를 넘어 세계주의로"에서는 오늘날의 신민족주의 시대의 민족 이기주의와 종교적 우월주의를 극복하기 위한 길을 아벨라르의 온건한 실재론을 토론하고, 모어와 에라스무스와 같은 인물들의 세계주의적 사상을 고찰함을 통해 제시했다.

독자들이 이 책을 통해 하나님과 이웃과 미래와의 관계성 안에서 새로운 자기정체성을 발견하고, 하나님 앞에서 단지 죄인일 뿐만 아니라 동시에 공동 창조자로 부름을 받은 그리스도인으로서 부조리하고 혼란한 이 세상의 현실 속에서 각자가 책임적으로 결단하고 실천해야 할 소명적 과제를 새롭게 깨닫게 되기를 기대한다.

2018. 10. 24

윤철호

장로회신학대학교, 조직신학 교수

책을 펴내며

이 책은 필자가 학술지 등에 기고한 글들 가운데 특히 '과정신학'의 관점을 가지고 썼거나 과정신학의 메시지와 맥락을 같이하는 글들을 모아 만들었다. 굳이 출판의 의의를 말한다면, 하나님의 예정이나 섭리에 대한 신앙 위에 굳게 서 있어야 할 장로교 목사인 필자가 하나님의 창조사역의 지속과 인간의 자유의지, 또는 책임의 의의를 강조하는 신학적 성향을 가지고 쓴 글들을 모았다는 데 있을 것이다. 말하자면 장로교 목사가 감리교 성향의 신학을 말하고 있는 것이다. 같은 맥락의 이유이기도 했겠지만, 오랜 시간 망설인 끝에 신학의 길에서 소임을 다한다는 생각으로 실행에 옮기게 된 것이므로 독자들이 넓은 아량으로 대해 주길 바란다.

필자가 '과정신학'을 진지하게 접하게 된 때는 대략 20년 전 드루(Drew) 대학교에서 박사과정 코스웍을 시작하던 시기였다. 당시 필자는 서양 철학사조의 역사적 변천은 인류가 실재를 파악하는 방법이 시대마다 변해왔음을 보여 준다는 사실에 주목했다. 필자가 가지게 된 질문은 "오늘날 서구 문화의 전통에 대한 인류의 불만이 점증하고 있는데, 사회적인 것이든 종교적인 것이든 제도들과 그것들의 근간이 되는 사상들이 과연 인류사회의 미래를 대처하기에 적절하고 충분한가"라는 것이었다. 무엇보다도 오늘날 실재는 근본적으로 관계적이며 끊임없이 유동하는 것으로 경험되고 있으며, 현대과학의 발달이 고전 물리학의 결정론적이며 절대적인 인과율로부터 결별해 왔다는 통찰 등이 필자에게 신선하게 다가왔고, 그것들을 신학적 작업에 적용될 수 있다는 가능성에 주목하게 되었다.

"실재가 과정(Process)이다."라는 과정적 실재 인식에서 구상된 것이 20세기 초 화이트헤드(Alfred N. Whitehead)의 과정사상이고, 그것에 뿌리를 둔 것이 '과정신학'(Process Theology)이다. 필자는 과정신학이 우주를 근본적으로 상호 연결된 사건들의 역동적인 그물로 보는 등, 창조세계의 질서에 대한 새로운 관점들을 제공하고, 결과적으로 미래에 대한 새로운 종말론적 관념들을 열어줌으로써 기독교신학에 지속적으로 도전해 왔다는데 착안했다. 또한 하나님과 하나님의 세계를 향한 관계방식에 대한 관계적 관념들에 집중하였고, 그것들의 종말론적 의미의 차원들을 숙고해 봄으로써 하나의 과정신학적 종말론을 구상했다. 말하자면 과정사상의 관계적 사고는 신학과 과학(특히 우주론)의 관계에 대한 논의와 관련하여 새로운 관점들로 현대 신학을 도전해 왔고, 결과적으로 기독교신학이 더욱 통전적인 세계관을 구성하는데 필요한 건설적인 제안들, 예를 들어 이 현실 세상의 미래적 상태에 대한 기독교적 희망과 관련하여 하나의 적합한 기독교 생태-윤리를 위해 필요한 비전을 제공해 준다고 본 것이다.

화이트헤드의 『과정과 실재』(Process and Reality, 1929)에서 필자가 특히 주목한 것은 두 가지였다. 첫째는 그의 '양극적 신개념'(a dipolar concept of God), 즉 하나님의 '원초적(primordial)이고 결과적(consequent) 본성'에 관한 것이다. 화이트헤드에 따르면, 하나님은 '원초적 본성', 즉 초월적(transcendental) 또는 개념적(conceptual) 본성에 따라 '제한의 원리'(principle of limitation)로 행동하는데, 말하자면 새로운 모든 가능성들의 현실화를 이 세상을 향해 제시하고 또한 세상을 설득한다. 또한 하나님은 그 '결과적 본성'에 따라 세상에 의해 또한 스스로 영향 받는다. 말하자면 하나님은 미래를 위한 이상적 목표들을 설정하지만, 결국 시간을 보존하고 시간 안에서 일어난 모든 것을 보존함으로써 인간과 인간 이외의 피조물들을 통해 자신의 현실태(actuality)를 확장시킨다는 것이다.

둘째는 하나님의 본성과 세상에 대한 하나님의 관계방식의 본질에 관한 것으로 하나님의 '설득적인 힘(능력)'(persuasive power)에 대한 화이트헤드의 이해이다. 과정사상은 하나님의 활동과 관련하여 강요(coercion)가 아닌 설득(persuasion)이라는 의미로 '하나님의 설득적인 힘'에 대해 말한다. 하나님은 각각의 현실재를 하나님의 원초적 본성에 상응하는 미래를 향하여 이끄시기 위해 설득적인 힘을 사용하여 일하신다. 하나님의 '설득적인 힘' 관념은 세계의 미래, 지속적 창조 안에서의 하나님과 세계의 관계, 종말(eschaton) 등과 같은 전통적인 종말론적 주제들과 관련하여 새로운 이해들을 가능하게 한 것으로, 여기서 필자는 하나의 생태학적 재구성을 위한 일련의 종말론적 비전들을 제안 받은 것이다.

하나님의 설득은 결국 인간의 자유에 대한 인정과 강조를 의미한다는 점에서, 과정신학의 하나님은 피조물의 자유 안에서의 선택과 결단, 그리고 자기-창조성을 위한 여지를 적극적으로 열어주는 분이다. 피조물은 하나님으로부터 부여받은 설득적 사랑에 힘입어 끊임없는 창조적 변화, 새로운 가능성의 현실화를 위해 활동할 수 있다. 따라서 궁극적 미래와 관련해서도 우리의 자유는 그 어떤 미래의 나라, 하나님의 책임적 사랑의 충만으로 나아감에 있어 그 나름의 역할을 수행한다. 문제는 인간이 하나님의 설득적 본성에 온전히 순응할 것이라는 것과 관련해서 절대적 보장은 없다는 것이다. 사실상 복수(複數)의 가능한 미래들 가운데 하나로 나아감에 있어 단지 현재 안에 자유가 있을 뿐인 것이다.

그러므로 과정신학에 따르면, 미래는 온전히 열려있고(open), 불확실하며(uncertain), 또한 그만큼 위험(risky)하다. 역사 안에서 일어날 일들은 인류가 어떻게 선택하고 행하느냐에 크게 달려 있다. 여기서 하나님이 스스로 자신의 현실태를 확장시킨다는 것은, 하나님은 자신의 원초적인 본성과 결과적 본성에 의해 끊임없이 창조적 진전에 참여한다는 것을 의미한다. 그것이 곧 역사의 미래를 향한 희망의 근거이다. 하나님은 시간 안에서 매 순간 앞으로 나아가며, 우주 전체를 통해 모든 개별 사건으로부터 모든 결과적 자료들을 통합해 간다. 따라서 역사의 미래에서 새로움(novelty)은 우리가 만나는 것인 동시에 우리가 기여하여 초래되는 것이다. 이와 같이 역사가 실제로 개방되어 있다는 의미에서, 역사에는 분명 의미가 있다. 미래는 단지 하나님으로부터 오는 것이 아니라, 하나님 안에서 그리고 하나님에게서 되어 가는 것이며, 하나님에게서 조차 진정으로 열려 있다.

앞서 말한대로, 오랜 시간 책출판을 망설인 이유는 필자 역시 과정신학의 가능성에 대한 학계의 우려와 비판이 그것에 대한 기대와 칭찬보다 훨씬 더 크다는 점을 잘 알고 있고 그런 의견에 대체로 동의하기 때문이다. 많은 이들이 지적하는 것처럼, 과정신학은 하나님과 자연의 관계를 설명하기 위한 하나의 모형으로 특히 과정신학의 창조론, 기독론, 종말론 등은 전통적 신학이해와 필연적으로, 그리고 크게 충돌하는 것이 사실이다. 무엇보다도 과정신학과의 대화는 성서적 신앙과 신학적 전통과의 관계 속에서 항상 신중하게 시도되어야 한다. 그럼에도 불구하고 과정신학은 우리 시대의 다양한 이슈들에 스스로를 더욱 관계시키고자 하는 신학이며, 그런 점에서 어느 신학보다 더 응답적이며, 책임적인 신학의 하나로 주목받기에 충분하다는 점은 고려되어야 할 것이다. 이 책에 실린 글들을 관통하는 키워드 '관계와 책임'은 필자가 과정신학으로부터 배운 바의 요약이다.

신학은 언제나 윤리를 수반해야 한다. 하나님의 섭리를 신앙하는 우리에게는 당연히 희망해야 할 일이 많다. 그러나 동시에 관계와 책임 안에서 우리가 해야 할 일도 많다. 이 시대에 적절하고 필요한 신학은 이 시대의 문제들에 대해 응답하는 신학이고, 관련이 있는 신학이며, 책임적인 신학이다. 책임적이고 실천적인 영성의 기독교인들이 하나님과의 공동창조 안에서 세계를 변화시켜 나가고, 고난당하는 피조세계를 위해 함께 협력해 나갈 수 있을 것이다.

아무쪼록 이 책이 생태계 파괴, 동물권, 생명과학의 발전, 다문화화, 신민족주의의 도전 등, 이 시대 기독교인으로 살아가면서 관계와 책임을 고민하는 독자들이 그 신학적 성찰을 더해 가는데 작은 도움이 되길 바란다.

끝으로 감사의 뜻을 담아 몇 분의 이름을 남기고자 한다. 우선 과정신학 문외한인 내게 학문 못지않게 삶을 통해 과정적 사고를 가르쳐 주신 드루대학교의 켈러 교수님께 이 작은 책을 드리고 싶다. 그녀가 보여준 학자적 열정과 진솔하고 소박한 삶은 언제까지나 나를

돌아보게 만드는 채찍이 될 것이다. 그녀의 성품으로 보건대, 이 보잘 것 없는 결과물조차도 그녀에게 보람과 기쁨이 될 것이라 믿는다. 그리고 여전히 셀 수 없이 많겠지만, 너무 어색하거나 아예 의미가 전달되지 않는 문장과 표현을 지적하고 수정을 제안해 준 친구 같은 제자 김신영 목사와 아내의 친구 유진씨, 내가 각오해야 할 창피함을 조금이라도 줄여주고자 정말 바쁜 스케줄이었음에도 시간을 내 준 두 사람의 우정과 응원에 감사드린다. 공연한 부담을 주는 것인 줄 알면서도 이 일에 끌어들이기로 한 것은, 그들에게 조금은 즐거움도 있을 거라고 생각했기 때문이다. 또한 지난 수개월 마치 주말스터디 하듯 매주 만나 계획에서부터 편집과 디자인까지 시간과 수고를 아끼지 않고 책을 만들어준 여울목 대표 민대홍 목사에게 깊은 감사의 마음을 전한다. 나로서는 오래도록 기억에 남을 즐겁고 행복한 경험이었다. 그리고 부족한 남편을 언제나 변함없이 응원하고 기다려주는 아내 영신, 많이 고맙고 사랑한다.

계절이 가을의 끝에 있다.
지난 여름 한 가운데서 시작된 여든 다섯 아버지의 병세도 그만큼 깊어지셨다. 여기에 어울리지 않겠지만, 죄송하게도 당신의 건강을 전혀 의심하지 않았던 그 날 어떤 예언처럼 페북에 적었던 글을 그대로 옮겨 적어 본다.

나보다 서른 살 위 이신,
그런데 더 청년 같으신 아버지
어떤 친구보다 더 친구 같으신 아버지

혹시 천국에서 하나님이 제게
세상에서 가장 큰 친절을 베푼 사람이 누구였는지 물으신다면
저는 아버지를 가장 먼저 꼽겠습니다
오늘도 더위 아랑곳하지 않고
자전거 끄시고 큰길가까지 나오셔서
한참을 오가는 차들 세며
평생 손님 같은 아들 기다리셨을 아버지
고마우신 아.버.지.

2018년 11월
사랑관 연구실에서
이승갑

추천사 4

책을 펴내며 7

첫째 마당

과정-관계적 사고와 기독교인의 책임적 삶 19

_ 왜 화이트헤드의 과정사상인가?

_ 신학의 문제들로서의 관계들: 하나님과 세상, 하나님 나라와 현실세계

_ 관계적 존재로서의 인간

모든 존재들과의 내적 관계 속에 있는 인간

자유와 책임의 존재로서의 인간

되어감(becoming)의 존재로서의 인간

인간의 가치와 기여의 보존

_ 세계 안에서 기독교인의 책임적 삶

'이' 세계(땅)와 '이' 역사에 대한 책임

비-인간 타자들(nonhuman others)에 대한 책임

고난당하는 자들에 대한 책임

변두리의 삶들(marginal cases)에 대한 책임

_ 맺는 말: '생명'을 중심으로 한 신학 전반의 재구성 필요

둘째 마당

과정사상과 종말론적 생태-윤리   61

_ 생태학적 위기와 종말론적 생태-윤리

_ 과정신학의 신(神)관념으로 구성해 본 종말론

_ 과정신학의 종말론

_ 과정신학의 종말론과 생태-윤리

_ 과정신학의 종말론에 비추어 본 전통적 종말의식의 문제

_ 맺는 말: 한국교회를 위한 종말론적 생태-윤리

셋째 마당

과정-관계적 신관(神觀)과 동물신학(Animal Theology) 97

- 동물권(動物權) 이슈, 왜 과정사상인가?
- 과정사상과 비-인간 피조물의 권리

    과정사상과 과정-관계적 범재신론(panentheism)

    심층생태학(Deep Ecology)의 도전과 인간중심주의의 극복

    과정-관계적 생태영성과 비-인간 피조물의 권리

- 동물신학으로서의 과정신학

    과정신학자들의 동물권 이해

    맥다니엘(Jay B. McDaniel)의 관계적 생태영성

    린지(Andrew Linzey)의 신학적 동물윤리

- 과정신학으로서의 동물신학과 과정-관계적 동물윤리

    과정신학으로서의 동물신학의 가능성

    과정-관계적 동물윤리의 의의

- 맺는 말

넷째 마당

생명과학의 발전과 신학적 인간 이해 139

_ 생명(인간)복제와 생명윤리 논란

_ 신학적 문제로서의 인간복제

_ 인간생명의 고유성과 개별성

_ 인간생명의 존재 가치

_ 하나님의 공동-창조자(Co-creator)로서의 인간의 책임

_ 맺는 말

다섯째 마당

다문화화(多文化化) 현실과 (문화)민족주의의 극복 183
: 바바(Homi K. Bhabha)의 혼종성(Hybridity)에 대한 신학적 숙고

_ 급속한 다문화화(多文化化)와 (문화)민족주의의 문제

_ 사이드(Edward Said)의 식민주의 담론으로 본 한국의 (문화)민족주의

_ 바바의 탈식민주의 문화 비평과 '혼종성'(Hybridity)

_ '혼종성'(Hybridity) 개념에 대한 신학적 숙고

_ '제3의 공간'으로서의 혼종성

_ 맺는 말

여섯째 마당

민족주의를 넘어 세계주의로 221
: '시대의 중재자' 아벨라르, 모어, 그리고 에라스무스의 비전을 중심으로

_ 신(新)민족주의의 도전, 어떻게 볼 것인가?

_ 철학적 중재자 아벨라르의 '온건한 실재론'

_ 교회정치적 중재자 모어의 '중도적 공의회주의'

_ 정치적 중재자 에라스무스의 '반(反)민족주의적 세계주의'

_ 맺는 말

도움받은 글   262

첫째
마당

과정-관계적 사고와 기독교인의 책임적 삶*

* 이 글은 「제10회 소망신학포럼」(2009년 5월)에서 발표한 논문("하나님 나라와 기독교인의 삶 – 과정사상에 따른 현실세계 안에서의 더욱 책임적인 삶을 위한 신학적 제언")을 책 출판을 위해 요약한 것이다.

이 글은 교회의 현실참여를 도전하려는 목적을 가진 신학적 숙고의 한 시도로, 굳이 표현하자면 성격상 종교철학적 사고에서 출발한 글이라고 할 수 있다. 필자의 소박한 기대는 급격하게 변화하는 정치, 경제, 문화, 생태적 상황에 한국교회가 적합하고 책임있는 신학적 성찰로 대응하고자 할 때 이 글이 하나의 참고 문헌이 되었으면 하는 것이다. 최근 우리사회에 팽배해 가는 반기독교적 정서가 주는 메시지는 바야흐로 교회의 공적 위상 회복을 위해 다수의 전통적 신학 진술을 재구성하고, 기독교적 삶에서의 구체적인 실천을 요구하는 것이다. 이 글에서 필자는 최근의 다양한 현실참여 신학들에 매우 관련성 있고 전향적인 신학적 관념들을 제공해 온 소위 '과정-관계적 신학'(process-relational theology)의 관점을 배경으로 상호연관성과 상호의존성의 세계 안에서 하나님과의 공동 창조자로서의 인간실존이 가지는 책임적 차원을 오늘의 생태적 위기, 사회·경제적 부정의와 소외, 정치적 억압과 고난 등의 이슈들에 관련시켜 토론한다.

　이 글에서 필자는 먼저 과정사상의 바이블로 불리는 『과정과 실재』(Process and Reality)에 담긴 화이트헤드의 형이상학이 보여주는 신(神)이해와 그것에 기초한 과정-관계적 사고에 따라 신학의 전통적 주제들(loci)의 하나인 하나님 나라를 재

(再)정의했다. 이어서 간략하게나마, 현실세계와의 연속성과 관계적 긴장 안에 있는 종말론적 하나님의 나라의 의미를 현실 역사의 미래적 지평과 관련하여 평가하고자 시도했다. 그리고 이 글의 본론인 종말론적 비전을 가지고 사는 기독교인의 삶의 의의와 관련하여, 인간실존의 의미를 모든 존재들 상호간의 내적 관계성, 되어감, 인간실존의 가치와 기여의 보존, 인간의 자유와 책임, 하나님과의 공동창조, 비-인간 피조물들과의 창조적 연결 등의 주제들로 토론함으로써, 소위 과정신학의 인간론을 시도한다. 끝으로 결론에서는 기독교인의 삶과 관련하여 인간이 재정립해야 할 이 세계와 비-인간 피조물과의 관계를 의식하면서 사회정치적, 생태학적으로 주변화되고 고난 받는 존재들에 대해 기독교인들이 책임적인 삶으로의 거듭나기를 제안한다.

키워드
과정-관계적 신학, 하나님 나라, 하나님과의 공동창조,
인간실존, 현실세계, 비-인간 피조물

이 글의 일차적인 목적은 영국출신의 철학자이자 수학자인 화이트헤드(Alfred North Whitehead, 1861-1947)의 유기체적 세계관[1]에 기원을 둔 '과정신학'(Process Theology) 또는 '과정-관계적 신학'(Process Relational Theology)을 소개하는데 있다. 먼저 과정-관계적 사고를 소개하고, 그것의 관점에서 기독교 종말론의 한 주제인 '하나님 나라'를 간단히 정의할 것이다. 다음으로 그 하나님 나라와 현실세계와의 관계를 간략하게 다룰 것이며, 이어서 이 글의 본론이라고 할 수 있는 주제, 즉 현실세계 속에서의 인간실존의 의미를 다양한 관점에서 논할 것이다. 그리고 후반부에서는 이 글을 통해 필자가 제시하고자 하는 바, 즉 '과정-관계적 사고'가 제안하는 윤리적 강조점들을 통해 오늘의 한국교회를 향해 제안하는 측면들, 혹은 방향들을 가지고 기독교인의 책임적 삶을 토론할 것이다.

왜 화이트헤드의 과정사상인가?

오늘날 정치, 경제, 자연환경 등 삶의 전 영역에서 인류가 직면한 위기와 도전은 근본적으로 서로 관련되어 있다. 그러므로 기독교 신앙이 오늘의 신앙인들에게 현실세계에 적합한 윤리적 실천들을 도전하고자 한다면, 서로 다른 분야에 걸쳐 피차 설득력이 있는, 말하자면 소통이 가능한 세계관에 기초한 방안들을 제안할 필요가 있다. 기독교인들에게 이런 세계관은 특히 세상을 향한 하나님의 관계 방

---

[1] Alfred N. Whitehead, *Process and Reality: An Essay in Cosmology*, corrected by David Ray Griffin and Donald W. Sherburne, (New York: Free, 1978).

식, 즉 피조세계와 인간을 향한 하나님의 관계방식에 대한 확신들에 근거해야 한다. 이런 맥락에서 필자는 오늘의 신학이 화이트헤드가 말하는 과정사상의 실재관과 그것에 기초한 과정-관계적 사고에 주목하는 것은 분명 의미가 있다고 생각하게 되었다.

물론 과정사상을 토양으로 하는 과정신학의 가능성에 대한 학계의 우려와 비판은 그것에 대한 기대와 칭찬보다 훨씬 더 큰 것이 현실이다. 어떤 이들은 주장하기를, 과정신학이 하나님과 자연의 관계를 설명하기 위한 하나의 모형에 불과하며, 기껏해야 하나의 현대적인 신화에 불과하다고 말한다. 그것의 신관인 범재신론(panentheism)의 본질적 의미에 대한 의혹과 논란 외에도,[2] 과정신학의 창조론, 기독론, 종말론 등은 전통적 신학이해와 필연적으로, 그리고 실로 크게 충돌하는 것이 사실이다. 따라서, 계속해서 지적되는 바, 과정신학과의 대화는 성서적 신앙과 신학적 전통과의 관계 속에서 항상 신중하게 시도되어야 한다는 주장은 아무리 강조해도 지나치지 않다.

그럼에도 불구하고 과정신학은 우리 시대의 다양한 이슈들에 스스로를 더욱 관계시키고자 하는 신학이며, 그런 점에서 어느 신학보다 더 응답적이며, 책임적인 신학의 하나로 주목받기에 충분하다. 과정신학은 자연과 초자연의 유비를 전적으로 거부한 일부 전통적 신학의 사유들과 달리 하나님이 자연과 인간의 역사 속에서 어떻게

---

2 과정신학의 신관은 하나님이 바로 세계와 같다(또는 세계가 바로 하나님이다)고 주장하는 '범신론'(pantheism)이 아니라, 오히려 '범재신론'(panentheism)으로, 즉 세계가 하나님 안에 있다는 주장이면서, 동시에 하나님도 또한 모든 사물들 속에 (자연의 모든 부분에) 침투하여 내재해 있을 뿐만 아니라 모든 것을 넘어선다는 주장이다.

활동하고 있는지를 적극적으로 설명해 왔고,[3] 인류가 직면한 복잡한 현실들과 문제들에 해결방안들을 제시함으로써 지적으로 개방적이고 윤리적으로 책임적인 신학으로서의 잠재력을 인정받아 왔다. 따라서 과정신학은 생태학적 위기와 하나님의 고난, 과학의 발전과 자연의 창조성, 인간의 자유와 책임, 하나님 나라와 현실세계의 연속성 등에 대해 신학적 재구성을 시도함에 있어 하나의 적합한 모형(paradigm)으로 평가받고 있다.

IDEAS SHAPE ACTIONS(생각이 행동을 형성한다). 이 문장은 메슬(C. Robert Mesle)이 그의 저서 *Process-Relational Philosophy*의 1장 "과정-관계적 세계"를 시작하면서 사용한 것이다. 즉, 실재, 세계, 우리 자신에 대해 결국 어떻게 생각하느냐가 중요하다는 것이다. 왜냐하면 우리는 생각하는 것을 기초로 결국 행동하기 때문이다. 그러므로 보다 실제적인 행동을 가져오기 위해서는 그러한 행동을 촉구하는 사상이 중요하다. 그런 맥락의 연장선에서, 메슬은 사람들이 소위 '과정-관계적 사고'에 매력을 가지게 되는 이유를 다음과 같이 설명한다.

> 첫째는 '놀라움'인데, 즉 이 믿을 수 없이 놀라운 세계에 관해 놀라면서 가지는 기쁨이다. 둘째, 세계를 깊이 연결된 것으로, 즉 계속해서 갱신해가는 관계적 과정으로 생각하는 것은 세계에 대해 우리가 느끼고 행동하는 방식을 바꿀 수 있

---

[3] 전통적 유신론이 신의 세계 초월성을 강조하여 신과 세계 간의 차이를 중시했다면, 범재신론은 세계 속에 내주하는 하나님을 강조한다. 범재신론이 신의 초월성 자체를 부정하지 않는다고 말할 수 있는 것은, 하나님은 그 분 안에 모든 것이 있지만 모든 것(존재의 총합) 이상의 존재임을 인정하기 때문이다.

다. 마지막으로 우리는 세계에 대한 하나의 일관된 비전, 즉 '많은 서로 다른' 과학적, 문화적, 철학적, 종교적 관점들을 가진 사람들을 묶을 수 있는 것을 필요로 한다.[4]

생각이 행동을 형성한다! 메슬의 말대로, 과정-관계적 사고가 의미하는 바, 즉 세계를 근본적으로 깊이 연결된 것으로 생각하는 것은 결과적으로 세계에 대한 우리의 느낌과 행동방식을 변화시킬 수 있다. 같은 맥락에서, 메슬은 자신이 과정신학 또는 '과정 유신론'(process theism)을 변론하는 이유에 대해서 이렇게 설명한다.[5] 그에 따르면, 첫째 이유는 과정신학은 우리의 삶 속에 있는 혼란스런 현실들, 모호함, 과학적 통찰, 페미니즘, 생태학 등에서 야기되는 문제들에 대답할 수 있는 신학이기 때문이며, 둘째 이유는 과정신학이 종교, 생명, 가치에 대한 기존의 사유 방식에 전체적으로 도전하는 훌륭한 윤리학을 보유하고 있기 때문이다.

요약하면, 과정-관계적 사고는 신학과 과학(특히 우주론)의 관계에 대한 현대적이고 새로운 관점들을 포함하고 있다. 그것은 새로운 관점들로 최근의 신학들에 영향을 주었고, 필자가 보기에, 특히 기독교 종말론에 대한 통전적이고 의미 있는 세계관 구성을 위한 제안들을 제공하였다. 결과적으로 생태계의 위기, 경제정의, 사회적 소수자 문제 등 오늘의 이슈들을 특히 '관계와 책임'이라는 관점에서 다룰 수 있게 되었다. 말하자면 기독교 생태-윤리와 정치윤리를 도전하기 위해 필요한 비전, 즉 현실세계와 인간실존의 현재와 미래적 상태에 대한 새로운 비전을 열어 보였다고 할 수 있는 것이다.

---

4 C. Robert Mesle, *Process-Relational Philosophy: An Introduction to Alfred North Whitehead* (West Conshohocken, PA: Templeton Foundation, 2008), 3.
5 메슬, 이경호 역, 『과정신학과 자연주의』 (이문, 2003), 12-15.

신학의 문제로서의 관계들 :
하나님과 세상, 하나님 나라와 현실세계

신학의 주된 문제는 창조주 하나님과 피조세계의 관계, 즉 하나님과 세상, 그리고 하나님과 현실세계 속의 인간의 관계이다. 물론 최근 생태신학에서는 인간과 비-인간(nonhuman) 피조물의 관계 또한 주된 문제가 되고 있다.

한편, 기독교인의 책임적 삶을 말하고자 할 때 신학의 또 다른 중요 주제는 전통적으로 종말론적 관념인 '하나님 나라'다. 그 이유는 종말론은 윤리를 함축하기 때문이다(Eschatology implies ethics). 즉, 어떤 종말론적 비전이든, 그것이 이 현실세계의 미래에 대한 비전이라면 그것은 모든 형태의 윤리적 사고에 의미 있게 관련되며, 따라서 현실세계의 다양한 윤리적 쟁점들과 중대한 관련성을 가진다. 여기서 필자가 주목하는 것은, 신학에서 하나님의 활동 영역은 하나님 나라와 현실세계로 구분되지만, 사실 두 실재는 긴장과 연속의 관계로 이해되어야 한다는 것이다. 그리고 이와 같은 이해는 특히 과정-관계적 사고에서 동일하게 전개된다.

무엇보다도 과정사상의 실재관의 핵심은 바로 '관계성' (relation-ship or connectivity)에 있다. 화이트헤드의 형이상학이 '유기체의 철학'(Philosophy of Organism)[6]으로 호칭되는 이유도, 그것이 모든 사물들이 그들의 환경에 대해 가지는 내적 관계성

---

6 '유기체'의 사전적 의미는 "많은 부분이 일정한 목적 아래 통일 조직되어 그 각 부분과 전체가 필연적 관계를 가지는 조직체"를 가리킨다. 화이트헤드의 철학을 <유기체 철학>이라고 부르는 이유는 그의 철학이 실재의 본질을 독립적인 실체가 아니라 우주의 유기체적 관계성으로 정의하고 있기 때문이다. 이를 통해 그는 실체론적 철학을 극복하고 대신에 관계론적 세계관을 발전시켰다.

을 강조하기 때문이다. 모든 존재들(entities)은 관계되어 있고, 서로에게 영향을 미친다. 그리고 세계를 구성하고 있는 현실적 존재들의 구성 요소는 다름 아닌 이 관계성의 구체적인 사실인 '파악'(prehension)

종말론은 윤리를 함축한다. 종말론적 비전이 현실 세계의 미래에 대한 비전이라면 필연적으로 윤리적 사고에 관련되며, 윤리적 쟁점들에 중대한 관련성을 가지게 된다.

이다. 현실적 존재들은 상호간의 파악들(prehensions)에 의해 서로를 포섭한다. 각각의 '현실적 존재'(actual entity)와 '파악'이 실재적이고 개별적이며 개체적 이라고 하는 것과 동일한 의미에서, 실재적이고 개별적이며 개체적인 현실적 존재들의 '공재'(共在, togetherness; '결합체', a nexus)라는 실재적이고 개별적 사실들이 존재하게 된다. '파악'을 통해 존재들은 피차 내면화되며, 각각의 경험의 계기들(occasions)의 부분이 된다. 세계는 다양한 종류의 결합체들 안에 있는 사건들, 일들, 과정들 안에 있는 것이다. 달리 말하면, 세계는 시간과 관계들에 상관없이 그 정체성을 유지하는, 말하자면 본체들(substances) 또는 지속적인 본래적 존재들로 있는 것이 아니다. 우주는 원자적이거나 총체적으로 통전적이기(wholistic) 보다 오히려 강하게 관계적(relational)이고, 연결되어(connected) 있다. 세계는 근본적으로 매 순간 관계적으로 새롭게 존재하고, 과거로부터 자신을 만들어 가며, 미래를 향해 개방되어 있다. 어떤 대상도 그 자체로 독자적인 속성을 지니지 못하며, 맺고

있는 제반 관계성으로부터만 자신의 속성을 얻는다.[7]

그렇다면 이러한 관계성을 그 실재관의 핵심으로 가지는 과정사상은 신과 현실세계의 관계를 어떻게 이해하는가?

한 마디로 신과 세계는 피차 기여와 필요 속에 마주 서 있다. 만물 속에는 신의 '최초의 지향'(initial aim)으로 불리는 자연의 창조성이 시초부터 내재되어 있으며, 신은 그 창조성을 매순간 현실화시키는 존재이다. 여기서, 다른 무엇보다 '신의 힘'(God's power)에 대한 과정사상의 설명을 이해하는 것이 중요하다. 과정사상에서, 신의 힘은 강압적(coercive)이기보다는 오히려 설득적(persuasive)이다. 신은 자신의 피조물을 강압이나 감언이설로 속이지 않고, 다만 설득적인 사랑으로 유혹한다(luring).[8] 신은 일방통행적이지 않고 피차 역동적이고 상호적인 관계를 통해 자신의 모든 피조물과 연결되어 있다. 신은 자연으로부터 분리된 존재가 아니라 자연과의 상호관계성 속에 있다. 한편, 모든 개체는 인과율적 영향력에 의해 자기 결정적으로 반응할 수 있다.

화이트헤드에게 있어서 하나님 나라와 현실세계의 관계는 어떻게 정의되고 있을까?

'하나님 나라'에 대한 화이트헤드의 용어는 '하늘의 나라'(the

---

7   과정신학은 우주를 창조적이고, 상호 관계적이며, 역동적이고, 미래를 향해 열려있는 것으로 본다. 과정신학에서 하나님은 관계적이며, 우리의 삶의 모든 순간에 그리고 존재의 모든 실체들과 단계들 안에 현존하신다.

8   신의 '설득적 힘'에 대해 다음과 같이 거듭 설명이 가능하다. 신은 강압적으로 피조물들이 선한 것을 하도록 만들 수 없으며, '되어감'을 위한 가능성들을 제공한다. 그리고 최선의 가능성을 향해 피조물들을 설득하거나(persuade) 유혹한다("lure"). 신이 그들에게 하도록 설득한 것과 다른 것을 피조물들이 하려고 할 때, 신은 그들에게 새로운 가능성들을 제시하고, 다시금 최선의 선택을 향해 그들을 설득하고자(persuade) 한다.

kingdom of heaven)이다. 화이트헤드는 이 용어를 하나님 자신의 지속적 현실화 안에서 일어나는 하나님에 의한 세상 사건들의 영원한 보존을 묘사하고자 할 때 사용한다. 말하자면 하나님 나라는 하나님의 영원한 실재로서 바로 하나님의 삶이다. 그것은 "끊임없이 세계로부터 수용하는 것이며, 그러나 동시에 영원한 현재의 직접성 안에서 세계 안에서 이미 과거인 것을 보존하는 것이다."[9] 화이트헤드에게 있어서, 이 영원한 실재는 곧 하늘의 나라이다.

화이트헤드는 종말론적 실재인 '하나님 나라'를 자신의 독창적 신(神)이해이기도 한, 하나님의 결과적 본성에 따른 결과적 실재의 의미로 이해하고 있다. 그는 하나님에 대한 형이상학적 용어인 '양극적 신개념'(a diapolar concept of God), 즉 하나님의 양극적 본성인 "원초적(primordial) 본성과 결과적(consequent) 본성"을 말하면서, 이때 '원초적 본성'(primordial nature)이란 하나님이 초월적(transcendental) 또는 개념적(conceptual) 본성에 따라 '제한의 원리'(principle of limitation)로 행동하심으로써 새로운 가능성들 혹은 목적들의 현실화를 목적하신다는 것으로 설명한다. 다시 말해 하나님은 자신의 이런 원초적 본성으로 모든 가능성들을 인식하신다. 한편, 하나님의 양극적 본성의 다른 하나인 '결과적 본성'이란, 하나님이 각각의 계기(occasion, 혹은 사건)의 완성된 현실태(actuality) 혹은 현실적 존재를 느끼신다(feels)[10]는 것이다. 하나님의 결과적 본성에 따르면, 하나님 나라는 하나님 자신의 지속적 현실화 안에 있

---

9   John B. Cobb, Jr., and David Griffin, *Process Theology: An Introductory Exposition* (Philadelphia: Westminster, 1976), 122.
10 이 세상의 모든 사건은 그 자체로서 하나님의 경험으로 하나님은 모든 사건을 느끼고, 경험하며(experience), 사랑하고(love), 변화하며(change), 성장하는(grow) 주체성이다.

는 하나님에 의한 세상적 사건들의 지속적 보존이다. 따라서 하나님 나라는 "현재적 세상의 연속성" 안에 놓여 있다. 우리는 인간의 '이' 역사 안에서 하나의 실존이면서, 동시에 하나님 나라와 같은 궁극적 실재들을 향하여 가고 있는 것이다.

한편, 우리가 꿈꾸어야 할 '땅의 희망'(the hope of the earth)을 위와 같은 의미로 말한다고 해도, 이 땅이 그 자체만으로 우리의 영원한 집은 결코 아닌 것이다. 과정신학자 존 캅(John B. Cobb, Jr.)[11] 이 말하는 대로, 미래는 그 어떤 행성에서가 아니라 바로 하나님 안에 있어야 하기 때문이다.

> 그러한 (미래의) 정점의 사건도, 설사 그것이 좋은 결말이라 할지라도 여전히 최후의 사건 바로 직전의 의미만을 가질 수 있는 것이며, 그 전체 과정의 진정한 결말은 아니다. 결국 이 행성은 사람이 살 수 없는 것(곳)이 될 것이다. 즉, 우리의 부활은 여기서 또는 어떤 다른 태양을 중심으로 도는 어떤 다른 행성에서 있을 수 없다. 오히려 그것은 하나님 안에 있어야 한다(It must be in God).[12]

---

11 존 캅은 미국의 신학자, 철학자, 그리고 환경론자로, 화이트헤드의 과정 철학과 그에 기초한 과정 신학 분야에서 저명한 학자로 인정받고 있다.

12 John B. Cobb, Jr., *Process Theology As Political Theology* (Philadelphia: Westminster, 1982), 81.

관계적 존재로서의 인간

모든 존재들과의 내적 관계 속에 있는 인간

모든 생명체는 관계성을 떠나서 존재할 수 없으며, 더욱 고양된 생명일수록 더 많은 관계들이 모여 전체로서 기능할 수 있다. 그리고 인간은 존재하는 모든 것에 참여하고 있으며, 전적으로 고유하지도 않거니와 모든 것으로부터 분리되어 있지도 않다.

'관계되어 있음'(relatedness)의 법칙은 인간과 비-인간 존재들 간의 관계는 물론 인간과 인간, 나아가 인간과 하나님 사이의 관계에도 그대로 적용된다. 우리가 하나님과의 관계 속에 있다는 것은 그분과의 내면적인 관계 속에 있다는 의미이고, 이 말은 곧 인간과 하나님 사이에는 서로 질적인 영향력이 행사될 수 있다는 것을 의미한다. 우주 전체를 '하나님의 몸'(the Body of God)으로 보는 모델을 제시하는 맥페이그(Sallie McFague)에게, 인간은 기본적으로 따로 떨어진 개인으로서 마음이 내키면 다른 존재들과 관계를 맺는 존재가 아니라, "기본적으로, 본래적으로, 언제나, 하나님의 몸을 구성하고 있는 타자들에 완전히 의존된 채 살아가는 상호 관계적이고 의존적인 존재이며, 더 나아가 하나님의 몸의 작은 부분인 지구 행성의 행복에 대해 책임을 지고 있는 존재"이다.[13]

그러므로 다음과 같이 말하는 것이 가능하다. 나의 삶을 다른 사람들로부터 혹은 다른 존재들로부터 전적으로 단절된 것으로 볼 때 어떤 도덕적 비전도 가능하지 않다. 이것은 세계와의 관계에서도 마

---

13 샐리 맥페이그, 『기후변화와 신학의 재구성』(한국기독교연구소, 2008), 115-117.

찬가지고, 하나님과의 관계에서도 그렇다.

메슬(Mesle)은 인간존재의 관계적이고 창조적인 힘에 대해 다음과 같이 설명한다.

> 첫째, 개방적이고자 하는 능력, 즉 우리가 세계와의 관계성에 민감하게 반응하려는 힘이다. 둘째, 관계적 힘은 자기를 창조해 내는 능력, 즉 폭넓은 관념들, 느낌들, 영향력들, 그리고 경험들을 흡수하여 그것들로부터 자신만의 고유한 사상과 느낌과 결정을 창조할 수 있는 능력이다. 셋째, 관계적 힘은 다른 것들에 의해 먼저 자신이 영향을 받음으로써 영향을 줄 수 있는 능력이다.[14]

관계적이고 창조적 힘을 가진 존재로서의 인간이해는 자유와 책임의 존재로서의 인간이해로 나아가게 한다.

자유와 책임의 존재로서의 인간

현대 과학자들은 고전 뉴턴주의자들과 달리 기계적이고 결정론적이지 않은, 보다 개방적이며 아직도 진화의 과정 중에 있는 우주관을 제시한다. 신학적으로 표현하면, 이것은 계속되는 과정으로서의 창조(creatio continua)를 말하고, 인간뿐만 아니라 사물에게도 자유의지가 주어졌으며, 다양한 가능성이 계속적으로 하나님에 의해 제공되고 있다는 것이다. 말하자면 유기체적 세계관의 토대 위에서 자신의 재구성을 도전받는 오늘의 기독교신학은 더 이상 자연세계를 기계적 이미지로 설명할 수 없게 되었듯이 인간본성을 말함에

---

14 메슬, 『과정신학과 자연주의』, 52-53.

있어 인간의 철저한 수동성을 이야기하는 것만으로 일관할 수 없게 된 것이다.

폴킹혼(John Polkinghorne)의 말을 빌리면,

> 하나님은 위대한 창조행위를 통해 물리적 세계가 스스로 독립성을 유지하기를 허락하셨으니 독립성은 사랑이신 하나님이 그가 사랑하는 피조물에게 허락하신 자유의 선물이다.[15]

특히 과정사상의 관점에서, 자유는 세계의 본래적인 특성이다. 화이트헤드에 따르면, 신은 "진선미에 대한 그의 비전으로 세상을 유혹하는 우주적 시인"이며, 강제적 힘이나 억압에 의한 것이 아니라 설득과 가능성의 창조에 의해 활력을 넣어주며, 그가 창조한 모든 피조물을 통해서 항상 활동하는 존재이다. 신은 끊임없이 시간적인 현실적 존재들에게 그 자신의 주체적 지향에 따라 설득적 작업을 벌인다. 그리고 현실적 계기는 신으로부터 부여받은 가능태를 제약된 자유 안에서 선택한다. 하나님의 활동은 근본적으로 설득적이지만, 동시에 신은 새로움의 근거이기도 하다. 신은 결코 세계를 지배하는 존재가 아니라 세계의 자유의 참 원천이므로, "신을 떠나서는 어떤 적절한 새로움도 있을 수 없을 것"이다.[16] 창조성(creativity)은 "새로움의 원리"(the principle of novelty)이며,[17] 따라서 "우주는 새로움으로의 창조적 진전(creative advance)이다."[18]

신은 이상적인 목표를 제공함으로써 인간이 도덕적인 결정을

---

15 John Polkinghorne, *Science and Providence* (London: SPCK, 1989), 66.
16 Whitehead, *Process and Reality*, 164.
17 *Ibid.*, 21.
18 *Ibid.*, 222.

하도록 유인한다. 신은 인간이 더 좋은 선택을 하도록 설득하고 (persuading) 유인하기만(luring) 하고, 인간의 결정을 일방적으로 지배하고 간섭하지는 않는다. 인간은 신으로부터 주어진 이상적 목표 앞에서 그것을 택하거나 혹은 거부할 권리를 자유롭게 가진다. 그러므로 신과 인간의 영향력은 서로 쌍방적인 관계에 놓여 있으며, 인간은 어떤 의미에서 진정으로 자유로운 인간이 된다.[19] 따라서 과정신학에서는, 어떤 의미에서 자유는 하나님조차 파괴할 수 없는 세계의 사실이며, 또 다른 의미에서 하나님은 자유의 사용을 우리에게만 맡겨두는 것이 아니라 우리가 자유를 남용하지 않도록 적극적으로 설득하고 이끄신다는 점이 강조된다.[20]

멜러트(Robert B. Mellert)는 인간의 자유와 책임에 관한 과정신학의 이해가 자유와 선택, 그리고 책임에 대한 전통적인 기독교 신앙의 전제들과 매우 양립가능하다고 말한다. 전통적인 이해에 따르면, 인간의 자유는 주어진 가능성들의 범위 안에서 행사되며, 자유의 존재인 동시에 책임적 존재로서 인간은 그 선택의 결과에 대해 책임적이다.[21]

그렇다면 자유와 책임의 존재로서의 인간에 대한 과정신학적 이해는 인간과 다른 피조물간의 관계에 대해 어떤 통찰력을 주는가?

브래들리(Ian C. Bradley)에 따르면, 인간은 비-인간 피조물들과의 '창조적' 연결 안에 있다고 할 수 있다. "인간은 이 세상의 슬픔을 자연과 함께 감당하는 〈함께 고통당하는 자〉(fellow sufferers)

---

19 장왕식, 『종교적 상대주의 넘어서』(대한기독교서회, 2002), 253-254.
20 메슬, 『과정신학과 자연주의』, 95.
21 Robert B. Mellert, *What is Process Theology?* (New York: Paulist, 1975), 72, 73.

이며, 하나님의 창조를 완전하게 하는 계획에 참여하는 〈함께 협력하는 자〉(co-operator)이다."[22] 인간은 자연의 지배자가 아니라 동반자로서 "다른 피조물과 함께 고통 속에서 신음하며 함께 하나님의 목적이 최종적으로 충족되는 때에 실현될 해방과 조화를 고대하는" 존재이다.[23] "우리에게는 책임이 있으며, 우리는 선택을 할 수 있고, 또한 삶의 방식을 결정할 수 있지만, 우리는 우리의 개인적 자아만을 위해 책임지는 것은 아니다. 우리는 이제 '우리가 누구인가' 하는 질문이 다른 모든 생명체들과 연결되어 있다는 것을 알고 있다."[24] 자유의 존재로서 인간은 더 이상 '생명'과 '자유'와 '행복'을 추구할 권리가 있는 계몽주의 이후 시대의 개인만이 아니라, 근본적으로 '상호관계'를 맺고 있는 거대한 그물망의 일부분으로서, 나머지 인간들과 다른 생명체들에 대해 '책임'을 지고 있는 존재임을 깨닫고 행동해야 한다. 나아가, 과정사상이 피조물들 간에 가치들의 등급(degree) 또는 위계(hierarchy)가 있다고 말하면서 인간이 그 최상위에 있다고 한다면, 그 의미는 인간이 하나님의 '공동-창조자'(co-creator)라는 사실을 가리킨다. 하나님과 피조세계와의 관계 안에서 자유와 책임의 존재로서 인간에게 부여된 지위의 의미는 하나님과의 공동-창조자라는데 있다.

---

22 이안 브래들리, 이상훈 배규식 역, 『녹색의 신: 환경주의적 성경해석』(따님, 1996), 147. God is Green: Ecology for Christians, 1990. 브래들리에 따르면, 자연은 불완전하며 완성과 충만을 향한 계속적인 과정에 있으며, 그 과정에서 인간에게 중요한 역할이 주어진다.
23 브래들리, 『녹색의 신: 환경주의적 성경해석』, 168.
24 맥페이그, 『기후변화와 신학의 재구성』, 74.

되어감(becoming)의 존재로서의 인간

정치적 경계들, 컴퓨터, 의료 기술 등, 세계는 변화한다. 2,500년 전 헤라클리투스(Heraclitus)가 말한 대로, 우리는 동일한 강에 두 번 발을 들여놓을 수 없다(can't step even into the same river twice). 어떤 것들은 매우 천천히 변하지만, 결국 모든 것이 변한다. 철학자들은 오랫동안 '존재'(Being)와 '되어감'(생성, Becoming)의 관계에 매달려 왔다. 대체로 서양철학에서는 변화하지 않는 존재가 우선권을 가져왔다면, 반면에 아시아 문화에서는 되어감 또는 생성이 자주 우선권을 가진다.[25]

현실적인 모든 것은 되어가며 소멸한다. 즉, '되어감'(becoming)은 모든 다른 것들의 근저에 있는 궁극적 사실이다. 모든 현실적 존재들이 공유하는 이 궁극적 사실을 가리켜 화이트헤드는 '창조성'(creativity)이라고 부른다. 화이트헤드에 따르면, 하나의 현실적 존재(actual entity)가 어떻게 되어가는가의 문제는 그 현실적 존재가 무엇인가의 문제를 구성한다. 즉, 하나의 현실적 존재에 대한 그 두 가지 설명은 서로 독립해 있을 수 없다. 그것의 '존재'(being)는 그것의 '되어감'(becoming)에 의해 구성된다. 화이트헤드는 이것이 '과정의 원리'(the principle of process)라고 말한다.[26]

인간이 무엇인가를 말하는 문제는 인간이 어떻게 되어가는가를 말하는 문제와 분리될 수 없다. 인간은 상호 연결된 세계에서 살고 있다. 즉, 인간은 끊임없이 타자들의 영향들을 받고 있으며 현실적인 모든 존재가 공유하는 궁극적 특징인 창조성(creativity)을 통해

---

25   Mesle, *Process-Relational Philosophy*, 8.
26   Whitehead, *Process and Reality*, 23.

이들 영향들을 자신의 지속적인 되어감 안으로 통합시킨다. 그 되어감의 과정 안에서 사람들은 자신들에 의한 결정들과 응답들에 대해 책임이 있다. 여기서 우리는 과정적 인간이해가 가지는 윤리적 측면을 다시 확인하게 된다.

클레이톤(Philip Clayton)은 사람들(persons)에 대해 이렇게 말한다.

> 궁극적으로 인간을 구성하는 것은 경험의 많은 단일체들이다. 인간의 각 부분을 구성하는 것 또한 마찬가지다. 되어감의 각 예(例)는 되어감의 훨씬 더 넓은 단일체들의 부분이며, 이런 식으로 마침내 한 인격으로서 나와 당신에게까지 이른다. 인간은 항상 세계와 다른 사람들의 새로운 특징들을 파악하고(apprehending) 있고, 그 특징들을 항상 그 자신의 독창적인 창조적 방식으로 처리하고(processing) 있으며, 그 결과들을 항상 다른 사람들과 다른 살아 있는 사물들에게 사용가능한 것으로 만들고 있다. 과정사상에 따르면, 인간은 되어감의 끝이 없는 과정이며, 모든 것들에 내적으로 관계되어 있고, 되어감의 우주적 공동체 안에서 한 구성원이다. 그러므로 나와 당신보다 앞서 일어난 사건들(또는 계기들)은 그것들이 우리에게 남긴 결정들과 응답들과 관련해서 우리에게 책임이 있으며, 우리 또한 되어감의 전체 풀(pool) 안으로 우리가 되돌려 기여하는 행동들과 반응들에 대해 책임이 있다.[27]

---

27 Philip Clayton, "God beyond Orthodoxy: Process Theology for the 21st Century." A paper presented at the Center for Process Studies at Claremont School of Theology (9 September 2008). Http://clayton.ctr4process.org/files/papers/GodBeyondOrthodoxy-r3.pdf.

인간의 가치와 기여의 보존

인간은 되어감의 존재일 뿐 아니라 하나님, 그리고 세계와의 관계성 안에서 – 세계 안의 모든 존재들과 마찬가지로 – 그 가치와 기여가 지속적으로 보존된다.

인간의 가치와 기여의 보존은 특히 과정사상의 신관이 특징적으로 말하고자 하는 바, 하나님의 고유한 본성과 관련이 있다. 하나님의 결과적 본성(consequent nature of God)에 따르면, 과거의 어떤 현실태(actuality)도 유실되지(lost) 않으며, 그것의 결과는 보존(preserved)된다. 하나님은 (우리와의 관계 속에서) 결코 존재를 잊지 않으며 지나치지도 않는다(God never forgets and God never passes out of existence).[28] 즉, 하나님의 호흡과 하나님의 기억, 하나님의 삶 속에서 어떤 것도 유실되지 않는다. 하나님이 일어난 모든 것을 완전히 기억하는 것처럼, 우리가 성취한 가치들은 보존과 기억이라는 하나님의 경험/삶 안에서 보존된다. 그 결과적 본성 안에서 하나님은 세계 안에서 실현된 모든 가치들에 대해 완전히 공감적인(sympathetic) 수용자이다. 어떤 것도 하나님의 삶과 기억에서 잃어버려지지 않는다(Nothing is lost in the life and memory of God). 과정사상의 실천적 관련성의 한 측면을 연구한 글에서 브로멜(David J. Bromell)은 깁슨(Colin Gibson) 교수가 작사한 찬송가를 소개하고 있는데, 다음은 그 일부이다.

어떤 것도 하나님의 숨결에서 잃어버려지지 않는다.
어떤 것도 영원히 잃어버려지지 않는다.

---

28 *Ibid.*

하나님의 가슴은 사랑이고, 그 사랑은 지속될 것이며,
영원히 세상을 품을 것이다.[29]

과정사상의 관점에서 보면, 종말론적 "새 것"은 단지 우리가 만나는 어떤 것일 뿐만 아니라 우리가 기여하는 어떤 것이다.[30] 이 세계의 궁극적 의미는 그것의 미래에서 발견되는 것이 아니라 하나님의 삶에 대한 그것의 지속적 기여에서 발견된다. 희망의 궁극적 지평은 역사의 끝이 아니라 하나님의 현재적 경험에 위치해 있다.

한편, 하나님은 인간에게 수동적으로만이 아니라 능동적으로 관계하신다. 우리의 되어감의 모든 순간에 하나님은 우리의 가치기여들과 가장 친근한(intimate) 응답들을 파악하며, 그것들을 당신 자신의 삶 안으로 받아들이신다. 매 순간 하나님은 이전과는 다른 하나님이 되신다. 하나님은 변화하신다. 우리의 되어감의 다음 순간에 하나님은 하나님이 내린 가치평가들, 모든 다른 살아있는 존재들의 경험들을 우리에게 되돌리신다. 즉, 그것들은 하나님의 관점으로부터 새롭게 평가되며 해석된다. 되어가시는 하나님은 되어가는 나와 당신의 한 부분으로 영향을 끼치는 것이다. 그리고 다시 이어지는 순간 당신은 이 되어감에 당신의 응답을 기여하게 되고, 이러한 되어감은 하나님과 인간의 대화의 (그리고 하나님과 비-인간의 대화의) 끊임없는 과정 안에 있다.

미래에 대한 이와 같은 비전에서 전면적인 낙관주의는 결코 용

---

29 David J. Bromell, "Processing towards Death," *The Australasian Journal of Process Thought* 2(June 2001). Http://www/alfred.north.whitehead.com/ajpt-papers/vol02/02_bromell.htm.

30 William A. Beardslee, "Openness to the New in Apocalyptic and in Process Theology," *Process Studies* 3/3(Fall 1973), 177.

납될 수 없다. 왜냐하면 하나님 의지의 현실화는 세계의 물리적 실재의 사건들에 의해 제한될 수 있기 때문이다. 그 미래의 현실화는 하나님과 인간의 상호협력적 관계 안에 있다.

과정신학의 본산인 클래어몬 신학대학원의 교수 수하키(Marjorie H. Suchocki)는 하나님 나라와 관련하여 하나님과 인간의 상호협력적 일에 대해 다음과 같이 말한다.

> 궁극적으로 우리는 우리에게 주어진 영향들과 우리에게 직면해 있는 가능성들을 가지고 무엇을 해야 할 지 결정할 책임이 있다. 우리는 각 상황에서 어떤 형태로든 가능한 창조적 변화에로 - 개인적으로, 공동체적으로, 사회적으로, 국가적으로 부름 받는다. 우리가 어떻게 반응하든지 - 긍정적이든 또는 부정적이든 - 역사의 지속적 창조에 영향을 미치며 - 또한 하나님께도 영향을 미친다.[31]

교회 공동체 또한 그리스도 안에 있는 하나님의 계시의 영향을 우리의 존재 안으로 받아들이고 바로 우리의 존재들 안으로 엮어 맞추면서 생겨나며 존재한다. 문자 그대로 우리는 그리스도를 통해 전달된 하나님의 영향 안에서 그리고 그 영향을 통해서 형성된다.

메슬의 글로 이 단락의 결론을 대신한다.

> 우리가 다른 모든 사람들을 무력하게 할 때 그것은 결국 하나님을 무력하게 할 것이다. 왜냐하면 하나님의 생명은 다른 사람들의 생활에도 끊임없이 참여하고 계시기 때문이다.

---

31 Marjorie H. Suchocki, "As Good as It Gets? Musings on Morality and More," *Creative Transformation* 11/4(Fall 2002), 7.

하나님의 생명은 무한대와 같이 풍요롭다. 만일 우리가 더 좋은 결정을 했더라면 우리는 하나님의 생명에 보다 위대하고 풍요로운 공헌을 했을 것이다. 우리는 선을 만드시기 위해 끊임없이 일하며 노력하시는 하나님께 더욱 많은 것들을 드릴 수도 있을 것이다. 우리가 다른 사람들과 맺는 관계는 우리가 모든 피조물과, 그리고 하나님과 맺는 관계와 같다. 우리는 그들과의 관계 속에서 스스로를 창조한다. 그래서 우리는 우리가 살고 있는 이 세계에 더욱 많은 관심을 가져야 한다.[32]

세계 안에서 기독교인의 책임적 삶

과정신학은 흔히 그 기초와 성향에 있어 철학적 '추상성'(abstractness)으로 인해 비판받아 왔다. 이론적 작업에 치중하므로 구체적이고 실천적 문제들과는 동떨어진 느낌을 준다는 것이다. 과정신학자들은 철학적 고찰에서 그 출발점을 가진다는 점에서 그 태생적 한계를 가진다. 정강길의 말대로, 사상체계들과 그 체계들이 세계에 미치는 영향을 분석해 왔지만, 사회변혁을 말함에 있어서는 대체로 "두루 뭉실 했다"는 비판을 피할 수 없다.[33] 분명 같은 시대의 문제들과 씨름해 온 정치신학, 해방신학 등과 비교할 때 과정신학의 작업은 보다 더 캠퍼스 안에서 이루어졌고 지적(知的) 경향이 강했던 것이 사실이다.

---

32 메슬, 『과정신학과 자연주의』, 92.
33 정강길, 『화이트헤드와 새로운 민중신학』(한국기독교연구소, 2004), 186-189.

그러나 과정신학자들이 핵, 지구온난화, 경제적 세계화, 소비주의, 미국의 제국주의, 사회적 불평등, 동물의 권리, 종교 간 갈등, 사회적 소수자, 비극과 개인적 상실 등을 포함한 삶의 현실 속의 문제들에 관심을 기울여 온 것은 사실이다.[34] 과정사상의 관점에서 정의된 하나님 나라와 현실세계, 그리고 인간실존에 대한 이해를 기초로 과정-관계적 사고가 도전하는 기독교인의 책임적 삶 또는 현실참여의 구체적 방향들을 제안해 본다.

'이' 세계(땅)와 '이' 역사에 대한 책임

기독교인의 현실참여는 이 세계(this World)와 이 땅(this Earth)에 대한 관심에의 요청에 응답해야 한다. 과정신학이 강조하는 종말론적, 실천적 영성은 이 세계 안에서 지속되는 창조의 실재에 초점이 맞추어져 있다. 기독교인들은 생태계의 위기가 보다 더 심각해지고 있고, 자신들이 환경파괴 문제에 관련이 있으며, 이에 대한 해결방안을 모색하는 것이 그들에게 과제로 주어져있음을 인식할 필요가 있다.

과정사상에 따른 하나님 나라 이해는 이 세계와 이 세계 안에서 일어나는 사건들의 연속으로서의 역사, 즉 "이 세상의 역사"(this worldly history)를 향해 특별한 관심을 가질 것을 요청한다. 과정신학의 주요 재료는 하나님과 세계에 대한 인간의 경험들이다. 과정사고의 관점에서 보면, 하나님의 궁극적(ultimate) 관심은 어떤 비-

---

34 존 캅, 이경호 옮김, 『생각하는 기독교인이라야 산다』(한국기독교연구소, 2002). John B. Cobb, Jr., *Becoming a Thinking Christian* (Nashville: Abingdon, 1993).

육체적인(incorporeal) 미래의 하늘이 아니라 이 세계, 즉 이 우주적이고 시간적(cosmic/timely) 세계이다.

과정신학자 파버(Roland Faber)는 이 세계의 중요성에 대해서 다음과 같이 역설한다.

> 만일 창조적인 모험(Adventure)이 하나님의 궁극적인 목적이라면, – 이 세상 너머에 있는 어떤 '다른' (플라톤적이고, 종교적인) 세상에 대한 하나님의 관심이 아니라 – '묵시적 계시'에 대한 종말론적 진술은 지대하게 이(this) 세계의 중요성으로 옮겨진다. 즉 이(this) 세계가 하나님의 궁극적 관심이다. 따라서 그것은 궁극적 관련성을 갖는다.[35]

종말론은 궁극적으로 창조론과 분리되어 생각될 수 없고, 몰트만이 기독교 종말론은 종말의 문제가 아니라 희망의 문제라고 논증한 것처럼,[36] 신학에서 이 세계에 대한 관심과 책임은 바로 이 땅(Earth)에 대한 종말론적 희망으로 표현되어야 한다. 전통 신학의 창조론에서 하나님은 창조주라기보다는 역사를 주관하는 분으로 간주되고, 현대 신학의 주요 종말론 논의들도 주로 인간 구원이라는 주제에 관심을 집중함으로써 자연(땅)은 기껏해야 하나님의 인간과의 교섭이라는 드라마가 연출되는 하나의 배경으로 전락된 것이 문제였다. 따라서 우리는 자연을 멸시하고 파괴하는, 자연을 배제하는 류(類)의 전통 신학의 잘못된 희망에 반대하여 이 땅의 희망을 외

---

35 Roland Faber, "Apocalypse in God: On the Power of God in Process Eschatology," *Process Studies* 31/2(2002), 80.

36 Jürgen Moltmann, *Theology of Hope* (1964; ET 1967).

쳐야 한다. 생태계의 위기가 기독교신학과 교회에 던지는 도전은 이 땅과 전 우주와의 새로운 관계성으로의 회심이다.

비-인간 타자들(nonhuman others)의 삶에 대한 책임

과정-관계적 사고를 하는 사람들은 "하나님을 모든 사람들을 동일하게 부름으로써 자신을 계시하시는, 그리고 동일한 보편적 존엄성을 가진 모든 피조물들에게 자신을 계시하시는 존재로 본다."[37] 그들에게 하나님은 더 이상 인간과만 관계하시는 분, 즉 세계 속에서 극히 소수의 집단이라고 할 수 있는 인간 종(種)과만 관계하시는 분이 아니라, 전체 동 식물이 살고 있는 세계 속에서 내재하시고 거기서 활동하시는 분이다.

화이트헤드의 철학에 기반을 둔 심층생태학은 존재들의 본래적 가치(intrinsic value)와 그들의 근본적 상호의존(radical interdependence)에 관한 선언이다. 화이트헤드의 사고를 따르면, 모든 존재들에게 일어나는 일의 본래적 중요성과 각각의 행위의 영향들이 전체를 통해 어떻게 뻗어 나가는지에 민감하지 않을 수 없다. 타자들의 삶에 대한 고려와 관련하여 과정-관계적 사고는 '탈-인간중심주의'(de-anthropocentrism)의 태도를 가질 것을, 즉 생태학적 담론들에서 그토록 문제가 되고 있는 인간중심주의를 버려야 할 것을 요청한다.[38]

앞에서 소개한 수하키(Suchocki)는 다음과 같이 선언한다.

---

37 메슬, 『과정신학과 자연주의』, 138.
38 Cf. Lynn White's critique of the anthropocentrism of Western Christianity. Lynn White Jr., "The Historical Roots of Our Ecological Crisis," *Science* 155(10 March 1967), 1203-7.

우리는 자연이며, 우리의 돌봄은 인간 공동체에 있는 형제자매들에게 제한될 수 없으며, 땅과 하늘을 향해 확장되어야 한다. 정의는 인간 공동체를 넘어서 피조세계를 유지시키는 일을 하고 있는 자연의 공동체들과 연합하는 데까지 확장되어야 한다.[39]

여기서 시드니 대학교 생물학과 교수였던 버치(Charles Birch)의 글을 인용하는 것이 적절하다고 본다.

개구리든 인간이든 자연의 개별 존재들을 존중할 이유가 있다. 그들은 주체들(subjects)이며 단지 객체들(objects)이 아니기 때문이다. 모든 살아있는 (살아있지 않은 것도) 피조물들이 주체들이라는 강조는 내게 있어서 비-인간중심적인(non-anthropocentric) 윤리의 발전을 위한 하나의 넓게 개방된 문이 되어 왔다. 이것은 아마도 자연 보존을 위한 생태-철학의 발전에서 가장 중요한 이슈일 것이다. '인간'은 만물의 척도가 아니다. 만일 모든 살아있는 피조물이 하나의 주체라면, 각자는 그가 사물들의 체계 안에서 가질 수 있는 도구적 가치 외에도 그 자신과 하나님에게 본래적인(내재된, intrinsic) 가치를 가진다. 이러한 인식이 명백히 의미하는 것은 연민(compassion), 정의(justice), 그리고 권리들(rights)을 비-인간 이웃들에게 확장시켜야 한다는 것이다. 그들은 단지 수단으로서가 아니라 그들 자체로서 목적들로 대우받아야 한다. 그들 또한 각자 즐기고 성취해야 할 생명을 가지고 있는 것이다.[40]

---

39 Marjorie H. Suchocki, *God-Christ-Church: A Practical Guide to Process Theology* (New York: Crossroad, 1989), 201-202.
40 Charles Birch, "Process Thought: Its Value and Meaning To Me,"

그러므로 인간의 고유한 가치는 다른 생물종(種)들의 희생과 멸종이라는 현실 앞에서 정당화되거나 절대화 될 수 없다. 이것은 피조세계 안의 또 다른 구성원들인 모든 비-인간 타자들에 대한 하나의 생태-사회적 정의(eco-social justice)의 문제를 말하는 것이다.

생태학적 영성과 실천을 강조함으로써 해방신학의 새로운 활로를 모색하는 보프(Leonardo Boff)는 이렇게 대답한다.

> 우리가 추구할 가치가 있는 유일한 하늘인 예수 그리스도의 하나님 나라를 발견하게 된다면, 그 나라는 우리가 배제해 온 모든 사람들과 세계 안의 모든 존재들, 즉 비-인간 타자들을 포함하는 실재임에 틀림없을 것이다.[41]

보프에 따르면, 기독교 사상가들이 모든 피조물들이 가지는 중요성과 본래적 가치를 인식하게 된 것은 어제 오늘의 일이 아니다. 예를 들어 보프는 프란시스(Francis of Assisi, 1181/1182 3 October 1226)를 생태적 사고의 서양의 원형이며 생태계의 수호성인으로 묘사하면서, 프란시스가 "모든 사물들을 커다란 존경과 부드러움으로 대했다"고 말한다.[42] 사랑으로 자연계와 대화했던 프란시스는 형제와 자매라는 용어들을 사용하여 달, 불, 물, 심지어 잡초, 질병과 죽음을 향해서까지 말을 함으로써 다른 피조물과의 친교

Process Studies 19/4(Winter 1990). Http://www.religion-online.org/showarticle.asp?title=2801. 물론 버치는 모든 피조물들이 동등한 본래적 가치를 가진다고 생각하는 것은 잘못이며, 본래적 가치의 계급체계가 있다고 말한다.

41 Leonardo Boff, *Ecology and Liberation* (Maryknoll, NY: Orbis Books, 1995), 136.
42 Ibid., 52-54.

의 예를 보여주었다. 프란시스가 남긴 것은 하나의 생태적 의식으로 만물의 창조주 하나님에서 하나의 근원을 가지는 형제, 자매로서의 모든 피조물에 대한 영적이고 신비적인 비전이다.

성서학자로서 인간과 다른 피조물간의 관계에 관한 생각을 가장 깊게 도전한 사람 가운데 하나는 베스터만(Claus Westermann)이다.

> 성경의 첫 쪽이 하늘, 땅, 태양, 달, 별, 풀, 나무, 새, 물고기와 동물에 대해 이야기하고 있다는 단순한 사실은, 우리가 신앙고백을 통해 예수 그리스도의 아버지로 인정하는 하나님은 단순히 사람만이 아니라 온 피조물에 관심을 갖고 계심을 나타내는 확실한 증거이다. 단지 사람의 하나님으로만 이해되는 하나님은 더 이상 성경의 하나님이 아니다.[43]

결론적으로 말해서, 인간 자신은 동료 인간으로부터 뿐만 아니라 자연으로부터, 자연 안의 모든 피조물들로부터 분리될 수 없다. 과정사상이 책임적으로 사고하는 기독교인들에게 촉구하는 생태 윤리적 각성은 피조세계 안에 있는 전(全) 생명에 대한 경외, 그리고 근본적으로 비-인간 타자들에 대한 경외이다.

43　Claus Westermann, *Creation*, tr. J. Scullion (London: SPCK, 1974), 176.

고난당하는 자들에 대한 책임

*세계 안의 고통은
하나님의 고통이다.
하나님은 세계 안의
불의와 고통의 희생자이지,
고고하게 처신하는
왕 같은 존재가 아니다.*

오늘날 사회정치적으로, 또한 생태적으로 책임적인 신학은 고통 받는 세계, 고통 받는 세계 안의 비-인간 이웃들을 포함해 고난 받는 인간 이웃을 돌아보도록, 즉 함께 고통당하며 문제해결을 위해 함께 협력하도록 인간 공동체를 향해 도전하는 신학이다.

인간 및 자연의 고통은 하나님 자신의 상처이기에 피조물의 고난은 곧 하나님의 고난이다. 모든 것 가운데 가장 관계적인 실재로서 하나님은 매 순간 모든 피조물들의 경험에 손수 참여하시는 존재이다.[44] 자신의 '결과적 본성'(consequent nature)에 따라 하나님은 피조물들의 고난을 느끼고(feel), 파악하며(prehend), 보존/기억(preserve/memorize)하신다. 하나님은 일어나는 모든 것에 영향을 미칠 뿐만 아니라 일어나는 모든 것에 의해 영향을 받으신다. 하나님은 일어나는 모든 것뿐만 아니라 모든 것에 일어나는 그것에 의해서도 영향을 받으신다. 한마디로 하나님은 모든 피조물의 모든 경험에 대한 경험이다. 하나님이 모든 세계에 관계하신다면, 인간이든, 동물이든, 또는 자연환경이든, 다른 존재에게 상처를 입히려는 선택들과 그것의 결과들은 결국 하나님에 의해 느껴지고 파악된다.

---

44 메슬은 "화이트헤드는 하나님을 '위대한 동반자'이며 (세계를) 이해하는 일련탁생(一蓮托生, 불교용어로 어떤 일이 선·악이나 결과에 대한 예견에 관계없이 끝까지 행동과 운명을 함께 함을 비유적으로 이르는 말)의 수난자로 보았다"고 말한다. 메슬, 『과정신학과 자연주의』, 116.

세계 안의 고통은 곧 하나님의 고통이다. 동물이나 자연의 일부에 어떤 고통을 유발시킬 때, 결과적으로 우리는 하나님께 고통을 가하는 것이다. 하나님은 세상의 고통에 대해 무감각한 절대자가 아니라 세계를 '자신의 몸'으로 삼아 공감하는 분이시다. "하나님은 불의와 억압의 희생자이지, 고고하게 처신하는 왕 같은 존재가 아니다."[45] 하나님은 세계의 기쁨을 함께 기뻐하며, 세계의 고통을 함께 아파하신다. 하나님은 피조물의 모든 즐거움에도 참여할 뿐만 아니라 피조물의 어떤 고통과 상실감에도 참여하시는 유일한 존재이다. "하나님은 한 사람의 친구처럼 그러나 어떠한 친구도 할 수 없는 방식으로 우리의 모든 경험, 즉 즐거움과 슬픔의 경험, 희망과 두려움의 경험에 참여하고 계신다."[46] 세계 내 구체적 상황에서 삶의 충만함을 위해 모든 존재들과 관계를 맺으시는 하나님에게 인간 및 자연의 고통은 하나님 자신의 고통이며 상처이다. 이러한 이해는 세계 안의 고난 받는 존재들에 대한 인간의 선택들에 있어서 필연적으로 실천적 의미들을 가진다. 즉, 세계 안에서의 고통이 곧 하나님의 고통이라면, 보다 책임있는 삶을 살고자 하는 기독교인들에게는 세계 안의 연약한 자들과 고난당하는 자들에 대한 크나큰 연민과 책임이 요구되는 것이다.

이에 대해 모세(Gregory J. Moses)는 다음과 같이 말한다.

> 환경에 상처를 초래하는 것은, 문자 그대로, 하나님께 상처를 초래하는 것이다. 그런 상황들에서, 온 마음과 영혼, 힘과 정신을 다해 주 나의 하나님을 사랑하는 것과 나의 이웃과

---

45 *Ibid.*, 116.
46 *Ibid.*, 31.

다른 모든 것을 나 자신으로서 사랑하는 것은 필연적으로 같은 이야기에 속한다.[47]

같은 맥락에서, 조직신학자이며 생태여성주의의 대표자 중 하나인 맥페이그(Sallie MaFague)는 세계를 하나님의 몸(the body of God)으로 보는 모델이 - 군사주의, 이원론, 그리고 도피주의와 같은 태도들에 힘을 실어 주는 군주적(monarchical) 모델과는 달리 - 상처받기 쉬운(vulnerable) 사람들과 압제받는 자들을 위한 책임과 관심이라는 통전적 태도들에 힘을 실어 준다고 주장한다.[48]

그리핀(David R. Griffin)도 사회적 약자들에 대한 관심을 마태복음 25장을 인용하면서 다음과 같이 말한다. "만일 하나님이 그 분의 모든 피조물들의 감정을 함께 나누신다면, 우리가 이 사람들 가운데 가장 작은 자에게 한 것은 그것이 무엇이든지 우리가 하나님께 하는 것이다."[49] 같은 의미에서, 브래들리(Ian Bradley)는 "기독교인들을 위한 생태학"이란 부제를 가진 그의 『녹색의 신』(*God is Green : Ecology for Christians, 1990*)에서 '인간의 역할'을 말하며 예수의 말을 이렇게 해석한다.

> 예수가 제자들에게 다음과 같이 말했을 때, 즉 "네게 가장 미약한 너의 이웃 하나에게 한 행동은 곧 나에게 한 행동이다"

---

47   Gregory James Moses, "Process Relational Ecological Theology: Problems and Prospects," (July 2000). Http://members.optusnet.com.au/~gjmoses/ecothlfr.htm.

48   Sallie McFague, *Models of God: Theology for an Ecological, Nuclear Age* London: SCM, 1987), 78. Cf. Sallie McFague, *The Body of God: An Ecological Theology* (Minneapolis, MN: Augsburg Fortress, 1993).

49   David R. Griffin, "A Process Theology of Creation," *Mid-Stream* 13/1-2(Fall-Winter 1973-74), 70.

라고 말했을 때 예수는 아마도 우리가 제3세계의 굶주린 어린이뿐만 아니라 굶주린 짐승도 먹이라고 한 것이며, 집 없이 고통 받는 사람들뿐만 아니라 멸종위기에 처한 식물과 동물을 위해서도 기도하라는 의미였을 것이다.[50]

끝으로 생각할 것은, 고난 당하는 자들 가운데 (함께) 하나이신 하나님은 희생과 착취와 억압의 현실을 인정하지 않으실 것이라는 점이다. 즉, 하나님이 세계 내적인 고통에 대해 언제든 공감한다는 것은, 하나님이 주어진 환경과 상황 속에서 피조물의 요구에 따라 그들과 공감하는 존재라는 의미이다. 메슬의 말대로, "우리가 우리와 다른 사람들을 위해 세계를 보다 풍요롭게 개선할 수 있는 방식을 하나님은 알고 계시며, 그것을 우리에게 알려주려고 하실 것이다."[51] 그러므로 하나님과 함께 고통당하고 함께 협력한다는 것은 하나님의 회복과 치유 의지를 파악하고 그 의지의 현실화에 실천적으로 참여하는 것이다. 이와 관련하여 유명한 '우선성의 원리'(principle of preference)에 대한 주장을 피해 갈 수 없다. 정강길에 따르면, 하나님은 '우선성의 원리'로 이 세계를 이끌어 가신다. 그리고 '우선성'의 기준은 세계 안의 존재들이 받는 고난과 고통의 정도이다. 즉, '우선성의 원리'란 하나님께서는 고난과 고통의 정도가 심하고 큰 곳일수록 우선적으로 치유하려고 하신다는 것이다.[52] 하나님은 분명 건강한 사람들과 부유한 사람들 보다 병들고 가난한 사람들에게 더 큰 관심과 치료의 손길을 내미신다.

---

50 브래들리, 『녹색의 신: 환경주의적 성서해석』, 155. 이 책에서 브래들리는 기독교의 녹색 심장을 발견하는데, 그것은 야생꽃들을 영광으로 옷입히며, 우주적 드라마에서 자신의 겸손을 실행하고, 모든 피조세계를 고귀하게 하고 완전하게 하기 위해 우주적 그리스도를 보내시는 하나님이다.

51 메슬, 『과정신학과 자연주의』, 119.

52 정강길, 『화이트헤드와 새로운 민중신학』, 206-208.

변두리의 삶들(Marginal Cases)에 대한 책임

최근 신학, 특히 교회론에서 우주 만물의 본래성을 회복시키는 생명공동체로의 요구는 생명중심적 존재양식으로의 변화이다. 즉, 교회공동체와 기독교인들을 향해 자신보다 더 약한 존재들, 더 변두리의 삶들, 즉 유아, 노인, 장애우, 싱글맘, 노숙자, 외국인 노동자, 심지어 버려진 하천이나 습지, 광산 등 - 말하자면 그것이 인간이든 자연이든 간에 - 을 치유하고 회복하는 실천적 삶을 요청하는 것이다.[53]

과정-관계적 사고는 우리 사회에서 심각하게 고립되고 고통당하는 변두리의 또는 주변화된 삶들(marginal cases)의 이슈를 적극적으로 다루도록 우리를 도전한다. 모든 사물들 또는 존재들은 서로 연결되어 있다. 그 존재의 상호연결 안에서 우리는 삶의 에너지와 가치, 희비(喜悲)를 나누어 가진다. 나의 기쁨은 누군가의 기쁨이기도 하지만, 나의 행운은 누군가의 비참이기도 하다. 세계 안의 존재들은 서로 관계되어 있으며, 어느 한 존재에게 일어나는 변화는 다른 모두에게 영향을 미친다. 그 관계들의 정치(politics of relationships)에서 중심이 되고 있는 다수가 반드시 옳으며 정의인 것은 아니다. 또한 변화의 시작이 반드시 다수의 중심으로부터 오는 것도 아니며, 오히려 그 반대일 수 있다.

나의 기쁨은 누군가의 기쁨이기도 하지만, 나의 행운은 누군가의 비참이기도 하다.

---

53 이정배, 『생명의 하느님과 한국적 생명신학』(새길, 2004), 136-137.

과정신학에 따르면, 하나님은 '작은 자들'의 가치도, 특별히 주변적 존재들의 가치도 존중하신다. 우리는 그들이 그들 스스로 본래적으로 가치 있다는 것을 알고 있다. 우리가 그리스도의 마음을 옷 입게 되면서, 사람들과 하나님의 모든 피조물들을, 마치 하나님이 그들을 보는 것처럼 우리도 그들을 있는 그대로 보게 되면서, 우리 자신도 그들을 가치 있는 존재들로 경험할 수 있게 된다.

따라서 우리는 특정한 사람들의 특정한 경험들을 존중할 필요가 있다. 우리가 타자들의 삶에 대한 사랑을 말할 때, 그 타자에 해당하는 범위는 정치적, 종교적 이념과 신체적 한계, 또는 정서적 또는 경제적 삶의 조건들로 인해 소수자로 내몰리거나 특정한 상황 속에 제약되어 있는 존재들에까지 고루 미치고 확대되어야 한다. 예를 들어 양심수들의 권리, 장애우들의 권리, 또는 심지어 동물들의 권리를 존중하는 문제가 여기에 해당될 것이다. 또한 오늘날의 다종교적 상황에서 결코 우리 스스로 무신론자이거나 비기독교인이기를 의도하지 않으면서도 우리 사회의 종교적 소수자들의 삶을 존중하는 것도 또 다른 예가 될 것이다.

악의 문제와 인간의 책임

전통적으로 '악'(Evil)은 사물들의 본성에 심어진 파괴성(destructiveness)으로 이해되어 왔다. 화산, 지진, 허리케인 등은 그 자체가 악한 것은 아니지만 살아있는 피조물들에게 악한 영향을 가질 수 있다는 의미에서 '자연적 악'(natural evil)이다. 심지어 질병과 죽음도 자연적 악으로 간주되었다. 반면, '도덕적 악'(moral evil)은 신학이나 성서에서 빈번하게 언급하는 죄를 가리키는 것으로 하나님의 의지에 반하여 가는 선택을 말한다. 기독교 전통은 자연적 악과 도덕적 악의 이 두 가지 의미들을 흔히 결합시킴으로써 죄는 재난, 질병, 죽음을 포함한 모든 악의 근본 원인이라고 설명해 왔다. 여기서 주목할 사항은, 과정신학자들은 도덕적 악에 대한 전통적 설명에는 동의하지만, 도덕적 악이 우리가 자연적 악들을 가지게 되는 이유라는 주장에는 동의하지 않는다는 점이다.

메슬(Mesle)은 고통과 악에 대한 전통신학의 설명이 자기에게는 매우 끔찍하게 기괴하며, 악마적인 것처럼 보인다고까지 말한다.

> 하나님은 성서와 많은 기독교 사상에서 대규모의 악들을 일으키는 자, 즉 전쟁, 종속, 역병, 기아, 심지어 인간의 마음에 직접적으로 상처를 입힐 의도를 가지며 그것들을 일으키는 자로 묘사되어 왔다. 하나님은 기껏해야 쉽사리 예방할 수 있는 불필요한 고통마저 수수방관하거나 그것을 묵인하는 자로 묘사되어 왔다.[54]

과정신학자들은 고통을 방관하거나 묵인하는, 심지어 그 고통을 허용하는 하나님을 인정할 수 없다. 따라서 과정사상을 따르는 신학자들은 하나님의 힘에 대한 독특한 이해를 기초로 하나님의 무제한적 전능과 같은 하나님의 힘에 대한 그 동안의 오래된 주장들에 반대한다. 동일한 이유 때문에, 과정신학자들 대부분은 물리적 기적들을 하나님의 탓으로 돌리는 것에 관해서도 망설인다. 사실상 그들은 세계 안에서 일어나는 악과 고통에 대해 하나님이 책임을 지도록 하

---

54 메슬,『과정신학과 자연주의』, 13.

지 않는 것이 가능하다고 믿는데까지 나아간다. 여기서 하나님이 모든 힘을 독점하고 있다는 전통신학의 개념은 거부되며, 사회적 불의가 하나님의 본래 계획의 일부라고 말하는 전통신학의 노력도 역시 받아들여질 수 없게 된다. 대신에 세계 안의 악과 불행은 단지 인간의 죄에 대한 하나님의 심판이 아니라 피조물의 자기결정과 역할수행의 결과이며, 따라서 그 책임의 주체도 피조물이 되어야만 한다.

하나님의 힘에 대한 과정신학의 이해는 하나님의 힘의 전능성(the omnipotence of God)에 대한 주장과 충돌하는 것처럼 보일 수밖에 없다. 그러나 과정신학의 신관은 유한한 행위자들 편에서의 "어느 정도의 자기-결단"(Self-decision)과 논리적으로 모순이 없다. 왜냐하면 하나님은 유한한 현실적 존재들의 힘, 즉 우주의 힘과는 구별되는 하나님 자신의 창조적 힘을 가진다는 의미에서 우주를 포함하는 동시에 초월하기 때문이다. 그럼에도 불구하고 각각의 유한한 현실적 존재는 어느 정도의 자기-결정을 행사할 수 있는 그 자신의 창조성을 가지며, 결과적으로 자신에 대한 신적 영향을 초극한다고 여겨진다. 바로 이 지점이 이 세상의 악과 인간의 책임이 말해져야 하는 곳이다.

이 세상의 악과 인간의 책임이라는 맥락에서, 정강길은 하나님을 심지어 고통의 동반자(co-sufferer)로 묘사한다. 하나님은 이 세계의 자율적 판단들을 존중하는 하나님이므로, 역으로 이 세계는 얼마든지 하나님의 뜻과는 다른 어긋난 길로 갈 수 있다. 그러므로 하나님에 대한 불순종은 결과적으로 이 세계에 온갖 고통과 비극을 가져다주었다. 하나님은 그 자신의 제약을 감수하면서까지 불완전한 세계의 일그러짐조차도 포용적으로 수용하신다. 그러므로 이 세계의 불완전함과 아픔은 바로 하나님 자신의 불완전함이요, 하나님의 아픔이다. 이러한 맥락에서, 흔히 묘사되는 것처럼, 아우슈비츠 수용소에서 가스실로 끌려가는 유태인들의 참상이 진행되고 있을 때 하나님 자신도 그들과 함께 고통에 몸부림치며, 애처롭게 죽어가고 있었다는 말이 성립한다.

결론적으로 말해서, 하나님은 악에 대항해 일하시지만, 인간이 하나님의 설득적인 힘에 복종할 것이라는 보장은 없다. 오히려 현재 안에는 진정한 자유가 있으며, 그것이 다수의 가능한 미래의 결과들을 가져온다. 하나님 나라에 대한 하나님의 의지가 의미하는 것은, 하나님이 우리가 필요로 하는, 즉 우리를 위한 새로운 삶으로 우리를 인도하는 가능성들을 우리에게 제공하시지만, 하나님이 우리와 함께 모험을 거듭하시는 동안 달성되는 모든 가치들은 하나님 자신의 생명(기억과 삶) 속에서 영원히 보존되며, 하나님이 생명의 능력으로 모든 선한 일을 이루기 위해 우리와 함께 일할 것이라는 약속이다. 하나님은 미래에 보다 위대한 선이 이루어질 수 있도록 우리의 경험을 새롭게 하시고, 매 순간 우리를 부르시며 우리의 감정과 결정 속으로 들어오시고, 우리 결정의 결과들에 반응하신다. 설사 "최악의 상황이 발생할 때조차 하나님은 우리와 함께 하시며, 우리의 눈물을 닦아주시며, 우리가 직면한 악으로부터 어떻게 해서든 선한 일이 일어나도록 우리와 함께 일하고 계신다."[55] 하나님은 선을 이루기 위해 자신이 할 수 있는 모든 일을 하고 계신다.

하나님의 도덕적 위대성에 대해 우리가 자유, 생명, 모험 안에서 열정적으로 응답할 때, 비로소 "우리 인간들은 하나님이 원하시는

---

55 Ibid., 187.

많은 일들을 대신 할 수 있는 하나님의 손들이다."[56] "하나님의 생명은 무한대와 같이 풍요롭다; 그러나 하나님은 세계와 나의 아내와 나의 아이들과 나와 당신의 생명에도 참여하고 계신다."[57] 만일 우리가 더 좋은 결정들을 한다면 우리는 하나님의 생명에 보다 위대하고 풍요로운 공헌을 하게 될 것이다. 오늘 우리의 선택은 생명의 충만함에 기여하고 있는가?

맺는 말

우리 사회는 급변하고 있다. 변화는 언제나 새로운 문제들과 도전들을 수반한다. 이러한 변화와 도전의 현실에 직면하여 교회와 신학은 자신들이 믿는 진리, 그리고 정체성과 사명 등에 대해 새롭고 진지하게 고민하도록 도전받고 있다. 불충분한 경제적 정의, 점증하는 계층간 불평등과 갈등, 자아상실과 자살로까지 이어지는 극도의 소외감과 좌절감은 오늘의 종교(교회)로 하여금 그 존재의의와 역할에 대해 대답하도록 도전한다. 그 무엇보다도 가히 묵시적 스트레스의 극한이라 할 수 있는 생태적 위기의 현실은 기독교 신앙으로 하여금 급기야 새로운 세계관과 그것에 기초한 신학적 대답들을 요구하고 있다.

최근 교계 안에 '생명신학'(theology of life)을 외치는 다양한 목소리들이 들려온다. '생명의 종교'인 기독교가 종교개혁을 정점으로 이후 인간 내면성에 집중하여 강조한 결과 인간 외적인 자연세계를

---

56 *Ibid.*, 186-188.
57 *Ibid.*, 92.

> 오늘날 새로운
> 신학적 재구성의 정당성은
> 생명에 대한 사랑 안에서
> 비로소 말해질 수 있다.
> ⋯⋯
> 신학은 윤리를 수반해야 한다.
> 이 시대에
> 적절하고 필요한 신학은
> 이 시대의 문제들에 대해
> 응답하는 신학이고
> 관련이 있는 신학이며
> 책임적인 신학이다.

관심 밖으로 물리침으로써 총체적 생명의 세계관을 담지하지 못해왔다는 말은 분명 오늘의 교회와 신학이 주목해야 하는 지적이다. 생명에 대한, 생명을 위한, 그리고 생명을 통한 하나님의 지속적 창조에 대한 참여가 교회와 기독교인들을 향한 하나님의 사명이고 뜻일 것이다. 이정배의 말처럼, "한국적 생명신학은 교회 안팎을 둘러싸고 있는 반생명적 현실에 대한 항의를 그 핵심과제로 삼아야" 할 것이다.[58] 지난 세기에 경험한 삼위일체론적 영성의 강조와 하나님의 선교 등 새로운 신학적 패러다임들에 이어, 생명에 대한 사랑은 새로운 영적 감수성의 눈뜸과 새로운 신학적 언어의 시도들을 요청하고 있다. 이런 맥락에서 신학자 몰트만도 『창조 안에 계신 하나님』(God in Creation, 1993)에서 하나님은 "생명을 사랑하는 분"이고 그의 영(성령)이 모든 피조물들 '안에' 있다고 말하며 '생태학적 창조론'을 외친 것이다.

켈러(Catherine Keller)의 말은 의미심장하다. "우리 언어들의 지

---

58 이정배, 『생명의 하느님과 한국적 생명신학』, 138.

혜와 우리 영들의 감화는 오직 생명에 대한 사랑 안에서 그리고 사랑으로서만 비로소 개방된다."[59] 오늘날 어떤 것이든 새로운 신학적 재구성의 정당성은 생명에 대한 사랑 안에서 비로소 말해질 수 있다. 이정배도 역시 "자연을 포함한 생명 전반에 대해 통합 학문적 시각을 갖고 그 토대 위에서 하느님을 말하고 구원을 생각하고 하느님 영의 활동을 새롭게 이해하는 일, 소위 생명을 중심으로 신학 전반을 재구성하는 일이 절대 요청된다"고 말한다.[60]

과정-관계적 사고는 보다 인간적인 방식으로 우리 사회의 모든 구성원들을 통합시켜 주는, 그리고 자연환경과 보다 자애로운 관계를 맺도록 격려하는 기독교 신앙과 실천을 가져올 수 있을 것이다. 무엇보다도 생태학적 위기의 상황들에서 실천적인 결정이 내려지도록, 그리고 그러한 결정들을 실행하도록 기독교인들을 도전할 수 있다. 물론 그 과정이 실로 효과적이기 위해서는 단지 철학적 사색에 머물거나 정통주의와 거리가 있는 신학적 재구성만으로 그쳐서는 안된다. 이 피조 세계에 대한 긍정은 더욱 구체적으로 이 땅에 대한 관심, 타자들과 소수자들에 대한 책임, 특히 고난받고 억압받는 인간, 그리고 비-인간 피조물들을 위한 삶으로 살아져야 한다.

메슬(Mesle)의 책의 결론에서 몇 문장을 더 가져온다.

> 과정-관계적 비전 안에서 우리는 우리가 지금까지 생명에 대한 다른 위대한 비전들에 의해 보고 느끼도록 초대받아 온

---

59 Catherine Keller, "Pneumatic Nudges: The Theology of Moltmann, Feminism, and the Future," in *The Future of Theology*, eds. Miroslav Volf, Carmen Krieg, and Thomas Kucharz, (Grand Rapids: Wm. B. Eerdmans, 1996), 153.
60 이정배, 『생명의 하느님과 한국적 생명신학』, 25-26.

것을 보고 느끼도록(feel) 다시 한 번 초대받는다(손짓으로 불린다). 즉, 모든 피조물에 대한 우리의 개인적 관계성과 그 관계성이 요청하는 도덕적 의무들과 도전들이 그것이다. 우리는 공동의 선을 돌보도록, 사회, 경제적 정의, 지속가능한 경제적, 환경적 실천들, 증오보다는 오히려 조화를 북돋우는 종교적 가르침들과 실천들, 그리고 강제하고 가난하게 하기보다는 힘을 불어넣는 정치적 구조들을 위해 지적으로 그리고 사랑으로 일하도록 초대받는다.[61]

하나님의 섭리를 신앙하는 우리에게는 당연히 희망해야 할 일이 많다. 그러나 동시에 우리가 해야 할 일도 많다. 말하자면 우리의 신학은 언제나 윤리를 수반해야 한다. 이 시대에 적절하고 필요한 신학은 이 시대의 문제들에 대해 응답하는 신학이고 관련이 있는 신학이며 책임적인 신학이다. 책임적이고 실천적인 영성의 기독교인들이 생태적 위기의 시대에 하나님과의 공동창조 안에서 고난당하는 자들을 위해 함께 협력하는 자일 수 있다.

---

61 Mesle, *Process-Relational Philosophy*, 90.

둘째마당

과정사상과 종말론적 생태-윤리*

* 이 글은 「한국조직신학논총」 제16집(2006년 6월)에 게재된 것을 책출판을 위해 일부 수정한 것이다.

이 글의 목적은 과정신학의 관점에 기초한 종말론, 즉 '과정신학적 종말론'을 가지고 오늘날 전 세계가 직면해 있는 생태적 위기에 교회가 더욱 관련성 있고 책임적으로 대처할 수 있도록 종말론적 생태-윤리를 제안하는 것이다. 이 글이 제안하는 종말론적 생태-윤리는 오늘의 생태적 위기에 더욱 책임적으로 대응하도록 도전받고 있는 기독교 공동체들을 위한 신학적 생태-윤리 모델이 될 수 있을 것이다.

　이 글의 목적을 달성하기 위해 필자는 몇 가지 상호 연관된 일련의 과제들을 수행한다. 첫째, 하나님이 이 세상과 관계하시는 방법과 관련하여 핵심적인 과정사상의 신(神)관념들을 신학적으로 숙고하여 과정신학적 종말론을 제시함으로써 종말론을 재구성하고자 한다. 둘째, 일련의 종말론적 생태-윤리적 원칙들을 확립하여 과정신학적 관점에서 본 종말론적 생태-윤리를 제안한다. 셋째, 그와 같은 과정신학적 종말론의 관점에 입각해서 보다 전통적인 신학의 종말론적 의식이 가진 생태-윤리적 의미와 한계를 비판적으로 성찰함으로써 과정신학적 관점에서 본 종말론적 생태-윤리가 가질 수 있는 실천적 의미들을 평가한다. 마지막으로 필자는 급속한 지구화의 진행과 세계열강들의 정치적 헤게모니의 결과들로 인해 한국 사회의 정치적, 경제적 정의가 가속화하는 생태적 파괴와 함께 총체적 위기에 내몰리고 있음을 지적하고, 그러한 상황에 신앙적 양심과 신학적 성찰에 따라 응답하고 행동하도록 도전받는 한국의 교회와 기독교인들을 위한 하나의 종말론적 생태-윤리를 제안한다.

이 글에서 필자는 특히 과정사상의 신학적 해석들과 실천들을 보여 온 John B. Cobb, Jr., Schubert Ogden, Jay B. McDaniel, Charles Birch, Marjorie H. Suchocki, Catherine Keller 등 과정신학자 혹은 과정사상가의 글들에 대한 이해를 토대로 "미래의 가능성들에 대한 진정한 개방성(열림)"이라는 하나의 종말론적 비전의 의미를 지속적으로 숙고한다. 이 글이 제안하는 과정신학적 관점에서 본 종말론은 하나님에 대한 과정사상의 기본 관념들인, 소위 "양극적 신관념"(Dipolar Concepts of God: God's Primordial and Consequent Natures)과 하나님의 설득적 힘(God's Persuasive Power)에 대한 신학적 해석으로부터 얻어지는 신적 힘의 자기-제한, 인간의 자유와 자기-결단, 창조성, 그리고 모든 가치들의 신적 보존 등과 같은 과정신학적 이해들을 토대로 더욱 설득력 있게 제시된다. 한 걸음 나아가, 이들 과정신학적 관점에서 파악된 종말론적 이해들은 작금의 고통 받고 있는 왜곡된 상태에 근본적이고 철저한 변화를 가져다 줄 수 있는 생태-윤리적 자원들로 제안되는데 까지 나아간다.

보충하여 말하자면 과정신학의 관점에서 본 종말론이 가진 강한 사회-정치적, 생태-윤리적 의미들은 인간들로 하여금 하나님의 지속적 창조의 과정에서 하나님과의 공동-창조자(Co-creator)로 존재하며 그 역할을 수행하도록 요구한다. 한 걸음 나아가, 시간, 역사, 그리고 창조의 차원들에 대한, 과정신학의 관점에서 본, 종말론적 긍정, 즉 이 현세적, 역사적 세상에 대한 긍정은 당위적으로 타자들의 삶에 대한 사랑, 그리고 고난당하고 압제받는 타자들에 대한 돌봄에 관한 윤리적 강조를 가져 오게 되고, 나아가 그 고난 받는 타자들에 궁극적으로 생명을 위협받는 피조세계 전체가 포함된다는 것을 의미하는 것이다. 결국 보다 책임적이고 적합한 생태윤리를 위한 종말론이야 말로, 생태학적으로 개혁된 신학으로서, 우리 모두의 집인 이 세상(the Earth)의 희망이 될 수 있다. 이 글에서 필자는 과정신학적 관점 위에서 종말론에 대한 전통적 가르침들에 대해 비판적 성찰을 시도하는데, 여기서 전통적 종말론적 가르침들이란, 하나님과 하나님의 미래에 "이 세상적" 차원을 일방적으로 양보하고, 결과적으로 이 세상의 역사와 오는 하나님의 나라 사이에 창조적 긴장보다는 화해불가능한 불연속성을 강조하여 두려는 데 열중하는 초월주의적 성향의 교리들을 가리킨다고 할 수 있다.

키워드
하나님의 양극적 신관념, 하나님의 설득적 힘, 과정신학의 종말론, 생태학적 위기, 종말론적 생태-윤리

생태학적 위기와 종말론적 생태-윤리

우리 시대 가장 뜨거운 이슈들 가운데 하나는 소위 '생태적 위기'(ecological crisis)이다. 사실상 인간의 자원 남용과 자연환경 파괴로 인해 실로 극한으로 치닫고 있는 생태적 위기는 인간을 포함한 자연계의 모든 생명체들의 생존을 궁극적으로 위협하고 있다.¹ 생태 위기는 단지 개인과 지역 단위의 문제가 아니라 모든 국가들과 국제적 관계들이 직면하고 있는 가장 심각한 지구적 차원의 쟁점임에 틀림없다. "자연환경의 위기는 지구적 문제이며, 오직 지구적 차원의 행동만이 그것을 해결할 수 있을 것이다."(Barry Commoner)

한편, 생태학적 위기는 명백하게 인간이 초래한 창조세계의 삶(생명)에 대한 위협의 문제라는 점에서, 그것은 사회정치, 경제, 과학의 문제일 뿐만 아니라 본질적으로 종교의 문제이며, 따라서 신학의 문제이다. 당면한 시대적 징표들과 관련성을 가지는 동시에 응답적이며 책임을 갖는 기독교신학은 어떤 것이어야 할까? 한마디로 그것은 위협받는 지구를 돌보는 신학이어야 하며, 생태학적으로 개혁된 신학, 즉 이 세계의 보존을 위해 효과적으로 기능할 수 있도록 "생태학적으로 재구성된 신학"(an ecologically reconstructed theology)이어야 한다. 말하자면 어떤 신학이 생태학적 위기에 직면한 '오늘을 위해' 하나의 적합한 신학이고자 한다면, 그것은 하나님, 창조, 영과 몸, 그리스도, 죄, 악, 구원, 그리고 종말론과 같은 신학적

---

1 Regarding the signs of ecological crisis, refer to James A. Nash, *Loving Nature: Ecological Integrity and Christian Responsibility* (Nashville, TN: Abingdon, 1991), 24-63.

주제들을 반드시 생태학적 관심들과 관련시켜야 하며, 그런 신학의 전통적 주제들을 어떻게 하면 생태학적으로 더욱 더 의미 있게 진술할 수 있을지 숙고해야 하는 것이다.

여기서 생태학적으로 재구성된(reconstructed)[2], 즉 생태학적으로 개혁된 신학은 "생물권에 있는 다른 존재들에 대한 인간의 관계들을 더욱 효과적으로 포괄하기 위해 생태학적 통찰과 가치를 통합할 뿐만 아니라 기독교 윤리를 재고(再考) 하는 방향들로 기본적인 교리적 주제들을 재해석해야 할" 필요성에 동의하고 응답하는 신학을 의미한다.[3] 그리고 필자가 확신하건대, 그러한 "생태학적 재구성"을 필요로 하는 교리적, 신학적 주제들 가운데 결정적으로 중요한 것 하나가 바로 '종말론'(eschatology)이다.

종말론은 윤리를 수반한다(Eschatology implies ethics).

세계의 미래에 대한 비전으로서 기독교 종말론은 유형에 있어서 각기 다를 수 있으나, 모든 형태의 기독교 윤리적 사고들에 중대한 의미를 가질 수밖에 없다. 말하자면 기독교신학의 역사에서 전개된 종말론적 가르침들, 즉 '새(New) 세상', '하나님의 나라', '죽음 이후의 삶', '심판', '하늘', '부활' 등, 각각 신학적 주제로서 그들 실재들이 가리키는 종말론적 비전들은 당대의 다양한 윤리적 쟁점들에 대해 결코 축소될 수 없는 관련성을 가져왔다.

예를 들어 '하나님의 나라'(The Kingdom of God)는 특히 정치적, 경제적 정의가 문제시되는 영역들에서의 갈등들 (예를 들어 경

2　오늘날 특히 북미권의 다수의 신학자들은 최근의 중대한 지적 도전들, 사회적 변혁들, 그리고 교육현장에서의 첨예한 도전들에 비추어 기독교신학이 재구성될 필요가 있다는 확신을 공유하고 있다.

3　Cf. Dieter T. Hessel and Rosemary R. Ruether, "Introduction: Current Thought on Christianity and Ecology," in *Christianity and Ecology*, eds. Hessel and Ruether, (Cambridge: Harvard Univ., 2000), xxxiii-xlvii.

제적 의미에서의 계층 간의 차이의 심화, 인종적 종교적 충돌 등), 폭력과 비폭력에 대한 논쟁들, 그리고 가장 최근에는 생태학적 위기들 등과 관련되기까지 기독교의 윤리적 사고에 결정적으로 영향을 끼쳐 왔다. 그러므로 최근의 신학들이 그 어느 때보다도 어렵지 않게 공유하는 통찰의 하나는 '하나님의 나라'에 관한 것이다. 하나님의 나라는 하늘(천국)에서의 미래 상태에 대한 미래적 희망일 뿐만 아니라 믿는 자의 삶 속에서의 하나의 현재적 실재, 즉 이 세상에서 누려져야 할 상태이다. 우리는 하나님 나라의 종말론적 성취에 대한 기대 속에 살지만, 역설적으로 우리는 이 세상에서, 즉 이 현재의 역사 안에서 하나님의 나라의 모든 삶을 살 수 있고 또한 살아야 하는 것이다.

하나님의 나라는 미래적 희망일 뿐만 아니라 하나의 현재적 실재, 즉 이 세상에서 누려져야 할 상태이다.

한편, 기독교신학에서 종말론적 희망이 흔히 현실의 다양한 위기 상황에 적합한 윤리를 충분히 수반하지 못해 온 것이 또한 사실이다. 일반적으로 종말론적 희망은 현재의 세상과 소위 '오는/새 세상'(Coming/New World) 사이에, 현세의 삶과 내세의 삶 사이에 불연속성(discontinuity)이 있다고 간주해왔다. 그리고 이러한 불연속성을 통해 강조되는 전통적인 배타성은 종말론적 희망의 본래적 의미를 왜곡해 왔다. 결국 종말론적 희망은 각기 처해진 삶의 자리, 즉 인내하고 받아들이기 어려운 현재 상태로부터 벗어나려는 관념적 수단, 즉 현실도피주의의 형태들로 본질이 왜곡되어 왔다. 달리 말하자면 현세적 '시간'(time) 위에 초월해 있는 것으로서의 내세적

'영원'(eternity)을 현세적 시간보다 우위에 두는 지나친 강조는, 기독교인들이 현존하는(즉, 역사적인) 관계적 세상에 대한 책임의식을 회피하도록 유혹하는 자극제 역할을 해왔다. 정리하면, 지금까지 기독교신학에서 그러한 종말론적 관념들은 기독교인들이 악에 대한 궁극적 승리를 신앙할 것과 동시에 오고 있는 세상에 대한 희망을 이 현재 세상의 미래보다는 차라리 종국적(終局的) 시간으로서의 초자연적으로 기원하는 미래 그 자체에 두도록 도전해 왔던 것이다.

원로 과정신학자 캅(John B. Cobb, Jr.)은 이러한 기독교 종말론의 현실도피적 경향을 아래와 같이 지적했다.

> 악에 대한 궁극적 승리에 대한 종말론적 확신은 기독교인들로 하여금 사실상 행동이 결여된 자기 위안(complacency)에 머물게 함으로써 인간들에 의해 생태학적으로 위협받고 있는, 즉 인간들에 의해 파괴당하고 고난받는 창조세계에 대한 책임으로부터 피할 수 있게 만드는 결과를 초래한다.

요약해서 말하면, 기독교 신앙과 삶의 많은 전통들을 되돌아볼 때, 무엇보다도 하나님의 창조(자연)에 대한 인류의 왜곡된 지배와 억압 관계들을 지지해 온 교리적 주제들 가운데 하나는 다름 아닌 종말론이다. 즉, 종말론을 향한 태도는 설교, 예전, 기독교적 실천, 특히 인간과 인간 이외의 피조물들을 넘어선 공동체들 안에서의 기독교적 제자직에 대한 이해와 관련해서 결정적인 함축적 의미들을 가져왔던 것이다.

개인적이든 또한 집단적인 의미에서든, 종말론은 필연적으로 윤리를 수반한다. 특히 사람들의 환경적 주변상황들에 대한 각자의 윤리적 입장을 구체화함에 있어서 각별히 중요한 역할을 하고 있으며, 따라서 필연적으로 생태-윤리를 포함한다. 그러므로 오늘날 요구되는 하나의 책임적인 기독교 종말론은 생태학적으로 적합한, 즉 생태적 위기 상황에 관련성을 가지는 종말론이다.

위와 같은 맥락에서, 생태-여성신학자인 동시에 과정사상의 전통 안에서 자신을 신학을 구성해 가고 있는 드루(Drew) 대학교의 켈러 교수(Catherine Keller, Professor of Constructive Theology[4])는, "하나의 책임적인 기독교 종말론은 그것이 우리의 지구(행성)를 구하기 위해-설교, 교육, 모델링, 조직화, 정치, 기도와 일들에 동기를 부여한다는 의미에서 하나의 생태학적 종말론이어야 한다"고 주장한다.[5] 켈러는 그녀가 주장하는 생태학적으로 개혁된 종말론을 말하면서 아래와 같이 단호하게 말한 바 있다.

---

4 '구성신학' 또는 '건설주의신학'(Constructive Theology)이란 조직신학을 새롭게 정의하거나 새롭게 개념화하는 신학으로, 일반적으로 조직신학자들이 시도하는 기독론, 종말론, 성령론과 같은 다양한 전통적 교리들 속에 흐르는 고정된 이론(a coherent theory)으로부터 벗어나서 신학을 재평가, 또는 재진술 하려는 작업이다. 이때, 구성신학자들의 신학 작업에서는 항상 새롭게 제기되는 시대적 혹은 상황적 이슈들이 중요한 관련 요소가 된다.

5 Catherine Keller, "Eschatology, Ecology, and A Green Ecumenacy," in *Reconstructing Christian Theology*, eds. Rebecca S. Chopp and Mark Lewis Taylor, (Minneapolis: Fortress, 1994), 328. 켈러는 생태학적 위기와 종말론적 사유 방식과의 관계를 밝히는 주제에 대하여 많은 글을 썼는데, 예를 들면 다음의 글들이 있다: "Talk about the Weather: The Greening of Eschatology"(1993); "Eschatology, Ecology, and a Green Ecumenacy"(1994); "Pneumatic Nudges: The Theology of Moltmann, Feminism, and the Future"(1996); "The Last Laugh: A Counter-Apocalyptic Meditation on Moltmann's *Coming of God*"(1997); "The Heat is On: Apocalyptic Rhetoric and Climate Change"(1999); "The Face of the Deep: Reflections on the Ecology of Process Thought"(2000).

푸른 묵시(Green Apocalypse)를 의미심장하면서도 효과적으로 말할 수 없다면, 기독교신학은 두 번째 천년을 마감하는 현 시점에서 실로 하찮은 추구에 지나지 않는다.[6]

과정사상의 신(神)관념으로 구성해 본 종말론

왜 과정사상인가?

종말론은 하나의 신앙형태가 세계의 미래에 대해 가지는 비전으로서 우주론, 즉 창조세계의 질서에 대한 어떤 특정한 견해를 반드시 수반한다. 하나의 기독교 종말론 역시 특정한 우주론적 견해들에 의해, 즉 하나님의 본성과 세계에 대한 하나님의 관계성에 관한 관념들을 암시하는 '우주' 혹은 '창조세계'에 대한 특정한 관념들에 의해 특징지어진다. 그리고 이러한 우주론적 관념의 골격은 역사적 시기마다 그 형태와 내용을 달리해 왔다. 그리핀(David R. Griffin)이 지적하는 대로, 기독교인들은 "기독교 신앙의 본질과 일치하는, 뿐만 아니라 당대의 최고의 과학과 일관성을 가지는 그와 같은 창조세계에 대한 교리"를 언제나 필요로 했기 때문이다.[7] 따라서 "기독교 종말론은 각기 동시대의 지배적인 우주론적 관념에 의해 특징지어지거나 형성 된다"[8]고 말할 수 있다.

---

6 Catherine Keller, "Talk about the Weather: The Greening of Eschatology," in *Ecofeminism and the Sacred*, ed. Carol J. Adams, (New York: Continuum, 1993), 36.

7 David R. Griffin, "A Process Theology of Creation," *Mid-Stream* 13 (Fall-Winter 1973), 48.

8 Tshibangu Tshishiku, "Eschatology and Cosmology," in *Cosmology and Theology*, ed. David Tracy and Nicholas Lash, (New York: Seabury,

오늘날 서구 문화의 전통에 대한 인류의 불만이 점증하고 있다고 말할 때, 근본적인 질문은 일반사회의 제도나 종교적 사상이 과연 급속도로 변화하는 인류사회의 미래를 대처하기에 충분한가 하는 것이다. 사실상 철학사조의 변천은 인류가 실재를 파악하는 방법이 변해왔음을 보여 준다. 오늘날 실재는 더 이상 우연적으로 나타나거나 정적(靜的)인 것으로 경험되지 않으며, 근본적으로 관계적이며 끊임없이 유동하는 것으로 경험된다. 현대과학의 발달이 물질의 운동원리와 관련하여 양자론과 양자역학 이론 등을 통해 미래의 불확정성, 즉 양자적 우연성을 말함으로써 고전 물리학의 결정론적이며 절대적인 인과율로부터 결별한 것은 이미 어제 오늘의 일이 아닌 것이다.

무엇보다도 "실재는 과정(Process)"이라는 새로운 인식이 서구 사회에서 또 하나의 철학적 범주로 자리 잡게 되었고, 실재에 대한 이러한 과정적 인식에서 출발하여 구상된 것이 다름 아닌 20세기 초 화이트헤드(Alfred N. Whitehead)의 철학에서 기원한 과정사상이며, 그 과정사상에 뿌리를 두고 있는 것이 '과정신학'(Process Theology)이다.[9] 사실상 서구 신학에서 종말론의 전통적인 요소들은 뉴턴의 절대공간, 절대시간과 결별하는 다양한 현대물리학의 발전들을 신학에 끌어 들이고자 하는 시도들에 의해 도전받아 왔으며, 그 가운데 과정신학은 우주를 상호 연결된 사건들의 역동적인 그물로 보는 등, 창조세계의 질서에 대한 새로운 관점들을 제공하며, 결

1983), 27.
9 과정신학은 화이트헤드가 제시한 독특한 형이상학적 이해와 그의 제자 하트숀(Charles Hartshorne, 1897-2003)이 제시한 새로운 이해에 근거하여 기독교 신학을 재구성해 보려는 시도를 일컫는다.

과적으로 불가피하게 미래에 대한 새로운 종말론적 관념들을 열어 줌으로써 기독교신학에 지속적으로 도전해 왔다.[10]

필자는 먼저 하나님과 하나님의 세계를 향한 관계방식에 대한 과정사상의 관계적 관념들에 집중하여 그것들의 종말론적 의미의 차원들을 숙고해 봄으로써 하나의 과정신학적 종말론을 시도하고자 한다. 위에서 언급한 대로, 소위 과정사상의 관계적 사고는 신학과 과학(특히 우주론)의 관계에 대한 논의와 관련하여 새로운 관점들로 현대 신학에 도전해 왔으며, 결과적으로 기독교신학의 종말론에 대한 더욱 통전적이고 의미 있는 세계관을 구성하는데 결정적으로 필요한 건설적인 제안들을 제공해 왔다. 더 나아가 과정사상의 관계적 관념들은 이 현실 세상의 미래적 상태에 대한 기독교적 희망과 관련하여 하나의 적합한 기독교 생태-윤리를 위해 꼭 필요한 혁명적인 새로운 비전을 보여준다.

필자의 짧은 공부로 판단하건대, 일반적으로 과정신학은 과정신학 밖으로부터는 기독교 종말론을 위한 재원으로 평가받지 못해 왔다. 또 과정신학 스스로도 그러한 종말론적 숙고를 지속적으로 그리고 충분히 심층적으로 발전시켜 오지 않은 것이 사실이다. 따라서 화이트헤드의 과정사상에 근거한 과정신학적 관념들이 가진 종말론적 잠재력, 즉 과정신학의 지평과 힘이 가진 가능성을 구체적으로 설득력 있게 보여주는 일이 이 글을 통해 시도해야 할 필자의 우선적인 과제일 것이다.

앞 장에서 설명한 바 있지만, 화이트헤드가 『과정과 실재』 (Process and Reality, 1929)에서 펼치는 신에 대한 논의 중 두 가

---

10 Cf. Robert B. Mellert, *What is Process Theology?* (New York: Paulist, 1975).

지에 특히 주목하고 있다. 첫째는 하나님에 대한 형이상학적 용어인 '양극적 신개념'(a dipolar concept of God), 즉 하나님의 양극적 본성인 '원초적(primordial)이고 결과적(consequent) 본성'에 관한 것이다. 둘째는 과정사상이 제안하는 하나님의 '설득적인 힘(능력)'(persuasive power)에 관한 이해이다. 하나님의 '설득적인 힘' 관념은 하나님의 실재, 즉 하나님의 본성과 세상에 대한 하나님의 관계방식의 본질을 특징적으로 보여주며, 세계의 미래, 지속적 창조 안에서의 하나님과 세계의 관계, 종말(eschaton), 그리고 사후의 삶 (afterlife)에 해당하는 불멸(immortality) 등과 같은 전통적인 종말론적 주제들과 관련하여 새로운 이해들을 가능케 한다. 필자가 보기에, 결과적으로 그것은 하나의 생태학적 재구성을 위한 일련의 종말론적 비전들을 제공해 준다.

화이트헤드에 따르면, 하나님은 스스로 자신의 모든 기능들을 완전하게 보여주는 하나의 지고의 현실재(actual entity)로서 원초적 본성과 결과적 본성의 이중적 구조를 가진다. 그 "원초적 본성", 즉 초월적(transcendental) 또는 개념적(conceptual) 본성에 따라 하나님은 "제한의 원리"(principle of limitation)로 행동하는데, 즉 새로운 모든 가능성들 혹은 목적들의 현실화를 이 세상을 향해 제시하고 또한 세상을 설득(urge)한다. 하나님은 창조의 과정 안에서 피조물을 자신의 욕구(desire) 또는 최초 겨냥(initial aim)을 향해 설득하는 작용인(作用因)으로서, 세계를 영원한 가능성들 혹은 목적들을 향해 유인하면서(luring) 세계로 하여금 신적으로 부여된 자유의 한계들 안에서 어떤 가치들을 목적함으로써 '구체적으로 결연해 지도록'(become concretely determinate) 한다. 이러한 과정사상의 신관념에 따르면, 하나님은 "새로움의 발생 기관이고, 목적론의 근거이며, 세상 안에서의 구체성(concretion)과 결연성(determinateness)의 원리"[11]이다.

또한 화이트헤드에 따르면, 양극적 본성의 다른 한 축인 "결과적 혹은 내재적(immanent) 본성"에 있어서 하나님은 각각의 계기(혹은 사건, occasion)의 완성된 현실태(actuality) 혹은 현실재(actual entity)를 느낀다(feels). 화이트헤드에게 있어서, 이 세상의 모든 사건은 그 자체로서 하나님의 경험으로 하나님은 모든 사건을 느끼고(feel), 경험하며(experience), 사랑하고(love), 변화하며(change), 성장하는(grow) 주체성이다. 하나님은 완성된 현실재들을 하나님의 완전한 파악(prehension)의 대상들로 여겨 하나님의 신적 삶 안으로 받아들일 뿐만 아니라 그들의 성취에 대한 하나님 자신의 평가에 따라 하나님의 결과적 존재(consequent being) 안에서 "객관적 불멸"(objective immortality)[12]을 부여한다. 결과적으로 발생하고 존재하는 모든 것을 느끼고 보유하므로(retain) 스스로 될 수 있는 모든 것인 하나님은 "완전히 관계적(relational) 혹은 상대적(relative)"이다.[13] 따라서 과정신학자들은 "하나님을 절대적이게 하는 것은 곧

---

11 John B. Cobb, Jr., "What is the Future? A Process Perspective," in *Hope and the Future of Man*, ed. Ewert H. Cousins, (Philadelphia: Fortress, 1972), 9.

12 과정철학에 따르면, 모든 존재하는 것에 '최초 겨냥(initial aim)'이 부여되고 객관적으로 불변하는(objectively immortal) 현실재들이 다른 현실재들을 위한 자료로 주어지고 자체 과정에서 "합생"(concrescence)을 이룬다. 여기서 객관적 불멸은 전통적인 기독교 신앙 요소가운데 하나인 주체의 불멸(영생 혹은 부활)이 아니라 주체의 영속적 소멸과 객체의 불멸을 의미한다.

13 Hartshorne의 *Man's Vision of God and the Logic of Theism* (Willet, Clark & Co., 1941)과 *The Divine Relativity: A Social Conception of God* (CT: Yale Univ., 1948).

하나님의 절대적 상대성"이라고 말한다.[14] 즉, 존재하는 모든 것, 발생하는 모든 것, 결과적으로 하나님 안에서 보존되는(preserved) 모든 것은 하나님에게도 어떤 차이를 초래한다. 다시 말하면 하나님은 이 세상의 현실재들을 파악하며, 또한 그것들에 의해 스스로 부분적으로 파악된다(prehended). 하나님은 그 원초적 본성에 따라 영향을 미친 그 세상에 의해, 즉 세상의 현실재들에 의해 그 결과적 본성에 있어서 그 스스로도 또한 영향 받는 것이다. 그러므로 하나님은 미래를 위한 이상적 목표들을 설정하지만, 결국은 시간을 보존하고 그 시간 안에서 일어난 모든 것을 보존함으로써 인간과 인간 이외의 피조물들을 통해 자신의 현실태(actuality)를 확장시킨다. 그러므로 하나님의 보존(기억) 안에서 시간은 미래에 의미를 가진다. 지고의 실재로서 하나님은 타자에 의해서는 어느 순간에도 능가될 수 없지만, 자신은 향상될 수 있고 자신을 넘어서며 모든 존재를 능가할 수 있다(God is the unsurpassable, "self-surpassing surpasser of all"). 사랑할 수 있고, 고난당할 수 있으며, 그리고 변화할 수 있기 때문에 "살아계신 하나님"인 것이다.

하나님이 스스로 자신의 현실태를 확장시킨다는 것은, 하나님은 자신의 원초적인 본성과 결과적 본성에 의해 끊임없이 창조적 진전에 참여한다는 것을 의미한다. 그것은 곧 역사의 미래를 향한 희망의 근거이다. 하나님은 시간 안에서 매 순간 앞으로 나아가며, 우

---

14 사실상 과정신학의 대다수 개념들은 "상대성"이란 가정에 기초하고 있다. 이것은 모든 실재들이 자의적이라는, 특히 인간이 자의적 자기-결정과 활동을 할 수 있다는 것을 말하는 것이 아니며, 그보다는 모든 실재들이 시, 공 안에서 서로 관계되어 있다는 것, 말하자면 어떤 단일의 실재도 전체 실재의 과정으로부터 초연한, 즉 사전에 주어진 절대성을 지니지 않는다는 것을 말한다.

주 전체를 통해 모든 개별 사건으로부터 모든 결과적 자료들을 통합해 간다. 따라서 역사의 미래에서 새로움(novelty)은 우리가 만나는 것일 뿐만 아니라 사실상 우리가 기여하여 초래되는 것이다. 여기서 역사는 실제로 개방되어 있다는 의미에서, 역사에는 분명한 의미가 있다. 이런 관점에서 보면, 하나님은 과거로부터 현재에 영향을 미치는 것이지, 결코 미래로부터가 아니다. 미래는 단지 하나님으로부터 오는 것이 아니라 하나님 안에서 그리고 하나님에게서 되어 가는 것이다. 오히려 미래는 하나님에게 조차 진정으로 열려 있다.

또한 과정사상은 하나님의 활동과 관련하여 강요(coercion)가 아닌 설득(persuasion)이라는 의미로 "하나님의 설득적인 힘(persuasive power of God)"의 본성에 대해 말한다. 하나님은 강압적이지 않으며 오히려 설득적이다. 즉 하나님은 각각의 현실재를 하나님의 원초적 본성(혹은 거기에서 오는 하나님의 최초 겨냥)에 상응하는 미래를 향하여 이끄시기 위해 설득적인 (즉, 비-강압적인) 힘을 사용하여 일하신다. 여기서 하나님의 설득이 결국 인간의 자유에 대한 인정과 강조를 의미한다는 점에서, 과정신학의 하나님은 피조물의 자유와 자기-창조성을 위한 여지를 적극적으로 열어주는 분이다. 피조물은 하나님으로부터 부여받은 설득적 사랑에 힘입어 끊임없는 창조적 변화, 새로운 가능성의 현실화를 위해 활동할 수 있게 된다. 따라서 궁극적 미래와 관련해서 우리의 자유는 그 어떤 미래의 나라, 즉 모든 실재들의 누림 안에서 경험되는 것으로서의 하나님의 책임적 사랑의 충만으로 우리 자신을 이끌어 감에 있어서 그나름의 역할을 수행한다. 그 이유는 하나님은 당신 혼자서는 세상의 사건들의 모든 세부 사항들을 초래하지 않으시기 때문이며, 오히려 원래적 목적으로부터 그 자신의 목적으로의 이동을 수행해야 하는 유한한 주체인 우리가 그 받아들인 이상(the Ideal)으로부터 빗나가기를 선택할 수 있기 때문이다. 당연히 인간이 하나님의 설득적 본성에 온전히 순응하게 되리라는 절대적 보장은 없다. 그러므로 복수(複數)의 가능한 미래들 가운데 하나로 나아감에 있어서 적어도 현재 안에 자유가 있을 뿐인 것이다.

> 미래는 단지 하나님으로부터 오는 것이 아니라 하나님 안에서 그리고 하나님에게서 되어 가는 것이다. 미래는 하나님에게 조차 진정으로 열려 있다.

요약하면, 신과 신의 세계와의 관계방식에 대한 과정사상의 이해에 따르면, 모든 경험에 있어서 본질적인 각각의 실재의 자기-결단으로서의 자유라는 의미에서, 미래는 온전히 열려있으며(open), 불확실하고(uncertain), 또한 그만큼 위험(risky)하다. 결국 역사 안에서 앞으로 일어날 일들은 인류가 어떻게 선택하고 행하느냐에 달려 있다. 그러므로 참으로 미래는 여전히 되어가야 할 그 무엇이며, 그런 만큼 시간은 미래에 대해 의미를 가진다.

따라서 총체적인 결정주의적 사고, 즉 신적 결정주의 뿐만 아니라 '오는' 미래에 대한 낙관적 결정주의는 포기되어야 한다. 오히려 인간의 자기-결단의 중요성이 다시 강조되어야 한다. 어떤 전제된 종말도 없으며, 진정한 자유가 있을 뿐이다. 이런 맥락에서 역사 안에서의 악의 실존 또한 설명될 수 있다.

한편, 그렇다고 해서 악의 실존이 하나님의 실존을 대체하는 것

> *창조는 공동의 창조이다. 하나님은 우리 인간을 통해 더욱 효과적으로 일하신다는 의미에서, 거기에 인간의 자유와 책임의 의미가 있다.*

은 아니다. 오히려 하나님은 여전히 미래이며 희망의 근거이다. 미래적 가능성들의 진정한 열림(openness)에도 불구하고, 여전히 미래에 대한 희망을 위해서는 충분한 근거가 있다. 왜냐하면 하나님이 그 결과적이며 설득적인 본성에 있어서 끊임없이 일하시고 있고, 더 나은 미래를 향하여 모든 실재를 이끌고(luring) 계시기 때문이다. 하나님은 악이 아무리 크다 할지라도 가능한 선을 최대한 가져오기 위해 설득적으로 행하기를 무한히 지속신다. 그러나 인간의 결단과 행위의 파괴적인 결과를 막기 위해 기계적으로 행동하시지는 않는다. 과정 사상가들에게 창조의 지속과 관련하여 하나님은 우주 안에서 유일한 단독의 행위자(player)가 아니며 따라서 어떤 미래의 결과들에 대해서도 일방적으로 책임이 있는 분이 아니다. 하나님은 모든 경험되는 가치의 근거일 뿐이고, 사실상 모든 각각의 실재들이 창조의 지속의 과정 안에서 그 가치와 역할을 가진다.

   과정신학의 관점에서 모든 창조는 공동의 창조인 것이다. 하나님은 마치 그분이 우리의 기도를 통해 일하시는 것처럼, 궁극적으로 우리 인간을 통해 더욱 효과적으로 일하신다. 거기에 인간의 참된 자유와 책임의 의미가 있다.

과정신학의 종말론

이상의 과정사상의 신관념들에 대한 숙고는 '종말', '하나님의 나라', '불멸' 등을 주제로 과정신학적 종말론에 대한 일련의 진술들을 가능하게 한다.

먼저 과정신학적 관점에서 '종말'(eschaton)은 이 우주의 궁극적인 마지막을 의미하지는 않는다. 사실 성서의 관념으로서 종말론적 시간인 종말(eschaton)은 무한히 영구적인 의미에서의 새 시대(eon)의 시작이며, 인류와 우주의 총체적 변형을 가리킨다. 그런데 과정신학적 관점에서 볼 때, 그것은 우주의 상태의 하나의 철저한(혹은 근본적인) 변화를 나타내는 것이 아니라 오히려 상상이 불가능한 "새로움(novelty)을 향한 우주적 열림(openness)"을 의미한다. 즉, 종말은 정적인 것이 아니라 오히려 동적인 것이다. 이러한 "새로움을 향한 열림"에 대한 종말론적 상상은 화이트헤드가 말하는 하나님의 최초 겨냥의 충만한 완성이 모든 현실재들의 자기-결단을 향해 항상 열려 있으며, 또한 하나님은 그 결과적 본성에 따른 자신의 지속적 현실화를 향해 열려 있다는 과정사상의 신관념에 대한 이해에 근거한다. 이런 의미에서 과정신학에서 미래로서의 하나님은 영원히 미래이다. "역사와 시간은 그 끝을 가지지 못하며, 하나님은 언제나 미래이고, 결코 현재가 아니며 그러므로 또한 과거도 아니다. 하나님은 항상 주체이며 객체가 아니다. 언제나 되고 있음(becoming)이며, 정태적인 있음(being)이 아니다."[15] 또한 과정사상에서 시간은 실재적인 것이고 경험의 한 사건으로부터 다음 사건으

---

15 Lewis S. Ford, "The Divine Activity of the Future," *Process Studies* 11 (Fall 1981), 178.

로의 변천으로 정의되는 것처럼, 사실상 현재 안에서의 자유와 창조성은 확립된 과거와 열려진 미래를 필요로 한다. 그러한 관점에서는 하나님의 지속적 창조에 궁극적 끝이란 없다. 창조성(creativity)에 궁극적 끝은 없으며, 그것은 영원히 계속된다. 그러므로 현재의 충만 안에서 함께 공존하는 과거와 미래의 "영원한 현재"는, 과정신학의 관점에서 보면, 창조적 과정의 실재를 부인하는 것이 된다. 이런 맥락에서 과정신학자들은 만물의 단일의 최종적 성취라는 관념으로서의 종말(eschaton)에도 반대하는 것이다.

화이트헤드는 또한 종말론적 실재인 '하나님의 나라'를 하나님의 결과적(consequent) 본성에 따른 결과적인 실재의 의미로 이해하고 있다.[16] 말하자면 하나님의 나라는 하나님 자신의 지속적 현실화 안에 있는 세상적 사건들에 대한 하나님의 지속적 보존이다.[17] 따라서 하나님의 나라는 현재적 세상과 연속성 안에 놓여 있다. 이런 의미에서 커든(Kenneth Cauthen)은 "비신화화하는 것은 비초자연화하는 것이며, 인간 운명에 대한 해석을 이 우주적 시기 안에서의 삶의 현재적 그리고 미래적 가능성들에 집중시키는 것"[18]이라고 주장한 것 같다. 그러나 또한 하늘의 왕국은 일시적 혹은 현세적이라기보다는 오히려 영원하다. 말하자면 과정사상에 있어서 신적 생명은 끊임없이 세계로부터 받아들이며 영속적인 현재의 즉시성 안에서 과거의 세계 안에 있는 모든 것을 지탱한다는 의미에서 영원

---

16 Alfred N. Whitehead, *Process and Reality: An Essay in Cosmology*, Corrected Edition by David Ray Griffin and Danald W. Sherburne, (New York: Fortress, 1978), 347.

17 *Ibid.*, 350.

18 Kenneth Cauthen, *Science, Secularization and God* (Nashville: Abingdon, 1969), 219.

하다. 마찬가지로, 하나님의 나라는 또한 항상 '오고 있음/되고 있음'(coming/becoming)의 과정에 있고, 결코 명백하게 도달하는 것이 아니라 끊임없이 세계로부터 수용하고 또한 세계 안에서 그것의 영원한 현재의 직접성 안에서 이미 과거인 바를 보존하기 때문에 영원하다.

한편, 소위 사후의 삶(afterlife)을 가리키는 불멸(immortality)에 대한 과정신학적 믿음 역시 과정사상의 유신론적 관념에 기초해 있다. 그러나 죽음 이후의 삶과 관련된 과정신학적 이해를 간단하게 공식화하기는 쉽지 않다. 굳이 일반화시켜 말한다면, 그것은 과정신학자들 안에서도 '객관적 불멸'(objective immortality)과 '주관적 불멸'(subjective immortality)로 나누어지는 각기 다른 경향성들로 나타난다. 앞에서 논한 것처럼, 과정사상의 관계적 신이해에 따르면, 하나님의 결과적 본성에 있어서 일어나는 모든 것은 하나님 안에 수용되고 보존된다. 그리고 하나님의 기억(memory) 안에서 어떤 것도 잃어버려지지 않는다. 하나님은 하나님의 영원한 기억 안에서 현재의 가치를 보존하며, 각각의 연속적 현재의 기여들에 비추어 그리고 세계를 최상의 목표로 이끌면서(luring) 세계를 향해 끊임없이 응답한다. 여기서 화이트헤드와 하트숀(Charles Hartshorne)의 영향 하에 있는 과정신학자들은 결과적 본성에 의한 이러한 하나님의 세상에 대한 응답성(responsiveness)을 "객관적 불멸"(objective immortality)이라고 부른다.[19] 그것이 의미하는 바는 이것이다. 즉,

---

19 포드(Lewis S. Ford)에 따르면, 과정신학자들은 "불멸"의 이슈에 대해 "객관적 불멸"과 "주관적 불멸" 사이에서 서로 입장을 달리한다. 예를 들어 하트숀(Charles Hartshorne)과 옥덴(Schubert Ogden)은 주관적 불멸을 강하게 반대하여 왔고, 그리핀과 캅은 객관적 불멸을 부인하지 않으면서도

하나님은 실제적으로 완성된 실재들을 자신의 완전한 파악의 대상들로서 간주하며 하나님 자신의 신적 삶 안으로 가져가고, 그들의 성취들에 대한 평가의 결과로 객관적 불멸을 부여하신다. 그러므로 과정신학자들이 오히려 '불멸'이라고 부르기를 선호하는 '영생'(eternal life)은 하나님의 결과적 본성 안에 있는 그 '객관적인' 상태이다. 분명 죽음이 마지막 말이 아니며, 뿐만 아니라 적어도 객관적인 불멸을 말하고 있다는 점에서는, 영속적인 소멸 역시 마지막 말이 될 수 없는 것이다.

여기서 객관적 불멸이 의미하는 바는, 특히 전통적인 신앙의 사고와 만날 때 여전히 간단하지 않은 논란을 피할 수 없다. 왜냐하면 객관적 불멸이란, 우리 인간은 지상에서의 죽음 이후에 하나님 안에서 영원히 지속적으로 산다는 것을 말하고 있긴 하지만 그러나 의식적인 존재들로서 그렇다는 것은 아니라고 말하는 것이기 때문이다. 이런 이유에서 과정신학자 수하키(Marjorie H. Suchocki)는 객관적 불멸에 반대하며 "주관적 불멸"(subjective immortality)을 주장하는데, 그것(주관적 불멸)에 따르면, 개인적 경험의 계기들(실재들)이 육체적 죽음을 넘어서도 지속적으로 전개/발전된다는 것이다. 수하키에 따르면, 객관적인 불멸, 즉 하나님에 의한 기억됨은 "인간 운명의 성취에 대한 실제적인 참여를 의식함"을 제공하지 못하고, 따라서 개인의 살아 있는 경험에 대한 상실감을 달래주지 못하기 때

주관적 생존(지속)을 더 긍정적으로 파악하려 했으며, 특히 캅은 가능한 자기중심성을 극복하는 방식으로 장차의 세계에서의 영혼의 지속의 가능성에 대해 숙고하고자 했다. 그러나 수하키(Marjorie Suchocki)는 캅이 말하는 영혼의 불멸에 대한 이해들과도 다른 방식으로 인격적으로 우리가 하나님 안에서 계속 살 수 있다는 의미로 주관적 불멸을 강하게 지지해 왔다. Lewis S. Ford, *The Lure of God: A Biblical Background for Process Theism* (Philadelphia: Fortress, 1978), 114.

문에, 그러한 개인 운명의 성취에 대한 실제적 참여를 의식하는 것은 "현재의 현세적 경험이나 신적 기억에 의해 제공되는 것이 아니라 오히려 주관적 불멸이 요구된다."[20] 수하키는 불멸에 대한 자신의 이해가 오히려 화이트헤드의 형이상학적 원리들로부터 오는 합법적인 결론이라고 주장하면서, 하나님은 파악된 계기(즉, 실재)의 전체를 "느끼며", 그리고 이러한 하나님의 경험은 그 실재의 주관성(the subjectivity)을 포함한다고 주장한다. 말하자면 하나님이 사건들(실재들)을 경험하는 것은 단지 그들의 과거에 어떠했던 상태로서가 아니라 변형된 상태로 경험하는 것인데, 하나님의 삶에 대한 한 참여자로서 하나의 실재는 그 자신의 직접성과 그 직접성에 대한 하나님의 경험 모두를 느낀다는 것이다.

불멸에 대한 과정신학적 이해는 아무래도 전통적인 기독교 신앙과 조화되기 어려운 것이 사실이다. 무엇보다 대다수 과정신학자들이 주저하지 않고 동의하는 바대로, 특히 과정신학적 불멸 이해는 영생이나 부활과 같은 의미에서의 주체의 불멸이 아니라, 과정신학의 특징적 이해라 할 수 있는 주체의 영속적 소멸과 객체의 객관적 불멸을 말하고 있다는 점에서 그렇다.

그럼에도 불구하고 과정사상이 본래 과학적 통찰에 근거하고 있다는 점을 고려한다면, 그리고 시간과 영원 사이의 연속성을 강조함으로써 그 불멸이 시간과 불연속적이지 않고 오히려 연속적임을 말한다는 점에서, 과정신학적 불멸에 대한 믿음은 진화론적 신학과 더불어 과학적 사고와 삶의 양식을 추구하는 현대인에게 오히려 설득력을 가질 수도 있다. 무엇보다도 객관적인 불멸에 있어서 우리 인

---

20 Marjorie H. Suchocki, "The Question of Immortality," *Journal of Religion* 57(January 1977), 297.

간은 세계 즉 하나님의 몸의 지속적인 과정에서 중요한 존재로 간주된다. 우리의 현재적 살아있음의 환희와 열정을 위협하는 것이 불의, 고통, 번민을 떨쳐버릴 수 없다는 깨달음이 아니라 오히려 현재적 삶의 누림과 성취가 종국에는 상실되고 망각될 것이라는 삶의 궁극적 무의미성이라면, 끊임없이 세계로부터 수용하고 영속적인 현재의 즉시성에서 과거의 세계 안에 있는 것을 지탱하는 하나님의 기억(삶) 안에서 개별적인 삶들은 그 존재의 소멸과 부정으로부터 구원받는 것이라고 주장되는 것이다. 최소한, 객관적 불멸의 입장을 고집하는 옥덴(Schubert Ogden)이 지적하는 대로, "주관적 불멸에의 욕구가 하나님과 같이 되려고 열망하는 인간의 주된 죄일 수도 있고, 하나님만이 우리의 삶들의 궁극적인 의미가 되기를 바라는 거룩한 바람과 배치되는 것이 아닌가"라는 문제제기를 통해서 분명 우리는 과정신학으로부터 배울 것이 있다.[21] 또한 설사 수하키가 주장하는 주관적 불멸을 따르더라도, 유한한 실체들의 신적 삶으로의 이러한 지속적인 유입에 대한 과정신학의 공통된 강조는 다양한 형태들의 공동체 안에서 서로간의 의미 있는 관계들을 세우기 위한 시공간의 연속성 안에서의 인간의 노력들을 미묘하게 강조한다는 점에서 과정신학의 죽음 이후의 삶에 대한 이해는 분명 종말론적 윤리의식을 자극한다.

---

21 Schubert Ogden, "The Meaning of Christian Hope," *Union Seminary Quarterly Review* 30(Winter-Summer 1975), 161-162.

과정신학의 종말론과 생태-윤리

과정신학의 신이해가 보여주는 특징은 창조적이고 수용적이며(receiving) 응답적이고(responding) 설득적인(persuading) 사랑의 하나님에 대한 강조라고 말할 수 있다. 하나님에 대한 전통적인 개념, 즉 무감각하고 불변하는 절대자로서의 하나님, 강제적이고 지배적이며 통제적 힘으로서의 하나님, 우주적 도덕가로서의 하나님, 현상의 묵인자로서의 하나님, 남성으로서의 하나님 등과 같은 이해들에 과정신학은 반대한다. 오히려 과정신학은 하나님의 창조적이고 응답적인 사랑을 향해 열려 있는 책임적 실존으로서의 인간존재의 삶의 양식, 즉 자신의 자아에 대한 책임감을 충분히 간직하면서도 하나님의 창조적 사랑에 대해 열려 있는 삶, 따라서 동료 인간뿐만 아니라 피조세계와의 공동체적 삶의 양식을 권장하는 방향으로 그 신학적 윤리의 메시지를 가진다.

예를 들어 과정신학자 캅(John B. Cobb, Jr.)의 신학적 작업은 역사의 실제적 개방성에 대한 강조를 통해 이 현재의 역사적 현실 안에서 현재 상황보다 훨씬 더 나은 상황이 실제적으로 가능하다는 확신과 그러한 확신에 의해 우리가 헌신적인 실천으로 고무될 수 있다는 비전을 동시에 주장하는 것으로 요약될 수 있다. 다시 말하면 하나님이 피조물인 인간에게 자유와 자기-창조성을 위한 여지를 열어 두신다는 신학적 주장은 피조물 인간이 하나님으로부터 부여받은 설득적 사랑에 힘입어서 끊임없는 창조적 변화, 새로운 가능성의 현실화를 위해 생태적 세계 안에서 책임적으로 활동하도록 요구받는 존재임을 말하는 것이다. 이 점이 생태학적 윤리를 위한 자원으로 과정신학을 적극적으로 숙고하게 되는 이유이기도 하다.

생태학적 윤리를 위한 자원으로서 과정신학의 전통은 이미 오늘날 생태신학에서 결코 간과하기 어려운 목소리들을 가지고 있다. 그 가운데 과정철학자 하트숀(Charles Hartshorne, 1897-2000)의 뒤를 잇는 가장 주요한 살아있는 과정신학자인 캅을 예로 든다면, 그의 학문적 활동과 실천은 지구의 환경위기에 대한 인식에 의해 강력하게 영향 받아 왔다. 또한 그 밖의 다른 사람들로는 Jay B. McDaniel과 Charles Birch뿐만 아니라, Marjorie Suchocki, Nancy Howell 등이 있으며, 그리고 과정신학적 관점에서 생태여성신학을 하는 Catherine Keller와 같은 학자들이 있다. 무엇보다도 그들 모두가 공유하고 있는 강한 확신은, 과정사상이 생태학적 논의를 위한 하나의 신학적 근거를 제공한다는 것이다. 일찍이 그리핀(David Griffin)은 그의 글 "자연 신학에 대한 Whitehead의 공헌들"에서 그 자신이 "Whitehead는 탁월한 생태학적 철학자"라는 확신 위에 기초하고 있음을 분명히 밝히고 있다.[22] 그리핀은 말하기를, "어떤 자연신학이 수용 가능한 생태학적 윤리를 위한 기초를 제공하고자 시도한다면, 반드시 논의해야 하는 중요한 문제들이 있을 것이고, 그것들에 답변하기 위한 하나의 컨텍스트"를 바로 화이트헤드가 제공한다고 주장한다.[23] 그리핀은 화이트헤드의 우주론적 가르침들을 분석한 후에 그의 우주론이 수용 가능한 생태학적 윤리를 위한 하나의 기초를 제공한다고 결론짓는다.

간단히 말해서, 화이트헤드의 철학, 즉 과정사상에 기초한 '범재

---

22 David R. Griffin, "Whitehead's Contribution to a Theology of Nature." *Bucknell Review* 20/3(Winter 1972), 3.

23 *Ibid.*

신론적' 신학(주체와 대상을 구별하는 이원론이 극복되고, 우주는 단지 그것의 총체 이상인 하나님의 한 부분으로 간주되며, 그리고 우주의 모든 부분들이 주변과의 내적 관계성 속에서 하나님과 공동 창조를 수행함에 있어서 어느 정도 자유와 가치들을 가진다는 것을 인정하는)은 생태학적 관념들을 가져온다. 이런 맥락에서 캅은 화이트헤드의 철학이 모든 사물들의 내재적 가치와 그것들의 근본적인 상호의존성을 긍정하고 있으며, 따라서 화이트헤드를 따르는 사람들은 모든 사물들에 일어나는 바의 본래적 중요성에 깊이 민감해야 하고, 또한 각각의 행위의 결과들이 전 세계에 걸쳐 어떻게 퍼져 나가는 지에 대해 또한 깊이 민감해야 한다는 점을 설명한다. 심지어 캅은 "환경문제"라는 표현 자체는 인류가 존재하고 있고, 모든 것은 단지 인류를 위한 환경으로서만 존재한다고 하는 것을 암시한다는 점에서 그것은 이미 지나치게 인간중심적이라고 지적한 바 있다.[24]

위에서 시도한 과정신학의 종말론적 재구성에서 숙고된 비전들을 정리하면 다음과 같다. 하나님과 인간의 상호협력적 관계성 안에서의 진화적 혹은 지속적 창조의 관념, 단일의 궁극적 종말이 아닌 열려진 종말을 말하는 새로움(novelty)과 모든 가능성들에 대한 개방성, 그리고 하나님이 지고의 운명으로 세상을 유인하는(luring) 것에 대한 공동창조자로서의 인간의 응답과 창조세계의 미래에 대한 인간의 선택적 책임, 나아가 현세적 세상의 지속에 있는 하나님의 나라의 연속성, 상호연관적 관계성 안에서의 피조물 각각의 기여들이라는 의미에서 하나님의 기억과 삶 안에서 개별 존재가 현재성의 가치를 보전하는 것으로서의 객관적 불멸 등이 그것이다. 이러한

---

24 John B. Cobb, Jr., "Process Theology and Environmental Issues," *Journal of Religion* 60/4(October 1980), 447.

모든 과정신학적 종말론의 관념들은 인류의 실존에 대한 종말론의 사회정치적, 그리고 생태학적 관련성을 더욱 설득력 있게 설명한다. 한마디로 그러한 종말론적 생태-윤리적 의미들은 인간 존재들 편에서의 충분한 책임이 이 현재적 역사인 생태계를 더욱 지속가능한 상태로 보존하기 위해 실천되어야 한다는 것을 의미한다.

과정신학의 종말론에 비추어 본 전통적 종말의식의 문제

지금까지 논한 과정신학적 종말론의 생태-윤리적 의미들은 기독교신학의 전통적 종말의식에 다음과 같이 도전한다.

먼저, 과정신학적 관점에서 볼 때, 미래는 미래의 가능성들을 향해 철저하게 그리고 진정으로 열려 있다. 즉, 미래는 그 가능성들이 하나님이 창조를 향하여 설득하는 그 목표와 인간의 그에 협력하는 반응에 의존하여 실현될 것이라는 점에서 근본적으로 열려 있으며 불확실하고 위험하다. 인간의 결정들과 실천들에 따르는 결과들은 어떤 것도 잃어버려지지 않을 것이며 피해질 수 없을 것이다. 여기서 하나님의 나라와 같은 어떤 종말론적 실재도 그 전체에 있어서 결코 하나의 사실이 아니라 하나의 과정으로 이해된다. 또한 하나님도 인간도, 아니 그 어떤 존재도 미래가 과연 어떠할지를 명백하게 알 수는 없다. 아직 이루어지지 않은 것은 알 수 없는 것이기 때문이다(What is not yet, is not knowable).

그러므로 종말론의 윤리적 의미를 생각할 때, 역사의 미래와 관련한 순진한 낙관주의는 매우 무모하다. 더욱이 생태적 위기와 관련하여 필요한 변화들이 파국을 피하기에 충분할 만큼 속히 일어날 수 있을지 솔직히 확신할 수 없다. 이러한 상황에서 하나님만이 다스리시며 최종적으로 일어날 "새 것"이 파괴보다는 오히려 하나님이 약속하신 성취일 것이라는 믿음이 미래에 대한 결정주의 또는 하나님과 악의 관계에 대한 맹목적인 낙관주의로 오도되어서는 안될 것이다. 신앙의 이름으로 이원론적, 초월주의적, 결정론적 세계관에 압도될 때, 결국 '구원'에 대한 정의는 현실 세계를 넘어선 차원에 속하는 것으로 정의될 수밖에 없다. 그러한 신앙들이 희망하는 미래는 언제나 현실 세계를 넘어서 투영될 수밖에 없다. 이런 의미에서 더욱 관련성 있는 생태학적 윤리를 촉진시키는 종말론적 영성은 창조세계의 미래에 관한 그 어떤 결정론을 거부하고 오히려 미래의 가능성을 향한 열려짐의 상태를 인식할 수 있게 하는 것이어야 한다. 예를 들어 한국교회는 생태학적 위기와 같은 국가적, 사회정치적 이슈들에 더 적극적으로 응답해야 할 뿐만 아니라, 무엇보다도 자신들의 미래 세대가 운명적으로 직면하게 될 고난/고통을 종말론적 시각에서 보고 그 책임을 인정할 수 있어야 한다.

또한 그 본성상 하나님(의 삶)의 한 투영인 하나님의 나라는 현재의 실재들의 변형을 통해 인간과의 그리고 모든 피조물들과의 하나님의 관계적 상호협력으로부터 온다. 하나님은 독단적으로 세상의 미래를 완전히 결정하지 않는다. 다만 피조물들에게 당신의 이끄심을 따르도록 설득할 뿐이다. 여기서 하나님의 설득적인 힘(사랑)은 우리의 시간적 실존의 궁극적인 악을 극복하는 힘이다. 하나님의 그와 같은 관계적 활동 때문에 인간은 악에 직면해서도 의미를 가지고 하나님의 기쁨에 참여할 수 있다. 따라서 세계의 미래는 하나님의 활동과 인간의 자유 안에서의 자기-결단들(self-decisions)의 상호협력적인 결과로서 이해된다. 이러한 과정신학의 종말론적 비전은 인간이 생태계를 위해 실천해야 할 적합한 책임을 말하는데, 무엇보다도 그것은 하나님의 창조의 지속에 기여해야 한다는 의미에서의 "공동창조자"로서의 인간의 책임이다. 세계에 대한 하나님의 관계성의 충만은 하나님 편으로만 일방적으로 제한되지 않을 것이며, 인간과 자연의 집인 이 우주는 하나님과 인간의 책임 모두에 의해 지켜질 것이다. 굳이 신학과 정치를 연결시켜 본다면, 켈러가 지적하는 대로, "미래를 하나님께 맡기는 것은 사실상 그것을 저항할 수 없는 조직적인 세력들에 내어 맡기는 것과 같다."[25]

다음으로 과정신학적 종말론의 생태-윤리적 의미를 생각할 때 주목하게 되는 것은, 생태학적 의식에 관련성을 가지는 과정신학적 종말론의 또 다른 핵심적 관념이 하나님과 피조물들의 상호연관성과 상호의존성이라는 점이다. 그것에 따르면, 하나님과 인간을 포함한 모든 피조물은 서로 연결되어 있고, 서로 영향을 주며, 결과적으로 서로 의존하고 있다. 유기적 삶의 과정 안에서 모든 실체들은 되어감의 전 과정 안에서 그 자신의 관련성을 가진다. 이런 의미에서 과정신학적 생태-윤리는 기독교와 유대교 전통들 안에 있는 인간중심적 윤리 체계에 반대하며 그것을 붕괴시키고자 한다. 이러한 과정신학의 통전적이고 유기적 삶의 세계관이 생태 위기에 대한 오늘날 교회 내의 의식과 행동에 촉구하는 것은 바로 "자연 안에서의 다양성의 생태계에 대한 존중"의 실천이다. 상호의존의 우주라는 관념은

---

25 Catherine Keller, "Why Apocalypse Now?," unpublished.

곧 세계 안에서 타자들을 고려하고 사랑하는 것에 대한 강조를 의미한다. 적합한 환경윤리는 개별적 실체들을 그들 자체로 또한 목적적인 자연 질서 안에서 그들 자체로 또한 그들의 연관성 안에서 그 가치를 인정해 줄 수 있는 것이어야 한다. 그런 의미에서 생태-윤리는 인간과 인간 이외의 살아있는 피조물, 아니 피조세계 안의 모든 여타 존재들의 존엄이라는 관념에 기초한다. 이런 맥락에서 아시아의 여러 나라들처럼, 한국 또한 생태 파괴의 현재적 딜레마에서 살아남기 위해서 제한된 자연 환경 안에서의 끊임없는 갈등과 경쟁을 통한 발전과 성장의 악한 순환을 중단시켜 나가야 한다.

나아가 사회정치적으로 책임적인 신학은 고통 받는 피조세계를 포함하여 고난 받는 이웃을 사랑하는 신학이다. 즉, 사회정치적으로 책임적인 신학은 위협받는 지구를 돌보는 신학이다. 하나님의 삶이 모든 피조물들의 모든 경험에 대한 경험이라고 할 때, 결국 개인에게 일어나는 것은 하나님에게 일어나는 것이고, 개인에게 문제가 된다면 하나님에게 문제가 되는 것이다. 피조물의 고난은 곧 하나님의 고난이다. 맥페이그가 표현하는 것처럼, 하나님의 경험과 파악(prehension) 때문에, 우주는 곧 하나님의 몸이다. 군사우선주의, 이원론, 도피주의와 같은 태도들을 조장하는 군주적 모델과는 달리 세계를 하나님의 몸으로 이해하는 이러한 모델은 상처받기 쉽고 억압받는 존재들을 책임지고 그들을 보호해야 할 통전적 태도들을 격려한다.[26] 이런 맥락에서 이상성이 말하는 것처럼, 민중신학의 입장에서 볼 때 한국에서의 고난받는 자연은 해방을 필요로 하는 민중 가운데 민중이다. 이상성은 "생태계의 해방이 없이는 인간의 해방도

---

26 Sallie McFague, *Models of God: Theology for an Ecological, Nuclear Age* (London: SCM, 1987), 78.

있을 수 없다. 왜냐하면 모든 억압받는 그룹과 억압하는 그룹은 움직일 수 없도록 서로 관련되어 있기 때문이다"[27]라고 결론짓는다.

끝으로 과정신학적 종말론의 관점에서는, 미래, 즉 하나님의 나라로 대표되는 종말론적 실재들은 어떤 내세적 차원에 의한 현재의 실재, 즉 이 현세적 실재의 대체에 있지 않고, 오히려 이 역사적/우주적 세상의 연속성 안에 있다. 하나님은 그분 자신의 결과적 본성에 따라 모든 현세적 사건들을 영원히 보존한다. "하나님의 나라는 모든 질서의 기초인 근원적(원초적) 욕구(desire)의 성취로서의 받아들임과 개혁에 완전해진 이 현세적(시간적) 세상이다." 즉, 하나님의 나라는 결국 현재의 가능성들의 현실화를 통해 끊임없는 지속적 과정 안에 있으며, 그러한 현실화의 과정은 누구보다도 반드시 인간 피조물들에 의해 수행될 것으로 기대된다. 그러므로 종말(eschaton)에 대한 과정신학의 희망은 오히려 이 세상적 실재를 인정하는 것을 포함하고, 결과적으로 피조세계의 삶을 인정하는 가치평가들과 도덕적 지침들과 관련하여 적합한 하나의 윤리를 가져 온다. 또 그러한 윤리를 가져오기 위해 기독교 신앙은, 무엇보다도 기독교 종말론은 이 현재의, 역사적 세계에 대한 인정과 모순되지 않아야 한다. 따라서 현재 세계와 하나님의 나라의 완성 사이의 연속성에 대한 과정신학적 관념은 윤리적인 의미로, 그리고 특별히 생태학적 윤리의 차원에서 세상을 더 낫게 만들기 위한 변혁의 힘을 위해서 많은 함축적 의미들을 가진다. 그러므로 과정신학의 종말론이 말하는 이러한 미래에 있는 개방성의 본성은 현재 안에서의 변화/변혁을 위한 에너지의 원천이 되며, 그 자체로서 강력하게 윤리적이

---

27 Sang Sung Lee, *The Korean Church As People's Movement*, Ph. D. Dissertation, Drew Univ., Madison, NJ, 1998, 182.

고, 나아가 생태-윤리적 의미들을 가진다.

생태학적으로 개혁된 신학 안에서 기독교의 종말론적 신앙은 현재와 미래의 연속성 안에서 땅(the Earth), 즉 이 세상으로 돌아가야 한다. 우리는 지난 세기 동안 출현했던 다양한 신학들, 특히 강한 윤리적 의미들을 가졌던 신학들, 예를 들어 해방신학, 흑인신학, 여성신학, 그리고 다양한 성격의 생태신학들이 공통적으로 도피적이고 내세지향적인 윤리 형태를 허용하는 미래적 희망들을 아주 강하게 거부해 왔다는 것을 기억할 필요가 있다. 그들은 항상 현재의 상황을 분석하고 지금 여기에서의 인간과 인간 이외의 피조물들의 삶이 직면한 실재적 상황들의 역사적 변혁을 위해 일하는 데 집중해 왔다. 그들이 자유를 추구하고 억압에 저항하며 성차별과 인종차별에 맞서고 참여를 촉구하며 생태학적 의미에서 "지속 가능한"(sustainable) 사회를 위해 신학을 한다고 할 때, 그것은 땅 위 곧 여기에서의 전망이 가능한 그런 미래에 대한 비전을 가지고 있었던 것이다. 오늘날 생태학적으로 개혁된 신학에서 회개는 이 세상으로의 돌이킴(metanoia)을 의미한다. 새로운 생태학적 종말론의 비전 안에서 우리가 희망하며 그것을 위해 일할 수 있는 공동체의 기초는 바로 여기에 있는(HERE), 우리의 집(OUR HOME)이며, 우리의 지구

> *새로운 생태학적 종말론의 비전 안에서 우리가 희망하며 그것을 위해 일할 수 있는 공동체의 기초는 바로 여기에 있는(HERE), 우리의 집(OUR HOUSE)이며, 우리의 지구(OUR EARTH)이다.*

(OUR EARTH)이다. 과정신학의 종말론이 제시하는 생태학적 영성에 사로잡힐 때, 한국 교회와 그리스도인들은 우리가 서 있는 지구와 땅을 진정한 집으로 간주할 수 있게 된다. 다차원적, 총체적 생태 위기로 종말적 파괴의 위협에 직면해 있는 지구, 바로 그 지구가 우리의 집이다. 그러므로 한국 교회들이 직면해 있는 생태학적 과제는 바로 "집(이 세상)의 일(Homework)"인 것이다.

맺는 말: 한국교회를 위한 종말론적 생태-윤리

오늘날 대다수 환경주의자들이 동의하듯이, 어떤 신학이든 그것이 오늘날의 생태위기에 대한 효과적 대응책이 되기 위해서는 생태학적 지속 가능한 지구의 미래에 결정적 우선권을 부여하는 대안적 세계관 혹은 견해들을 견지해야 한다. 즉 지구적이고 다차원적으로 인간과 피조세계 전체를 위협하는 생태학적 위기에 직면해 있는 작금의 현실에서 기독교적 삶과 실천은 창조세계의 미래에 관한 새롭게 동의된 전망들을 가지고 전통적인 기독교 교리들, 그 가운데 무엇보다도 종말론을 새롭게 해석하도록 도전받고 있다고 말할 수 있다. 필자는 과정신학적 종말론의 관점으로부터 출발하여 그 종말론적 관념들의 윤리적 중요성이 강조될 때, 기독교 종말론은 이 현재적 세상의 긍정을 위한 관련 자원으로, 결과적으로 생태학적으로 책임있는 행동들을 가져오기 위한 관련 자원으로 거듭날 수 있다고 보았다.

오늘의 한국교회는 윤리적으로 더욱 관련성 있는 종말론을 통해 생태학적으로 개혁된 신학을 필요로 한다. 무엇보다도 우리의 신학은 철저히 인간중심주의적인 전통을 무비판적으로 계승해 왔으며, 결과적으로 우리의 동료 세상과 그들의 필요들이라는 더 광범위한 상황을 무시해 왔다. 따라서 창조세계와의 관계 속에서 인간중심주의에 대항하기 위해서는 사회학적 (사회중심적) 신학보다는 오히려 생태학적 (생태중심적) 신학이 요구된다는 지적은 정당하다. 또한 우리의 신학은 자본주의 문화에서 자란 이기주의적 소비주의에 편승함으로써 오히려 자연자원의 고갈로 인한 생태학적 위기를 더욱 악화시켜 왔다. 따라서 관계적 세계관에 근거한 종말론적 영성의 윤리를 통해 인간 이외의 자연계의 이웃들과 미래 세대를 고려하는 생태학적 신학이 절실히 요구되는 것이다. 게다가 우리의 신학은 현재를 미리 결정하는 과거에 관심을 가짐으로써 과거, 심지어 현재와의 극단적 단절을 허용할 수 있는 묵시적 종말론적 사고를 선호한다. 따라서 우리는 비-결정주의적 사고를 추구하면서 동시에 새로운 현재를 창조하는 방편으로서 과거를 창조적으로 재형성하는 능력을 무시하지 않으려 애쓰는 생태학적 신학을 실행에 옮길 필요가 있다.

하나의 적합한 신학이고자 한다면, 신학은 개념적인 형식화를 넘어 사람들의 사회정치적 삶의 현실들에서의 참된 의미의 실천들을 향해 나아가야 한다. 즉, 어떤 신학이든, 그것이 생태학적으로 관련성을 가지고자 의도한다면, 특히 사회정치적 상황과 생태학이 분리될 수 없다는 점에서 반드시 사회정치적 상황들에 관하여 자신의 목소리들을 가져야 한다. 특히 교회들의 신학과 실천이 사회와 정치의 실제적 삶들로부터 크게 괴리되어 있는 한국적 상황에서 신학은 사람들이 고민하고 갈등하는 이슈(쟁점)들과 관련하여 그 자신의 실천적 의미를 연출하는 방향들로 재구성되어야 한다. 이런 의미에서 필자가 관심을 갖는 과정신학적 관점에서 시도한 종말론적 생태-윤리를 위한 구성신학적 작업은, 자신들의 고통 받는 환경에 대해 진지하고 책임 있게 응답하고자 하는 한국 기독교인들과 교회들이 그들의 신앙과 실천에 대해 비판적으로 성찰할 수 있는 한 패러다임이 될 수 있을 것이다.

과정-관계적 신관(神觀)과 동물신학(Animal Theology)*

* 이 글은 2011년 정부재원(교육부)으로 한국연구재단의 지원을 받아 연구되었으며(NRF-2011-332-A00065), 『기독교사회윤리』 제28집(2014년 4월)에 게재된 바 있다.

대규모 생매장 방식의 구제역 매몰, 동물 유기 및 안락사, 경제적 목적의 동물실험 등, 다양한 형태의 동물학대 사례에서 볼 수 있듯이, 우리 사회는 동물권 유린이 크고 광범위하게 이루어지고 있고, 특히 인간의 복지증진이나 의학의 발전이란 명목 하에 동물에 대한 비윤리적 행위들이 너무 쉽게 당연시 되어 왔다. 이러한 상황을 고려할 때, 최근 학계의 생태·생명주의 논의에서 "동물의 생명권"(이하 "동물권") 이슈가 뜨겁게 부상한 것은 오히려 많이 늦은 감이 있다. 이 글을 시작하면서 필자가 전제하는 것은, 동물권에 대한 보다 전향적이고 실천적인 변화는 철학 및 종교의 형이상학적 전제들에 기초한 윤리, 특히 기독교 공동체 안에서는 신학적 윤리에 주목하는 논의를 요구한다는 것이다. 같은 맥락에서, 이 글은 동물권 이슈에 대한 종교철학적이고 신학적인 접근이라고 할 수 있다.

　이 글의 구성을 말하자면 먼저 하나님과 세계, 하나님과 인간, 그리고 비-인간 존재들의 관계에 대한 종교철학적으로 설득력을 가지고, 또한 신학적 윤리를 위한 함의들을 던져 준 세계관인 화이트헤드(Alfred N. Whitehead)의 소위 과정사상(Process Thought)을 소개하고, 과정신학으로서의 동물신학을 토론하는 것이 한 축이 되고 있다. 글의 또 다른 축으로, 필자는 린지(Andrew Linzey)의 동물신학(Animal Theology)과의 대화를 통해 린지의 동물신학에 제기되는 신학적, 윤리적 질문들을 과정-관계적 신학의 관점에서 평가하고, 동시에 린지의 동물신학에 대한 종교철학적 반성을 위한 참고자료로 화이트헤드의 과정사상을 제안한다. 결론적으로 필자는 과정-관계적 관점으로부터 모든 존재들의 기본적 가치와 도덕적 가치, 모든 존재들의 상호의존적 관계, 인간중심주의의 극복, 비-인간 피조물의 가치와 생명권에 기초한 동물신학의 가능성과 그것의 윤리적 중요성이 강조될 때 결과적으로 과정-관계적 생명신학은 생태·생명학적으로 책임적인 행동들을 가져오기 위한 하나의 적합한 관련자원으로 간주될 수 있다고 주장할 것이다.

    화이트헤드의 과정사상에서 하나님은 더 이상 인간과만 관계하시는 분, 즉 세계 속에서 극히 소수의 집단이라고 할 수 있는 인간 종(種)과만 관계하시는 분이 아니라, 전체 동·식물이 살고 있는 세계 속에 내재하고 거기서 활동하며, 세계의 삶에 참여하는 분이다. 따라서 세계 안의 고통은 곧 하나님의 고통이다. 우리가 어떤 동물에게나 자연의 일부에 어떤 고통을 유발시킬 때, 사실상 우리는 하나님께 고통을 가하는 것이 된다. 또 과정사상이 확언하는 바는 모든 존재들의 본래적 가치와 그들의 근본적 상호의존이다. 한 마디로, 과정사상이 기독교인들에게 촉구하는 생태윤리적 각성은 피조세계 안에 있는 전(全) 생명에 대한 경외, 그리고 근본적으로 비-인간 타자들에 대한 경외이다. 타자들의 삶에 대한 고려와 관련하여 과정-관계적 사고는 기독교인들로 하여금 〈탈-인간중심주의〉의 태도를 가질 것을, 즉 생태학적 담론에서 비판받고 있는 인간중심주의를 버려야 할 것을 요청한다. 그러므로 과정신학이 제안하는 윤리적 관점들은 인간 공동체로부터 지구-자연과 더 큰 우주에 해당하는 영역들까지로 확장되어야 한다. 인간의 독특하고 고유한 가치는 어떤 전통적인 의미에서든 절대화되거나 다른 생물종(種)들의 희생과 멸종이라는 현실 앞에서 결코 정당화될 수 있는 것이 아니기 때문이다.

키워드

동물권, 동물윤리, 동물신학, 비-인간 피조물, 과정신학, 과정-관계적 사고

동물권(動物權) 이슈, 왜 과정사상인가?

지난 2011년, 한국사회는 유례없이 큰 규모의 구제역(口蹄疫)[1] 파동으로 천문학적 수(數)의 가축이 예방적 차원에서 생매장 당하는 상황을 경험했다. 당시 가축의 예방적 살처분 방식과 관련하여 동물의 생명권 문제가 이슈로 대두되면서 사회일각에서 전에 없었던 파장이 일었다. 반복되는 조류인플루엔자(AI, Avian Influenza) 발병으로 인한 가금류 살처분에서도 보듯이, 가축전염병이 발병할 때 마다 정부가 선택하는 예방적 살처분 방식은 지나치게 행정편의주의적이라는 비판을 피할 수 없고, 살처분에 동원되는 공무원들이 경험하는 외상 후 스트레스 장애를 비롯한 인권침해 또한 심각한 사회문제로 이어지게 된다. 한편, 여름보양식으로 개를 식용하는 등 동물이용에 있어 한국사회의 오랜 관습은 소위 '비문화적'이고 동물을 학대하는 태도로 간주되어 국제사회에서 비판을 받기도 한다.

과학적, 경제적, 사회학적 동기들을 배경으로 한 일방적이고 비이성적인 고통유발이 인간에 의해 동물들의 생존에 지속적으로 가해지고 있는 것이 현실이다. 단순히 인문학적 통념만으로 보더라도, 세상 만물과 모든 공간은 인간 삶에 있어 존중되어야 할 환경이다. 이런 의미에서 볼 때, 인간에게 동물은 가장 친근하고 가까운 이웃이다. 그런데 문제는 동물의 실존이 인간 삶의 존중받아야 할 주변 환경의 일부임에도 불구하고 우리사회에서 이러한 문제가 근본적으로 간과되고 있다는 사실이다.

최근 학계에서 지배적인 화두(話頭)인 생태·생명주의 운동은 인

---

[1] 동물, 즉 소나 돼지와 같은 가축들이 잘 걸리는 전염성이 매우 높은 바이러스성 질병으로 hoof-and-mouth disease라고도 함.

문학적 논의의 중심을 인간중심주의로부터 생태·생명중심주의로 전환할 것을 요구하고 있다. 그것은 인간의 시야가 모든 동물을 망라한 비-인간 생명체의 생명권에 대한 관심으로 확대되어야 할 것을 촉구하는 것을 의미한다.

철학적 담론에서는 동물의 생명권을 다룬 글들이 지속적으로 발표되었다. 그러나 동물의 생명권 논의에서 철학적 차원의 전통적인 도덕주의적 접근 자체로는 한계가 있다는 것이 필자의 생각이다. 달리 말하면, 동물의 생명권에 대한 우리 사회의 관습과 태도에 있어서 보다 실천적인 변화가 일어나기 위해서는 그 문제에 대한 철학적, 도덕주의적 논의에 그치지 않고 종교적, 신학적 윤리에 주목하는 논의로 통념적 고찰과 성찰이 필요하다.

거듭 강조하지만, 필자는 동물권 이슈는 근본적으로 생태계를 조망하는 세계관을 바탕으로 접근해야하고, 따라서 종교적, 신학적 윤리의 문제일 수밖에 없다는 주장에 주목하였다. 이런 맥락에서 필자는 동물권(動物權) 논의에서 철학과 신학이 결합된 성격의 관점들에 주목한 것이고, 특히 지난 세기 후반 이래로 다양한 학문 분야에 근본적으로 세계관적 영향을 끼쳐 온 화이트헤드(Alfred N. Whitehead, 1833-1947)의 과정사상(process thought)이 특히 동물권 논의에 적합한 관점이라는 생각을 일단의 과정신학자들과 공유하게 되었다.

이 글은 화이트헤드가 제시하는 과정사상의 세계관이 비-인간 존재에 대해 가지는 생태 생명윤리적 함의들을 토론하고, 이어서 동물권에 대한 과정-관계적 사고의 이해를 소개할 것이다. 그리고 더 나아가 과정-관계적 생태영성을 말하는 과정신학자들과 동물신학 주창자인 린지(Andrew Linzey, the Oxford Centre for Animal Ethics)와의 만남을 통해 과정신학으로서의 동물신학의 가능성과 과정-관계적 동물윤리의 의의를 논할 것이다.

그렇다면, 왜 화이트헤드의 과정사상인가?

오늘날 인류사회의 안녕을 위해 요구되는 윤리적 가치들이 생태·생명학적 질문들에 집중되어 있다는 것은 주지의 사실이다. 예를 들어 기독교 신앙이 현실세계에 적합한 윤리적 실천을 이끌어 내고자 한다면, 현실세계가 직면한 생태 위기에 대하여 철학적이거나 종교적인 세계관을 바탕으로 일관되고 설득력 있는 해결방안들을 제시해야 한다. 필자의 생각으로는, 기독교인들에게 있어서 이와 같은 세계관은 무엇보다도 세상을 향한 하나님의 관계 방식, 즉 피조세계에 대한 하나님의 관계 방식, 그리고 인간에 대한 하나님의 관계 방식에 관한 종교적, 신학적 확신들에 근거해야 한다. 이것은 신학의 주된 문제가 창조주 하나님과 피조세계(God the Creator and creation)의 관계, 즉 하나님과 세상(God and the world), 하나님과 인간, 심지어 인간과 비-인간 피조물(God and human beings, and non-human creatures) 사이의 관계성이어야 한다는 말과 다르지 않다. 이런 의미에서 최근 생태신학에서 인간과 비-인간 피조물의 관계가 주된 문제로 떠오른 사실은 실로 설득력 있게 이해된다. 그리고 하나님과 세계, 인간과 비-인간 존재들의 관계에 대한 하나의 가장 오래 되었고 동시에 현대적인, 그리고 생태윤리적인 비전이 과정사상의 실재관(實在觀), 즉 화이트헤드의 형이상학인 〈유기체(有機體)의 철학〉(Philosophy of Organism)이다.

과정사상과 비-인간 피조물의 권리

과정사상의 세계관에서 가장 핵심적인 특징 가운데 하나는 세계 안의 모든 존재들에 대한 상호관계적(co-relational) 관점, 또는 과정-관계적(process-relational) 관점이다.[2] 여기서 필자가 제안하는 것은 이것이다. 즉, 우리는 화이트헤드의 과정-관계적 실재관에 기초해서 모든 존재들의 상호의존적 관계성과 본래적 가치를 말할 수 있고, 나아가 인간중심주의의 극복, 비-인간 피조물의 가치와 동물의 생명권 문제를 적극적으로 토론할 수 있다는 것이다.

과정사상과 과정-관계적 범재신론(panentheism)

지난 세기 인류가 경험한 과학의 발전은 전(全) 지구적 생명계에 지속적으로 지대한 영향을 미치게 될 의미심장한 세계관적 변화들을 가져왔다. 그 변화들을 한 문장으로 요약하면, 이것이다. 즉, 인류가 가진 세계관이 인간과 비(非)인간 세계 사이의 관계에 대해 기존의 이원론적 관점에서 생명현상의 전체성을 강조하는 전체론적(holistic) 관점으로 급격하게 바뀌었다는 것이다.[3] 예를 들어 상대성이론과 양자물리학은 관찰자와 피관찰 대상이 절대적으로 분리될

---

2 실재(reality)에 대한 화이트헤드의 견해에 따르면, 모든 존재하는 것들은 모든 다른 존재하는 것들에 내적으로 관계되어 있다(All existing things are internally related to all other existing things).

3 그러한 세계관적 변화를 주도한 것 가운데 하나가 화이트헤드의 과정사상이었고, 화이트헤드의 사상에 기초한 과정적 세계관은 서구사회의 과학적 사고뿐만 아니라 종교적 인식과 삶에 지대한 의미를 가지게 된 것이다.

수 없다는 것과 심지어 자연을 묘사하는 행위 자체가 자연의 성질을 부분적으로 결정한다는 것을 시사하는 수준까지 이르렀다. 이에 과학자들은 서구사상을 지배해 온 인간과 자연계 사이를 이분화 한 종국을 시인할 수밖에 없게 되었고, 결과적으로 신학자들 또한 그동안 과학자들에게 내어 준 영역에서 과학의 결론과 수렴가능한 신학적 재구성들을 시도하도록 도전받게 된 것이다. 따라서 좁게는 생물학과 신학, 넓게는 자연과학과 인문과학이 그들 사이에 가능한 통전적이고 우주적인 틀의 대화를 통해 실로 다양한 수준과 차원의 생명현상을 전체론적으로 이해하고 그 생명들의 해방과 실현을 위해 나름대로 헌신하도록 초대받게 된 것이다.

"유기체의 철학"[4]으로도 호칭되는 화이트헤드의 형이상학은 모든 사물들이 그들의 환경에 대해 갖는 내적 관계성을 강조하며, 이에 따라서 과정사상의 실재관은 바로 그 관계성(relationship or connectivity)에 대한 강조를 핵심으로 하고 있다.

한마디로 화이트헤드의 실재관은 관계성을 전면에 내세운다. 우주는 원자적이거나 또는 총체적으로 통전적이지 않고 오히려 강하게 관계적이고, 강하게 연결되어 있다. 화이트헤드에 따르면, 모든 존재들(entities)은 관계되어 있으며, 서로 근접해 있는 존재들은 서로에게 영향을 미친다. 현실적 존재들(actual entities)은 그들 상호

---

4   유기체의 사전적 의미는 "많은 부분이 일정한 목적 아래 통일 조직되어 그 각 부분과 전체가 필연적 관계를 가지는 조직체"를 가리킨다. 화이트헤드의 철학을 <유기체 철학>이라고 부르는 이유는 그의 철학이 실재의 본질을 독립적인 실체가 아니라 우주의 유기체적 관계성으로 정의하고 있기 때문이다. 이를 통해 그는 실체론적 철학을 극복하고 그것을 대체할 수 있는 관계론적 세계관을 발전시켰다.

간의 파악들(prehensions)에 의해 서로를 포섭하는데,[5] '현실 존재'[6]와 '파악'이 실재적이고 개별적이며 개체적이라고 말하는 것과 동일한 의미에서, 실재적이고 개별적이며 개체적인 현실적 존재들의 '공재'(共在, togetherness), 즉 '결합체'(a nexus)로[7] 불리는 실재적이고 개별적이며 관계적 사실들이 존재하게 된다. 직접적인 실제적 경험의 궁극적 사실들은 현실적 존재들, 파악들, 그리고 결합체들로서, 파악을 통해 각기 다른 존재들은 피차 내면화되며, 각자의 경험의 계기들(occasions)의 한 부분이 된다.

과정사상의 제안에 따르면, 세계는 다양한 종류의 결합체들 안에 있는 사건들, 일들, 과정들 안에 있다. 적어도 과정사상 안에서는, 그 성질들이 시간과 관계들과 상관없이 그 정체성을 유지하는, 소위 본체들(substances) 또는 지속적인 본래적 존재들을 전제하는 전통적인 신학적 사고가 성립되지 못한다.

겉으로 관련된 물체의 집합체보다는 오히려 상호 작용하는 사건들의 짜임새로서 실체를 보는 과정사상의 유기적 관점은, 오늘날 다양한 생태학적 관점들을 가질 수 있도록 하는데 기여했다. 예를 들어 과정신학을 대표하는 캅(John B. Cobb, Jr., 1925-)은 이러한 과정사상의 관계적이고 유기체적인 우주론적 비전에 크게 의존하여

---

5 Alfred N. Whitehead, *Process and Reality, An Essay in Cosmology*, Corrected Edition by David Ray Griffin and Donald W. Sherburne, (New York: Free, 1978), 18-20.
6 '현실적 존재'는 '현실적 계기(occasion)'이라고 불리며, 세계를 구성하고 있는 궁극적인 실제적 사물이다. 이것은 데모크리투스(Democritus)의 원자들처럼 미시적(microcosmic) 존재로서, 사회 또는 결합체라 불리는 이들의 집합체는 우리가 일상적으로 경험하는 거시적(macrocosmic) 존재, 예컨대 나무나 집, 사람 같은 것들을 형성한다.
7 Whitehead, *Process and Reality*, 20. nexus의 복수형태는 nexūs이다.

경험적 세계에 대한 하나님의 관계방식에 관해 의미 있게 말하는 방법을 발견함으로써 자신의 생태신학적 모델을 발전시켜 온 것이다.

한편, 과정-관계적 실재관에 기초한 과정사상의 신관(process theism)은 소위 "관계적 범재신론"(relational panentheism)이라 명명되며, 세계에 대한 하나님의 관계를 논함에 있어 과정신학의 이름으로 제시되는 특징적인 모델이다.[8]

메슬(C. Robert Mesle)의 말과 같이, 과정-관계적 관점을 지닌 사람들은 그 누구보다도 "하나님은 모든 사람들을 동일하게 부름으로써 자신을 계시하시는, 그리고 동일한 보편적 존엄성을 가진 모든 피조물들에게 자신을 계시하시는 존재로 본다."[9] 즉, 그들에게 하나님은 더 이상 인간과만 관계하는 분, 즉 세계 속에서 극히 소수의 집단이라고 할 수 있는 인간 종(種)과만 관계하는 분이 아니라, 전체 동·식물이 살고 있는 세계 속에 내재하고 거기서 활동하는 분이다.[10] 과정-관계적 신관에서, 신은 더 이상 인간과만 관계하는 존재, 즉 세계 속에서 극히 소수의 집단이라고 할 수 있는 인간 종(種)과만 관계하는 존재가 아니라, 전체 동·식물이 살고 있는 세계 속에 내재하고, 거기서 관계하고 활동하며, 세계 내의 모든 삶의 결과들을 예외 없이 수용하고 보존하는 존재이다.

과정사상은 모든 형태의 존재는 신에 의해 평가되고 신의 경험

---

8   Cf. C. Robert Mesle, *Process-Relational Philosophy: An Introduction to Alfred North Whitehead*. West Conshohocken, PA: Templeton Foundation, 2008.

9   로버트 메슬, 이경호 역, 『과정신학과 자연주의』 (이문, 2003), 138. C. Robert Mesle, *Process Theology: A Basic Introduction*. St. Louis, Missouri: Chalice, 1993.

10 *Ibid.*, 173-174.

에 기여한다고 주장한다. 신은 모든 존재에 영향을 주며 또한 모든 존재에 의해 영향을 받는다. 과정-관계적 신관에 따르면, 신의 신성한 삶에 동참함으로써 모든 존재는 의미를 가진다. 말하자면 모든 생명체는 그 자체로서, 또한 다른 생명체에게, 그리고 무엇보다도 신에게 귀중한 것이다. 멸종 위기에 처한 종의 보호는 그들 자신을 위해서, 또한 생태계의 다른 구성원들을 위해 필수적인 것으로 고려되어야 한다. 왜냐하면 신의 삶은 창조된 질서의 다양성을 통해 풍부해지기 때문이다. 심지어, 과정신학의 신관에 따르면, 하나님은 세계발전의 과정에서 현실 존재들에게 일어나는 모든 것을 일방적으로 통제하지 않는다는 의미에서 하나님은 전능하지 않다. 과정신학에서, 굳이 하나님이 전능하시다는 것은 하나님이 모든 생명의 원초적 근원이라는 의미에서이다.[11]

심층생태학(Deep Ecology)의 도전과 인간중심주의의 극복

그 자신이 하나님의 나라(the kingdom of God)로 부르기도 하는 창조세계에 대한 화이트헤드의 비전은 생태·생명회복을 고민하는 인류에게 소위 '심층생태학'(Deep Ecology)을 촉구한 것이라 볼 수 있다. 심층생태학은 심층생태론 또는 근본생태론이라고도 말해지는데, 말 그대로 심층생태론은 생태문제를 좀 더 심층적으로 바라보고자 하는 시각이고, 근본생태론은 생태문제의 근본적인 원인을 찾아 해결하려는 시각이다. 심층생태학적 관점은 인간중심적 사고에서 벗어나 생태계 전체를 하나의 유기체로 보는 접근이다.

---

11 'primordial nature of God'(신의 원초적 본성).

심층생태학적 관점에서 과정사상은 모든 존재들의 본래적 가치(intrinsic value)와 그들의 근본적 상호의존(radical interdependence)을 전제한다. 화이트헤드의 사고를 따르면, 모든 존재들에게 일어나는 일의 본래적 중요성과 각 행위의 영향들이 전체를 통해 어떻게 뻗어 나가는지에 대해 민감하지 않을 수 없다. 그리고 그 각각의 일어나는 일의 중요성은 결코 인간을 위한 중요성에만 국한되어서는 안된다.[12]

그러므로 과정-관계적 사고는 〈탈-인간중심주의〉(de-anthropocentrism)의 태도를 가질 것을, 즉 생태·생명학적 담론들에서 그토록 문제가 되고 있는 인간중심주의를 포기할 것을 요청한다.[13] 이런 맥락에서 과정신학은 모든 가능한 기독교신학들이 인간중심주의에서 탈피하여 그들의 윤리적 함의들을 인간 공동체로부터 지구-자연과 더 큰 우주에 해당하는 영역들 안의 모든 존재들까지로 확장시키도록 도전한다. 〈과정신학 연구소〉(Center for Process Studies)의 수하키(Marjorie H. Suchocki)는 하나님의 나라에 대한 과정신학의 이해가 가리키는 생태-윤리적 중요성에 대해 다음과 같이 말한다.

> 우리는 자연에 속해 있으며, 우리의 돌봄은 인간 공동체 형제자매들에게 제한될 수 없으며, 땅과 하늘을 향해 확장되어야 한다. 정의는 인간 공동체를 넘어서 피조세계를 유지시키

---

12 John B. Cobb, Jr., "Deep Ecology and Process Thought," *Process Studies* 30/1(Spring-Summer 2001), 112.

13 Cf. Lynn White's critique of the anthropocentrism of Western Christianity. Lynn White Jr., "The Historical Roots of Our Ecological Crisis," *Science* 155(10 March 1967), 1203-7.

는 일을 감당하고 있는 자연의 공동체들과 연합하는 데까지 확장되어야 한다.[14]

인간의 독특하고 고유한 가치는 어떤 전통적인 의미에서든 절대화되거나 다른 생물종(種)들의 희생과 멸종이라는 현실 앞에서 더 이상 정당화될 수 없다. 이것은 피조세계의 질서 안에서 인간의 자리를 논하는 신학적 인간학을 포기하거나 생태학을 위해 인간 윤리를 희생시키는 문제가 결코 아니다. 오히려 피조세계 안의 또 다른 구성원들인 모든 비-인간 타자들에 대한 하나의 생태-사회적 정의(eco-social justice)의 문제를 말하는 것이다. 과정-관계적 사고를 통해 존재에 있어 많은 평준화가 가능해졌고, 모든 것은 더 거대한 전체의 부분이지만 모든 개별 존재는 그 자체로써 중요하다고 주장되기 때문이다.

이런 맥락에서 1970년 이후 과정사상에 그 사상적 기반을 둔 신학자들이 당시의 해방신학자들이 제안하는 해방적 비전이 어떤 의미에서 제한적이라는 이유로, 즉 그들의 관점이 너무 인간중심적이라는 이유로 그들을 비판했다는 점은 시사하는 바가 크다. 앞에서 소개한 원로 과정신학자 캅(Cobb) 역시 신중심주의를 위해 인간중심주의를 거절하고 있는데,[15] 캅은 기독교계 안팎의 주요 쟁점들에 대해 말하면서 다음과 같이 말했다.

---

14 Marjorie H. Suchocki, *God-Christ-Church: A Practical Guide to Process Theology* (New York: Crossroad, 1989), 201-202.
15 John B. Cobb, Jr., "Process Theology and Environmental Issues," *Journal of Religion* 60/4(October 1980), 450.

정의와 인간 해방의 문제들은 언급되어야 한다. 그러나 만일 그 문제들이 포괄적인(inclusive) 지구적 상황을 망각하는 가운데서 말해지고 있다면, 그 노력들은 결코 성공할 수 없다.[16]

과정-관계적 생태영성과 비-인간 피조물의 권리

과정-관계적 사고는 모든 존재들의 근본적 가치와 상호의존적 관계를 말하는 것 외에도 비-인간 피조물의 권리에 대해 말함으로써 필연적으로 과정-관계적 관점에 기초한 생태 영성의 강조와 그것의 윤리적 함의들에 주목한다. 과정-관계적 관점을 지닌 신앙인들은 일반적으로 "하나님에 대하여, 자신을 계시하되 동일한 보편적 존엄성을 가진 모든 피조물들에게 자신을 계시하는 존재로 본다."[17] 하나님은 더 이상 인간과만 관계하는 존재, 즉 세계 속의 한 집단에 불과한 인간 종(種)과만 관계하는 존재가 아니라, 전체 동·식물이 살고 있는 세계 속에서 내재하고 거기서 활동하는 분이다.[18] 따라서 과정신학이 제안하는 윤리적 관점들은 인간 공동체로부터 지구-자연과 더 큰 우주에 해당하는 영역, 그리고 구체적으로는 비-인간 피조물의 영역까지로 그 관련 대상이 확장되어야 한다.

앞에서 언급한 과정신학자 캅 역시 그의 신학에서 특히 이러한 생태학적 영성의 중요성을 강조해 왔다. 한마디로 캅의 독특하고도 중요한 업적은 과정신학을 생태학적 관점에 깊이 적용하여 전개했고, 특히 생태학과 관련된 정치, 경제적 영역에까지 광범위하게 기

---

16 Cobb, "Process Theology and Environmental Issues," 441.
17 로버트 메슬, 『과정신학과 자연주의』, 138.
18 Ibid., 173-174.

> *하나님은
> 피조물들에 대한
> 공감(empathy)으로
> 그들과 함께 고통당하시고,
> 그들과 함께 기뻐하신다.*

독교의 책임과 윤리의 문제에 대해 목소리를 높여 온 것이다. 캅은 우주가 실체적 물질이 아닌 사건들의 상호 작용의 계속적 연속물로 구성되어 있다는 화이트헤드의 사상을 그의 생태학적 신학의 토대로 삼았다. 캅에 따르면, 신과 인간과 자연은 서로 분리될 수 있는 독립적 실체가 아니라 유기적 관계성 안에 있다는 과정적 사고야 말로 생태학적 감수성의 원천이며 근본이다. 특히 세계와 분리되지 않고 만물과 함께 경험하고 모든 현실 존재를 파악하며 수용하는 하나님 이해, 즉 만물과 서로 영향을 주고받는 하나님 이해로부터 출발함으로써, 캅은 전통적 기독교신학의 인간중심적 세계관으로부터 생태적인 신-중심적 세계관으로의 전환을 주장했다.

하나님은 피조물에 대한 공감(empathy)으로 그들과 함께 고통당하시고 그들과 함께 기뻐하신다. 그러므로 우리는 인간뿐만 아니라 인간 이외의 피조물들 가운데 고통을 줄이고 즐거움을 배가하기 위해 일해야 한다. 한편, 캅은 환경윤리를 위한 과정 사상의 의미를 체계적으로 연구하는 데까지 나아갔다. 캅에 따르면, 완성된 인간은 경험의 중심이며 그 경험은 유일한 고유의 이득이다. 그런데 모든 인간은 또한 다른 존재의 경험에 기여하기도 하며, 그 경험으로 도구적인 이득을 얻는다. 그러므로 우리의 목표를 단지 고통의 감소에만 있는 것이 아니라 경험의 극대적인 증대와 모든 생명체의 잠재성을 일깨우는 데 두어야 한다. 또한 캅에 따르면, 교회 또한 그리스도의 몸인 동시에 상호참여의 자발적인 공동체로서 그리스도에 대한 개방을 통해 창조적으로 변화해야 하며, 이러한 변혁은 교회와 교회가 관계하고 있는 모든 것들을 분리할 수 없다는 과정-관계적 인식으로 인해 사회와 생태계 가운데서 총체적으로 일어나야 하는 것으로 정의된다.[19]

그러므로 인간과 비-인간 피조물과의 관계에 대한 과정사상에 기초한 생태학적 영성의 메시지는 이것이다. 즉, 인간의 독특하고 고유한 가치는 절대시 되어서는 안되며, 다른 생물종(種)들의 희생과 멸종이라는 현실 앞에서까지 결코 정당화될 수 있는 것이 아니다. 오히려 과정사상이 책임적으로 사고하는 기독교인들에게 촉구하는 생태·생명윤리적 각성은 피조세계 안에 있는 전(全) 생명에 대한 경외, 그리고 근본적으로 비-인간 타자들에 대한 경외이다. 인간

---

19 특히 생태적으로 적합한 경제학적 관념으로 내 놓은 캅의 공동체주의는 유기체적 관계성을 존재의 본질적 구조로 여기는 과정 사고가 어떻게 비-인간 피조물에 대한 그의 생태학적 신학에서 만개하고 있는지를 보여준다. 첫째, Homo economicus는 공동체 안에 있는 인간(person-in-community)으로 다시 생각되어야 한다. 둘째, Homo economicus가 한 일원으로 참여하는 공동체는 인간들에 국한되지 않아야 하는 것으로, 인간은 다른 피조물들로부터 분리되어 번영할 수 없다. 셋째, 우리의 자손들의 안녕에 대한 평가절하는 있을 수 없으며, 이것은 또한 우리와 함께 지구를 공유하는 다른 종들의 미래의 안녕에도 해당된다. 넷째, 인간과 비-인간을 포함하는 보다 더 광의적 의미의 공동체의 모든 구성원은 타자를 위한 가치 외에도 그 자신의 본래적 가치를 가진다. 다섯째, 피조물의 다양성은 인간을 위한 매우 중요한 미적 풍부함을 더해준다. 즉 종들의 멸종을 막아야 하고, 문화적 다양성과 문화들 안에서의 유형들과 인격들의 다양성을 보존하는 일이 중요하게 된다. 여섯째, 생태학적으로 적합한 기술의 발전이 요구된다. 일곱째, 많은 기독교인들은 하나님이 모든 피조물들을 돌보신다고 믿고 있다. John B. Cobb, Jr. "Christianity, Economics, and Ecology," in *Christianity and ecology: seeking the well-being of earth and humans*, eds. Dieter T. Hessel and Rosemary R. Ruether, (Cambridge, MA: Harvard Univ., 2000), 507-508.

생태·생명시대의 인간은 대상을 타자화시키고, 종속화시키는 주체에서 관계적이고 돌봄을 실천하는 주체로 전환되어야 한다.

은 동료 인간으로부터 뿐만 아니라 자연으로부터, 자연 안의 모든 피조물로부터 분리될 수 없다. 이러한 모든 존재들의 근본적 가치와 상호의존적 관계에 대한 관점은 궁극적으로 인간중심주의의 극복을 전제한다. 즉, 생태·생명시대의 현실참여를 위한 신학으로서 과정신학의 윤리적 메시지는 인간이 대상을 타자화시키고, 종속화시키는 주체에서 관계적이고 돌봄을 실천하는 주체로 전환되어야 한다는 것이다.

동물신학으로서의 과정신학

서구 기독교신학에서 통용되는 소위 '동물신학'(animal theology)은 한국의 신학계에서는 여전히 낯선 이름이다. 동물신학은 기독교신학전통의 대(大)주제들, 말하자면 신앙, 은총, 부활, 구원, 죄, 자연법 등 신학관련 주제들을 동물의 실존과 권리문제에 관련시켜야 한다는 현대적 도전을 적극적으로 채택한다. 동물신학은 기독교인들에게 신학적 세계이해와 구속신학에 있어서 동물의 자리에 관한 전통적인 가정들, 특히 동물에 관해 사회적으로 전통적으로 조건 지워진 믿음들에 직면하도록 도전한다. 동물신학이 특히 집중적으로 저항하는 신학적 가정은 전통적인 신관과 관련되어 있다. 예를 들면, 하나님은 전적으로 인간의 목적들에만 전념하신다는 것과 피조물은 단지 인간이 자신들의 구원을 실현시키기 위한 배경에 불과하다는 믿음이 그것이다. 달리 말하면, 동물신학은 인간 개인을 탈중심화(decentralization)시키고자 하며, 전체 피조물의 청지기로서의 인간의 적절한 역할을 확인시켜 주고자 한다.

과정신학자들의 동물권 이해

이미 설명한 바와 같이, 과정신학자들은 하나님의 내재와 초월을 과정-관계적 범재신론으로 이해한다. 과정-관계적 사고를 하는 사람들에게 세계는 하나님의 몸으로 간주된다.[20] 즉, 세상은 하나님의 몸이 형체화된 실재다. 하나님(초월)과 세상(내재)은 서로 유기적으로 관계한다. 과정-관계적 사고에서 성령은 세계 안에 범재신론적(汎在神論的, panentheistic)으로 존재하며, 모든 만물은 성령을 통해 관계하고 각자의 내재된 본질적 가치를 가진다. 이러한 신관을 공유하는 그룹에 과정신학자 존 캅, 제이 맥다니엘(J. B. McDaniel), 매튜 폭스(Matthew Fox), 생태여성신학자 샐리 맥페이그(Sallie McFague) 등이 속한다.

화이트헤드의 과정사상이 암시하는 신관에 집중하여 과정신학으로의 길을 매개한 과정사상가로 지난 세기 최고의 형이상학자이며 종교철학자의 한 사람으로 평가되는 인물은 하트숀(Charles Hartshorne, 1897-2000)이다. 그런데 하트숀은 흥미롭게도 소위 "자연의 철학자"(philosopher of nature)로 불리며, 특히 새(bird) 노래 분야의 전문가로서 동물들에 대한 광범위한 저작을 남겼다. 하

---

20 McFague, Sallie. *The Body of God* (Minneapolis: Fortress, 1993).

트숀은 공유된 창조적 경험에 대한 하나의 철학적 접근인 *Creative Synthesis and Philosophic Method*(1970)를 출판한 이후 줄곧 동물에 대해 지대하게 주목했다. 일반적으로 화이트헤드는 자신의 형이상학적 체계를 통해 필연성과 우연성, 유한과 무한, 내재와 초월, 그리고 일자와 다자 사이에 존재하는 양극단들의 완화를 가장 잘 보여주는 철학자로 알려져있다. 사실상 화이트헤드는 현실태들(actualities)의 다원성을 부정하는 극단적 일원론자가 아니었고, 현실태들이 완전히 상호의존한다고 주장하는 다원주의자도 아니었다. 화이트헤드의 형이상학은 이들 각 양극단의 상대들을 화해시킬 수 있었고, 이에 하트숀은 이러한 형태의 화이트헤드적 화해를 자신의 형이상학 안에 포함시키고자 했다. 특히 동물이해와 관련하여 하트숀이 발전시킨 주요 논지들 가운데 하나는 이것이다. 즉, 인간과 동물 사이의 관계는 우리로 하여금 하나님과 우리의 관계를 더 잘 이해할 수 있도록 돕는다는 것이다. 한편, 돔브로스키(Daniel A. Dombrowski)는 그의 *Hartshorne and the Metaphysics of Animal Rights*(1988)에서 과정사상의 관점에서 본 동물권의 형이상학을 논함으로써 '인간이 비-인간 동물을 어떻게 대하고 있고, 또 어떻게 대해야 하는가'하는 문제들에 관심을 가졌다.

유전공학을 전문으로 하는 생물학자이면서 과정사고를 통해 과학, 특히 생물학과 신학의 만남에 적극적으로 나선 사람이 호주에서 활동한 버치(Charles Birch, 1918-2009)이다. 그는 종교분야에서의 진전을 이룬 공을 인정받아 1990년 국제 〈템플턴 상〉(Templeton Prize)을 공동 수상하기도 했다. 한마디로 버치는 특히 과학과 신앙 사이의 관계들로 나아가는 새로운 길들을 열었다. 과정신학에 대한 그의 깊은 관심은 캅(Cobb)과의 공동저작인 *The Liberation of Life: From the Cell to the Community*(Cambridge: Cambridge Univ., 1981)로 열매 맺었는데, 이 책은 이 분야의 고전에 해당한다. 비-인간 생물들의 권리와 관련하여 여기서 캅의 절친한 친구이며 자연과학자로서 과정사상에 깊이 영향을 받아 생태철학과 생태윤리 및 생태신학에 조예가 깊은 버치의 글을 음미할 필요가 있다.[21]

> 그들이 개구리이든 인간이든 자연의 개별 존재들을 존중할 이유가 있다. 왜냐하면 그들은 주체들(subjects)이며 단지 객체들(objects)이 아니기 때문이다. 모든 살아있는 (살아있지 않은 것도) 피조물들이 주체들이라는 강조는 나에게 있어서 비-인간중심적인(non-anthropocentric) 윤리의 발전을 위한 넓게 개방된 문이 되어 왔다. 이것은 아마도 자연 보존을 위한 생태철학의 발전에서 가장 중요한 이슈일 것이다. '인간'은 만물의 척도가 아니다. 만일 모든 살아있는 피조물이 각각 하나의 주체라면, 그 각자는 사물들의 체계 안에서 가질 수 있는 도구적 가치 외에도 그 자신과 하나님에게 본래적인(내재된, intrinsic) 가치를 가진다. 이러한 인식이 명백하게 의미하는 것은 연민(compassion), 정의(justice), 권리

---

21 버치(Charles Birch)는 유전공학을 전문으로 하는 생물학자이며, 호주에 거주하고 있다. 그는 종교분야에서의 진전을 이룬 공을 인정받아 1990년 국제 템플턴 상(Templeton Prize)을 공동으로 수상했다. 또한 시드니 대학의 생물학 교수이기도 한 그는 옥스퍼드, 콜롬비아, 시키고, 미네소타 대학에서 각각 가르친 바 있으며, 버클리에 있는 캘리포니아 대학의 유전공학 방문교수도 역임했다. 버치는 특히 과학과 신앙 사이의 관계들로 나아가는 새로운 길들을 열었다. 그의 과정신학에 대한 깊은 관심의 열매로서 캅(John B. Cobb, Jr.)과의 공동저작인 *The Liberation of Life: From the Cell to the Community* (Cambridge: Cambridge Univ, 1981)는 하나의 고전이다.

들(rights)을 비-인간 이웃들에게 까지 확장시켜야 한다는 것이다. 그들은 단지 수단으로서가 아니라 그들 자체로서 목적들로 대우받아야 한다. 그들 또한 각자가 즐기고 성취해야 할 생명을 가지고 있는 것이다.[22]

과정사고 안에서는 모든 실체를 기본적 범주의 동일한 것으로 묘사하는 것이 가능하다. 모든 실체는 적어도 기본적인 경험의 중심부이기 때문이다. 복잡하고 다양한 생물체 사이에 어떠한 명확한 선도 그을 수 없다. 그럼에도 불구하고 다음과 같은 한 가지는 기억할 필요가 있다. 즉, 버치(Birch)의 경우, 모든 피조물들이 동등한 본래적 가치를 가진다고 생각하는 것은 잘못이라고 말한다는 점이다. 즉, 본래적 가치의 계급체계가 있으며, 그에 상응하는 권리들의 계급체계가 있다는 것이다.[23] 버치에 따르면, 우리가 이 땅 위의 가난한 사람들과 압제받는 사람들에게 주로 관심을 갖고, 모기 보다는 고래와 침팬지들에게 더 관심을 가지는 것이 옳고 정당하다. 왜냐하면 가치의 위계는 곧 경험의 풍부함을 가질 수 있는 능력에 있어 차이

---

22 Charles Birch, "Process Thought: Its Value and Meaning To Me," *Process Studies* 19/4(Winter 1990). Http://www.religion-online.org/showarticle.asp?title=2801.

23 과정 사상은 존재가 달성할 수 있는 고유한 유용성과 기구적 유용성 모두에서 존재들 간의 차이점을 설명했다. 바위 덩어리는 완성된 중심이 없는 다만 하나의 뭉친 물질에 불과하다. 세포의 생명이 식물 전체 생명에 좌우되지만 식물은 각 세포의 경험만큼 집적된 경험의 중심부가 없다. 더욱 발달된 존재는 다른 존재의 경험에 더 큰 이득을 줄 수 있으며 기여할 수도 있다. 단순한 생명체에게서 기본적인 감정이 존재하지만 의식은 존재하지 않는다. 이러한 구조로 볼 때 인간의 생명을 구하기 위해 암세포나 말라리아, 병원균 모기를 죽이는 것은 전적으로 타당하다. 만약 굶어 죽어 가는 아이들에게 동물의 희생을 댓가로 영양분을 섭취시킬 수 있다면 그러한 고통은 정당화될 것이다. 모든 생명체는 귀중하지만 그들은 동등하게 귀중하지는 않다.

들을 반영하기 때문이다. 많은 계층에서 경험의 강도, 폭과 근원에는 큰 차이가 존재한다. 인간은 곤충보다 훨씬 더 다양하고 복잡한 경험을 할 수가 있다. 그러니 침팬지나 돌고래의 경험 수준은 곤충보다는 인간의 경험 수준에 가깝다.

한편, 미국 훔볼트 주립대학의 철학교수인 수잔 암스트롱 벅(Susan Armstrong-Buck)은 환경윤리를 위한 기초로서 화이트헤드의 형이상학 체계에 주목하면서 비-인간 경험에 대한 화이트헤드적 분석을 시도하며,[24] 즉 비-인간 경험에 대한 최근의 발견들에 화이트헤드의 체계를 적용시켰다. 그녀에 따르면, 비-인간 경험에 대한 연구는 다음과 같은 화이트헤드의 인식론적 체계를 뒷받침해 준다. 먼저 화이트헤드의 체계에서 인지(perception)는 "인과율에 따른 유효성과 표상적 직접성"(causal efficacy and presentational immediacy)이라는 두 가지 형태를 취하고, 명제들과 개념들은 주로 비언어적이며, 감정은 세계-개방과 자기-개방의 지배적인 양식이다. 또 동물들은 도덕적으로 심미적으로 모두 경험한다. 또한 최근의 연구는 비-인간 능력들이 화이트헤드가 주장한 것보다 인간 능력들에 어느 정도 더 가깝다는 보여준다고 암스트롱-벅은 지적한다. 암스트롱-벅이 결론지어 말하는 대로, 대체로 화이트헤드의 이론은 사실상 인간중심적 도그마를 피할 수 있게 만들며, 올바로 이해될 때, 동물은 인간의 필요를 위한 단순한 도구가 아니라 인간의 진화적 모험에서 동료들이라는 사실을 깨닫게 만든다.

---

24 Susan Armstrong-Buck. "Nonhuman Experience: A Whiteheadian Analysis." *Process Studies* 18/1(Spring 1989), 1-18.

맥다니엘(Jay B. McDaniel)의 관계적 생태영성

과정사상에 기초한 동물신학의 가능성을 말할 때, 미국 내 생태신학자로서 활동하는 맥다니엘(Jay B. McDaniel) 교수는 가장 대표적인 인물 가운데 한 사람으로 평가된다. 맥다니엘은 과학과 종교간의 간학문적 대화를 목적으로 만들어진 잡지 〈Zygon〉에 기고한 "*Six Characters of a Post-Patriarchal Christianity*"[25]에서 그 자신이 남성임에도 불구하고 가부장제 이후 기독교의 등장과 그 성격을 규명하는데 집중했다. 페미니스트의 정신을 가지고 자연생태계에 대한 신학적 연구에 지속적으로 심혈을 기울인 결과, 맥다니엘은 *With Roots and Wings: Christianity in an Age of Ecology and Dialogue*(1995)[26]를 펴냈고, 이 책에서 맥다니엘은 여성적 시각으로 십자가를 바라보면서 그러한 연민 속에 전 자연생태계를 포괄시킴

---

25 Jay McDaniel, "Six Characters of a Post-Patriarchal Christianity", *Readings in Ecology and Feminist Theology*, eds. by Mary Heather MacKinnon and Moni McIntyre (Sheed & Ward, 1995), 306-325. 맥다니엘은 가부장제 이후 기독교의 특징으로 다음의 6가지를 들고 있다. - 가치관에 있어서 위계적이기 보다는 다원적 사고와 돌봄의 윤리가 강조된다. - 힘에 있어서 지배보다는 관계가 중시된다. - 이성과 감성을 위계적 이원론으로 아니라 통전적으로 파악한다. - 자아를 고립적이고 원자론적이며 자율적 자아로 보지 않고 창조적이고 관계적이며 역동적인 자아로 이해한다. - 자연에 대해 기계론적 관점이 아닌 진화적이고 생태학적인 관점으로 접근한다. - 하나님이 초월적인 남성 신격이거나 우주적인 도덕심판관 또는 전능한 군주로서가 아니라 생명력의 원천, 생명의 자리, 생명 그 자체로 경험된다.

26 이 책은 새롭고 영감을 불어넣는 통찰들로 독자들을 도전하면서 지구, 종교, 우주 안에서의 인간의 자리를 다시 그리고 있다. 영적 구도자들이라면 누구에게나 분명하고 설득력 있게 다가오는 문장으로 맥다니엘은 자연과학, 기독교신학, 종교간 대화로부터의 통찰들을 결집시킴으로써 우리 시대를 위한 통전적 영성을 위한 새로운 기초를 마련한다.

으로써 생태계의 구원을 희망하고 그 실현을 위해 노력하고 있다.

특기할 사항은 이 책에서 맥다니엘이 전통적으로 교회공동체에서 핵심으로 고백해 온 적색은총과 비교하면서 녹색은총의 의미를 강조하고 있다는 것이다. '녹색은총'(Green Grace)이란 인간 삶의 토대를 이루는 자연환경 전체를 지시하는 것으로 그 자체로서 최상의 선물이며 이것 없이는 인간의 삶이 유지될 수 없다. 만일 근본적으로 인간이 생명에 대한 외경심이 없고 자연을 있는 그대로의 존재가 아니라 욕망의 대상으로만 간주한다면, 인간은 녹색은총을 상실하는 것이다. 맥다니엘에 따르면, 이 세상에 존재하는 아무리 하찮은 것일지라도 그 자체로서 의미를 가지며 거대한 생명체계의 한 구성원이라는 것을 느끼지 못하는 한 인간은 녹색은총을 누릴 자격이 없다. 또한 맥다니엘은 인간을 인간되게 하는 최상의 선물인 적색은총 또한 녹색은총의 빛에서 이해한다. 자기중심성, 탐욕과 욕망으로 인해 인간은 자연으로부터 들리는 고통과 비탄의 소리를 듣지 못하며 상처투성이의 자연(피조물의 고통, 생태계의 위기)을 인식하지 못하고 있다. 이 때 '적색은총'(Red Grace)[27]은 인간이 자연의 그러한 소리에 귀를 기울이고 비참한 현실을 직시하도록 하며 나아가 그들의 고통과 비탄에 참여하도록 한다. 그러므로 적색은총은 인간으로 하여금 전 자연생태계의 고통에 자신을 개방시켜 그와의 연대를 이루게 하는 매개이다.[28]

---

27 '적색은총'은 성례전을 통해, 즉 그리스도인들이 성찬이라고 부르는 것에서 경험될 수 있다. 그것이 적색인것은, 예수의 나뉘어진 피로 계시되기 때문이다. Jay B. Macdaniel, *With Roots and Wings: Christianity in an Age of Ecology and Dialogue* (Maryknoll, NY: Orbis, 1995), 44.

28 이정배, "녹색은총의 생태론자," http://www.greenchrist.org/bbs/board.php?bo_table=community_4&wr_id=7.

한편, 이 글의 주제와 관련하여 맥다니엘에게서 가장 주목해야 할 작업은, 범재신론과 기독교 사이의 분리를 극복한다는 점에서 기막히게 아름다운 조직신학에 해당하는 책, *Of God and Pelicans: A Theology of Reverence for Life*(1989)이다. 이 책에서 과정신학자 맥다니엘은 다른 과정사상가들처럼 하나님의 내재와 초월의 문제를 '관계적 범재신론'[29]으로 이해하고 있다. 하나님은 펠리칸 병아리(새끼)들을 향한 신적 공감으로서 내재적으로 현존하신다. 하나님, 성령은 이들 가운데 가장 작은 자인 둘째 새끼와 함께 하시고 함께 고통당하신다(마25:40). 수난자로서 하나님은 동물 안에 내재하시면서, 동물의 감정들을 느끼시고 동물과 함께 경험하신다. 동시에 성령은 첫째 새끼와 함께 하시며, 행위주체로서 그 새끼가 자신의 필요들을 충족시키도록 동기제공의 역할을 하신다. 하나님은 행위주체로서(agent) 동물의 삶의 방향을 인도하신다. 맥다니엘이 주장하는 대로, 동물 자신의 적절한 형태의 통전성으로 그 동물을 초대하고 자극하신다(motivates). 과정신학자이면서 동물신학자인 맥다니엘은 우리를 범재신론적 관점을 통해 인간중심적 신학으로부터 끌어내어 전 생명에 도덕적 관심과 존중을 부여하는 신학으로 이끌어가고자 한다. 맥다니엘의 과정신학적 이해에 따르면, 하나님은 수명

---

29 '관계적 범재신론'(relational panentheism)은 신과 세계의 불이(不二)적 관계를 인간의 몸과 정신의 관계를 비유로 삼아 표현한다. 예컨대 인간[정신]이 몸을 통해 몸 안에서 행동할 때 행위주체 (Agents)이지만 동시에 인간 정신[마음]이 몸의 영향을 받고 몸의 현존을 느끼는 한에서 인간 몸에 대해 수동자(patients)가 된다. 이것은 늘 경험하는바, 인간의 몸이 정신과 몸을 동일시하는 일상적 자각인 것이다. 마찬가지로, 세계의 창조물들 역시 하느님의 자기동일성의 차원에서 하나님의 경험 안에 있게 된다. 피조물들 속에 일어나는 모든 것이 하느님의 안에서 일어난다는 것이다."

을 채우지 못하고 폭력에 의해 죽임을 당하는 지각 있는 야생 동물의 고통과 고난으로부터 멀리 계시지 않다. 맥다니엘은 생명 본유(intrinsic)의 가치에 대한 자각을 탈가부장적 기독교 생태영성의 핵심으로 봄으로써 인간 및 자연 생명체의 본래적 가치의 소중함을 일깨우고 있는 것이다.

실존은 본질에 앞선다. 또 영성은 삶의 경험과 분리된 다른 차원의 것이 아니다. 전통적 이원론에 익숙한 기독교는 현실 세계에 대해 좀 더 공감적인 태도를 보여야 하며, 생태계의 유기체적 특성과 생명공동체에 대한 감수성이 기독교신학에 그 어느 때보다 요구된다.

맥다니엘의 범재신론 역시 과정신학으로부터 형성되었다고 할 수 있다. 이러한 사고 체계에서 하나님은 전능하신 분으로 고려되지 않는다. 왜냐하면 하나님은 세계의 전개에서 동물들에게 일어나는 모든 것을 통제하지 않으시기 때문이다. 그러나 하나님은 모든 생명의 원초적 원천이라는 의미에서 전능하시다. 맥다니엘에 따르면, 혼돈으로부터 초대된 물질은 그 자신의 창조적 독립성을 가지며 그 자신을 우연과 법칙으로 계시한다.[30]

그러므로 맥다니엘의 탈가부장적 기독교 생태영성은 과정사상의 '관계적 범재신론'에 기초하고 있으며, 공감적, 관계적 생태영성을 특징으로 한다. 바야흐로 글로벌 시대를 사는 기독교인은 이웃종교인은 물론 생명권(Biosphere) 내 모든 생명체들과의 관계, 곧 그

---

30 Jay B. McDaniel, *Of God and Pelicans: A Theology of Reverance for Life* (Louisville, KY: Westminster/John Knox, 1989), 24-26, 34-36.

들과의 상호의존 속에서 살아갈 수밖에 없다. "모든 것은 모든 것과 더불어 관계하고 있다."는 것이 생태계의 제1법칙으로, 말하자면 인간의 현존만이 아니라 운명과 관심 모든 것이 생태계 내 모든 비-인간 피조물의 실존과 상호 얽혀 있는 것이 현실이란 의미이다. 실존은 철저히 본질에 앞선다. 그렇기에 영성은 삶의 경험과 분리된 다른 차원의 것이 아니다. 전통적 이원론에 익숙한 기독교가 현실 세계에 대해 좀 더 공감적인 태도를 보여야 하며, 생태계의 유기체적 특성과 생명공동체에 대한 감수성이 기독교신학에게 그 어느 때보다 요구된다.

린지(Andrew Linzey)의 신학적 동물윤리

옥스퍼드 동물윤리 센터(the Oxford Centre for Animal Ethics)의 설립자이자 소장인 영국성공회 사제 앤드류 린지(Andrew Linzey, 1952-) 박사는 기독교 채식주의 운동으로 잘 알려진 인물이며, 특히 동물권과 관련하여 세계적으로 인정받는 학자이고 신학자이다. 그는 1976년 이후 동물권과 기독교 이슈에 대한 거의 2백 편에 이르는 논문과 신학과 윤리에 대한 수많은 책을 저술하거나 편집해 왔으며, 특히 *Christianity and the Rights of Animals, Animal Theology*(1987) 등 동물권 주제에 대한 고전적 저술들을 발표해 왔다. 신학자로서 린지는 느낌을 가진 모든 피조물들의 권리와 복지 문제를 다루는 '창조의 신학'(theology of creation) 분야에서 독보적이고 지대한 개척자적 업적을 평가받아 지난 2001년 캔터베리 대주교에 의해 신학박사 학위를 수여받았다. 동물의 신학적 해방을 위한 모세로까지 일컬어지는 린지는 동물에 대한 그의 신학적 이해들을 기초로 하나님은 인간을 향해 기독교 전통 안에 있는 동물에 대한 본래적 편견으로부터 벗어날 것을 요청한다고 주장한다. 다음은 이와 관련된 린지의 대표적인 말이다.

> 동물은 인간의 소유물이 아니라 신의 창조물이다. 그들은 이용물도 아니고, 자원도 아니고, 소모품도 아니며, 신의 관점에서 모두가 소중한 존재들이다. …… 경탄하지 않을 수 없는 그 십자가에 자신들의 눈이 고정된 그리스도인들이라면, 실로 무지의 고통에 대한 외경심을 이해해야만 하는 특수한 위치에 있는 것이다. 예수 그리스도의 십자가는 그들 대부분의 모든 존재들이 보호받지 못하고, 방어력이 없으며, 무지의 고통 속에 있는 약한 사람들, 힘없는 사람들, 그리고 상처받기 쉬운 사람들과 함께하는 신의 절대적 표상이다.[31]

> 성서는 어디에서도 동물이 인간의 사용만을 위해 지어졌다고 말하지 않는다. 땅 전체가 우리가 좋아하는 대로 해도 되는 단지 우리의 것이라고, 성서는 그렇게 말하지 않는다. 성서는 하나님의 유일한 관심이 인간(종들)에 있다고 말하지 않는다. 우리는 그렇게 중요하고 영향력있는 책이 동물을 착취하기를 원하는 사람들의 보물창고가 되도록 허락할 수 없다. 성서는 동물을 위해 읽혀지고, 연구되고, 재발견될 필요가 있는 것이다.(*Creatures of the Same God: Explorations in Animal Theology*)

---

31 Rev. Andrew Linzey, http://www.jesusveg.com/index2.html.

웨이드(Richard Wade)는 과정신학자 맥다니엘과 동물신학자 린지의 비교 연구를 시도했다. 웨이드는 에세이 "Animal Theology and Ethical Concerns"에서 선구자적 동물신학자인 맥다니엘과 린지가 공통적으로 소위 "전통적인 잔인성-친절(cruelty-kindness) 윤리"를 넘어선 하나의 (동물)신학을 발전시키고자 시도했다고 평가한다. 여기서 "전통적인 잔인성-친절 윤리"에 대한 린지의 설명을 참고할 필요가 있다. 린지에 따르면, 동물에게 돌아가야 할 존중을 말할 때마다 흔히 전통적인 잔인성-친절 윤리가 언급된다. 내용인 즉, 동물에게 잔인성을 피하고 그들을 친절로 대하라는 것이다. 그런데 여기서도 여전히 동물의 생명은 신성한 것으로 고려되고 있지 못하며, 결과적으로 그들은 생명에 대한 어떤 의미 있는 권리도 가지지 못한다는 것이 린지의 설명이다. 즉, 동물은 여전히 하나님이 인간을 위해 창조한 수단이며, 인간은 동물을 마음대로 사용할 수 있는 지배권을 가진다는 것이다. 게다가 동물은 이성을 결여하고 있기 때문에 인간의 이익을 위해 사용되는 것이 당연하다는 결론까지 가능해진다. 린지는 이러한 전통적 윤리에 대한 반성적 성찰을 시도한다. 이에 근거해서, 린지는 아퀴나스의 전통적인 동물윤리에 내재해 있다고 생각되는 동물에 대한 도구론적(instrumentalist) 이해를 다음과 같이 비판하고 반대한다.

> 불행하게도 그리스도인들은 전체 세계가 우리를 위해 지어졌다고 생각하는 데서 더 나아가지 못했다. 결과적으로 동물들은 동료 피조물들이라기보다는 대상들, 기계들, 도구들,

그리고 상품들과 같이 단지 도구적으로만 간주된다.[32]

한 마디로 린지의 동물신학은 기본적으로 전통적인 동물윤리에 대한 거부에서 출발한다. 예를 들어 린지의 관점에서 동물실험이 문제가 되는 이유는, 인간의 고통이 무엇으로부터 가해진 것이 아니라 자연적으로 주어지는 고통인 반면, 동물실험에서 발생하는 고통은 인간이 동물에게 직접 가한 것이기 때문이다. 물론 어떤 종류의 실험이든 동물에게 고통을 주는 실험은 윤리적으로 금지되어야 한다는 주장은 그 자체로서 정당화 될 수 없다는 주장도 가능하다. 그러나 기본적으로 인간이 동물을 도구화하여 동물에게 고통을 가하는 것은 정당하지 못하다. 그런 까닭에 동물에게 고통을 가하는 실험은 다만 기본적 학문 연구라는 최소한의 범위 내에서만 허용될 수 있을 것이다. 동물권에 대한 편견과 전통적인 동물윤리에 대한 전반적인 거부를 근거로 하여, 린지는 동물학대자들은 공개되어야 하고, 동물을 소유하거나 동물들과 함께 일하는 직업을 가지지 못하도록 해야 한다고 주장했다.[33]

한편, 린지의 동물신학의 또 다른 출발점은, 그가 동물들에 대한 인간의 태도를 복음과 관련된 이슈로 보고 있다는 데 있다. 대표작 *Animal Gospel*(2000)에서 린지는 소위 동물권 보호 운동의 의제들에 대한 열거가 아니라 하나님의 전 피조물을 포함한 전체 세계를 위한 복음에 대한 하나의 복음주의적 선포를 보여준다. 즉, 린지는

---

32 Christian attitudes to animals 'are akin to sexism and racism.' Http://www.telegraph.co.uk/news/religion/8797021/Christian-attitudes-to-animals-are-akin-to-sexism-and-racism.html

33 "Oxford theologian calls for animal cruelty register" - *Christian Today* 27(September 2012).

자신이 생각하기에 최상의 목회신학으로서 동물들에 대한 더욱 영적인 이해를 추구하는 모든 기독교인들에게 주는 지침서를 시도한 것이다. 린지에 따르면, 하나님의 가장 연약한 피조물들을 대변하는 목소리가 되었어야 할 인간 개인들과 제도들이 오히려 동물에 대한 잔인성과 억압을 정당화했기 때문에, 동물에 대한 인간의 태도는 하나의 복음과 관련된 이슈라고 볼 수 있는 것이다. 린지에 따르면, 복음에 대한 신앙이 없다면 우리는 동물의 고통에 관해 일종의 근본적인 절망에 직면할 수밖에 없으며, 그러므로 동물의 고통에 대한 우리의 무관심은 우리들 스스로가 복음이 우리에게 말하도록 허락하지 않았다는 증거라는 것이다.[34]

그러므로 린지에게 있어서 동물들은 명백하게 신학적 고려의 가치가 있는 존재들이다. 동물신학에 대한 에세이집인 *Creatures of the Same God*(2007)에서, 린지는 관례적인 위트, 해박한 지식, 그리고 깊은 통찰을 가지고 동물권 문제에 대한 오늘날 생태신학자들, 교회지도자들, 그리고 정치가들로부터 오는 다양한 도전들에 적극적으로 대응했다. 린지에 따르면, 동물들의 신학적 가치를 부정하는 얄팍한 판단들과는 판이하게 다르게, 기독교 전통은 동물들을 진지하게 다루는 데 용이하고 깊이 있는 자원들을 가지고 있다. 동물은 단지 동물일 뿐이라고 말하는 사람들을 향해 린지는 동물은 단지 어떤 것이 아니며, 그들 역시 하나님에게 중요하며, 또한 인간에게도 문제가 되어야 한다고 주장해 왔다. 동물은 기독교적 경험과 관련될 때 주변적 존재가 아닌, 하나님의 동일한 피조물로서 인간과 함께 그들의 적절한 자리를 가질 수 있다는 것이 이 책에서 내리는 린지

---

34 Andrew Linzey, *Animal Gospel* (Louisville, KT: Westminster John Knox, 2000), 2.

의 결론이다.

한편, 린지는 동물의 사고와 언어능력을 다룸으로써 동물들에 대한 돌봄과 관심을 확장시키도록 요구한다. 그의 비교적 최근 저작인 *Why Animal Suffering Matters*(2009)는 철학적 통찰력이 날카롭고 신학적으로 민감하며, 무엇보다 탁월할 정도로 독서가능하고, 독창적이고 참여적이며 인상적인 책이다. 이 책을 통해 린지는 신학적이며 윤리적 주장, 조직적 분석, 그리고 개를 이용한 사냥, 모피 생산, 상업적 바다표범 사냥 등을 언급한 공식 문건들에 대한 주목할 만한 비판 등을 조직적으로 결합시키고 있다. 이 책에서 명백하게 기술되고 있는 린지의 논지는 다음과 같다. 즉, 동물들에게 이차적인 도덕적 중요성을 부여하는 것이 아니라 사고와 언어 능력이 부족한 어린아이들을 돌보고 관심을 확장시키는 것과 같이 동물들을 대해야 한다는 것이다.

요약하면, 린지의 동물신학은 전통적인 동물윤리 거부, 복음과의 관련성 강조, 기독교신학적 전통에 대한 호소, 심지어 동물들에 대한 돌봄과 관심의 당위성 등 주제들을 다루면서 기독교인들에게 동물권에 대한 편견을 극복하고 동물의 고통에 관심을 가질 것을 요청하고 있다. 하지만 필자가 이 글에서 집중한 과정신학자들의 동물권 이해와 비교하자면, 신학으로서의 린지의 동물윤리는 과정신학의 신론, 즉 과정신학이 보여주는 관계적 범재신론에 기초하고 있다고 볼 수는 없다. 어떤 의미에서 린지의 동물신학이 기독교적 동물윤리의 각론에 해당된다면, 반대로 맥다니엘의 관계적 범재신론은 형이상학적 이론적 토대로서 동물신학의 전제에 해당한다고 볼 수 있을 것이다. 이 점에서 린지가 『동물권리선언』에서 보여주는 생각, 즉 어떤 의미에서 개별 동물들에게 긍정적인 변화를 가져다 주고 동물에게 보다 더 온정을 갖는 일이 우리 인간에게도 온정을 갖게 되는 일이라는 생각은 여전히 일종의 도구론적 사고에 머무르는 것이라고 말할 수 있을 것이다.[35] 따라서 필자는 과정신학의 범재신론과 린지의 동물신학의 기독교적 윤리가 만난다면, 린지의 동물신학에 관계적 범재신론이 추가됨으로써 보다 철학적이고 신학적인 기독교적 동물윤리로 논의될 수 있을 것이라고 생각한다.

과정신학으로서의 동물신학과 과정-관계적 동물윤리

과정신학으로서의 동물신학의 가능성

동물권 이슈는 생태·생명시대의 화두가 뜨거운 한국사회에서 피할 수 없는 주제가 되었고, 특별히 기독교계에 보다 전향적인 사고의 전환과 동물윤리의 실천을 촉구한다. 필자는 화이트헤드의 과정사상과 그에 기초한 과정신학이 다양한 형태의 동물학대로 표출되는 동물권 이슈에 대해 기독교 공동체의 신앙과 삶이 고려할 수 있는 대안적 접근을 제안한다고 보았다. 과정사상과의 만남은 비-인간 피조물의 가치와 권리에 대한 전향적인 통찰들을 제시하고, 동물의 실존과 권리에 대한 다양한 신학적 윤리의 함의들을 제안한다. 특히 과정신학의 과정-관계적 동물권 이해가 한국 교회를 향해 동물권 문제에 대한 새로운 인식과 실천을 도전하고 소위 동물신학을

---

35 마크 배코프, 윤성호 옮김, 『동물 권리 선언』(미래의 창, 2011), 34.

기독교신학의 윤리적 담론으로 수용하기를 제안하는 이유는 오늘의 신학은 변화하는 시대에 따라 새롭게 제기되는 상황에 3Rs, 즉 응답적이고(responding) 적절하며(relevant) 책임있게(responsible) 접근하도록 도전받고 있기 때문이다.[36]

먼저 응답적인(reponding) 면에서 과정신학으로서의 동물신학은 오늘의 상황에 응답하기 위해 "구성신학적"[37] 방법을 사용하고 있다. 이것은 동물신학이 동물권 문제에 접근함에 있어서 비-인간 피조물의 실존적이고 도덕적 권리를 다루는 전통적 신학방법에 대한 비판적인 평가와 재구성을 시도한다는 것을 의미한다. 지구적이고 다차원적으로 인간과 피조세계를 위협하는 생태 위기에 직면해 있는 현실에서 기독교적 삶과 실천은 창조세계의 미래에 관한 새롭게 동의된 전망들로 전통적인 기독교 교리를 새롭게 해석하도록 도전한다. 생태·생명시대를 사는 기독교인은 기독교 전통의 왜곡된 측면들에 직면해야 하며, 특히 동물에 대한 기독교 전통의 부정적 취급을 인정하고 수정해야 한다. 필자는 이 연구에서 특히 동물

> *오늘의 신학은 변화하는 시대에 따라 새롭게 제기되는 상황에 3Rs, 즉 응답적이고(responding) 적절하며(relevant) 책임있게(responsible) 접근하도록 도전받고 있다.*

---

36 필자는 이것을 오늘을 위한 모든 신학에게 요구되는 3Rs(responding, relevant, responsible)이라 부른다.

37 여성신학, 생태신학, 흑인신학, 해방신학, 민중신학 등 이들을 총칭하여 '구성신학'(constructive theology)이라 부르며, 즉 자신이 처한 상황, 경험 그리고 세계관에 근거하여 상상력을 계발하고 그 토대 하에서 신학을 재구성해 온 신학방법론을 가리킨다. 이정배, 『생명의 하나님과 한국적 생명신학』(새길, 2004), 17.

신학자 린지와 대화하면서 그러한 기독교 전통의 부정적 취급 가운데 하나로서 전통적 동물 윤리에 내재해 있는 동물에 대한 도구론적(instrumentalist) 이해를 지적하는데 초점을 맞추었다.

다음으로 보다 적절한(relevant) 신학으로서 과정신학의 관점에서 본 동물신학은 동물권 이슈에 대해 "간학문적 대화와 소통"의 방법을 통해 동물권 이슈에 보다 더 적절한 신학이 되고자 한다고 볼 수 있는데, 즉 철학, 경제학, 사회학, 동물학 등과의 간학문적 대화를 통해 동물권 이슈에 대한 한층 일반적이고 객관적인 접근을 시도하기 때문이다. 오늘날 기독교신학은 기초과학과 사회과학이 이뤄 놓은 성과를 적극 수용해야 한다는 시대적 요구에 어느 때 보다 민감하게 직면해 있다. 최근 학문연구에서 기독교신학과 인문학, 과학, 사회과학의 만남이 권장되고 있다는 맥락에서 기독교신학은 기초과학과 사회과학에 이루어진 학문적 토대를 수용하여 신앙인들이 하나님이 부여한 공동창조자로서의 청지기 역할을 충실히 이행할 수 있도록 도전해야 한다. 이런 맥락에서 동물권 문제에 대한 과정신학적 접근은 특히 신학과 과학의 만남에 있어서 지난 세기 후반에 접어들면서 과학이 이끈 세계관의 변화, 즉 과학이 인간과 자연과의 관계에 대해 전체론적인 관점에 동조하는 방향으로 새롭게 선회했다는 상황을 반영하는 것이다. 바로 그곳이 최근 신학과 과학의 만남이 더욱 더 빈번하게 일어나는 자리이기도 하다. 또한 경제학, 사회학과의 토론을 통해 오늘의 신자유주의, 소비만능주의, 인간중심주의적 세계사용 등에 대항하여 신학적 관점에서 응답해야 한다. 사회윤리학적 관점에서도 신학의 영역, 예를 들어 동물신학의 분야에서 해방주의적 관점이 요청되고 있다.

마지막으로 책임적인(responsible) 신학으로서 과정-관계적 관점의 동물신학은 "생태 생명윤리적 적용"의 방법에 충실하고 있는데, 특히 그것이 사회의 모든 구성원, 특히 기독교인에게 도전할 수 있는 생태 생명윤리적 함의를 제시하고 있다는 점에서 그렇다. 필자는 과정신학적 관점에서 비-인간 피조물의 생명권 이해의 윤리적 중요성이 강조될 때, 과정-관계적 신관에 기초를 둔 기독교신학이 우리사회에서 생태·생명학적으로 책임적인 행동들을 가져오기 위한 하나의 적합한 관련자원으로 간주될 수 있다고 보았다. 최근의 전지구적인 생태학적 위기에 대해 어떤 것이든 의미 있고 효과적인 대응이 되기 위해서는 오늘날의 인간중심의 지배적 세계관이 생태학적으로 지속 가능한 지구공동체 전체의 미래에 결정적 우선권을 부여하는 대안적 세계관으로 전환 되어야 할것이다.

과정-관계적 동물윤리의 의의

최근 인문학계의 거대담론인 생태·생명주의 운동은 인간중심주의와 인간과 비-인간 피조물 사이의 이원론을 극복하도록 촉구할 뿐만 아니라 우리 사회에서 새롭게 떠 오른 동물의 권리 이슈를 철학적, 종교적 인식과 실천에 대한 논의의 중심으로 위치시킬 수 있는 가능성을 보여준다. 서두에서 지적한 것처럼, 우리 사회에서 동물권 이슈와 관련된 보다 진전된 인식과 실천적인 변화를 가져오기 위해서는 철학 및 종교적 틀 안에서의 형이상학적 전제들에 기초한 윤리가 필요하다는 점과, 그런 맥락에서 특히 기독교 공동체 안에서는 신학적 재구성이 가져올 윤리적 함의들에 주목하는 논의가 필수적으로 요구된다. 즉, 기독교 신앙이 현실세계에 적합한 새로운 윤리적 실천을 가져오기 위해서는 하나의 철학적으로 그리고 종교적으로 일관된 세계관에 기초하여 주의 깊게 조정된 구체적 해결방안들이 요구되는 것이다.

과정사상의 실재관은 인간과 비-인간 피조세계, 즉 세상을 향한 하나님의 관계 방식, 또 인간과 비-인간 존재들의 관계들에 대한 철학적, 종교적 확신들에 근거한 것으로, 하나님과 세계, 하나님과 인간, 그리고 인간과 비-인간 존재들의 관계에 대한 적합하고 설득력 있는 세계관이다. 과정-관계적 관점으로부터 모든 존재들의 본래적 가치와 도덕적 가치, 모든 존재들의 상호의존적 관계, 인간중심주의의 극복, 비-인간 피조물의 가치와 생명권에 기초한 동물신학의 가능성과 그것의 윤리적 중요성이 강조되어야 한다. 그러할 때, 과정-관계적 생명신학은 생태·생명학적으로 책임적인 행동들을 가져오기 위한 적합한 기독교윤리를 위한 관련자원으로 간주될 수 있다. 특히 과정-관계적 관점을 가진 동물권 목소리들이 린지(Andrew Linzey)의 동물신학과 만날 때 린지의 동물신학에서 제기되는 신학적 질문들에 대답하는 데 기여할 수 있고, 동시에 린지의 동물신학의 종교철학적 반성을 위해 과정-관계적 범재신론으로 대표되는 과정사상이 적합하고 설득력 있는 세계관으로 제시될 수 있다.

필자는 과정신학적 관점으로부터 비-인간 피조물의 생명권을 숙고함으로써 장차 과정신학적 기독교 생명신학이 생태·생명학적으로 책임적인 행동들을 가져오기 위한 하나의 적합한 기독교윤리적 관련자원으로 간주될 수 있다고 보았다. 생태주의, 생명주의의 논의에서 본 연구는 동물복제, 동물실험 등 동물의 생명권 이슈와 관련된 다양한 형태의 윤리적 논의를 위해 하나의 참고문헌으로 기여할 수 있을 것이다. 특히 동물의 생명권 문제를 신학적 사고의 틀 안에서 다룸으로써 현실 교회들로 하여금 현대사회의 이슈들을 보다 책임적으로 고민하도록 도전하는 데 기여할 수 있다.

한편, 과정-관계적 사고에 기초한 다양한 신학적 목소리들은 세속사회로 하여금 기독교신학에 대한 통념을 수정하게 함으로써 기독교신학 자체의 대외이미지를 재고하는 데 기여할 수 있을 것이다. 말하자면 신학의 영역에서 보다 전향적인 생태·생명주의적 숙고를 실천함으로써 한국사회에 팽배해 있는 반기독교 정서를 완화시키는 데 기여할 수 있을 것이다. 특히 인간중심주의, 영육이원론, 인간과 비-인간의 대립적 사고 등, 전통적 기독교 교리가 태생적으로 가지고 있는 한계와 약점을 극복함으로써 교회가 반생명주의적 현상을 대처하는 데 보다 적극적인 역할을 하도록 기대할 수 있다. 그동안 과정신학이 보여준 것처럼, 종교적, 철학적 세계관 논의를 통해 비-인간 피조물에 대한 생명이해와 윤리적 실천에 있어서 불교 등 아시아 종교들과 기독교의 만남 등 종교간 만남과 대화에까지 활용될 수 있을 것이다.

덧붙여 말하면 과정-관계적 동물신학이 다양한 교육현장에서 유기체적이고 통전적 세계관을 강조하는 아시아의 철학적, 종교적 세계관에 눈뜨게 하고, 그러한 세계관을 통해 피조세계 전체의 생명에 대한 존경의 문화를 재발견하고 종교적 믿음들과 인문학적 의식, 그리고 생명파괴의 삶의 제반 현실의 치유와 회복을 고민하도록 도전하는 데 기여할 수 있을 것이다. 이 글이 우리 사회에서 요청되고 있는 동물들에 대한 우호적 태도를 학문적으로 뒷받침하고, 특히 교육현장에서 비-인간 피조물의 생존권, 또는 생명권을 강조하기 위한 이론적, 철학적 근거로 토론될 수 있기를 기대한다.

맺는 말

이 글을 통해 필자가 시도한 것은 동물권 이슈에 대한 하나의 종교철학적이고 신학적인 접근이라 할 수 있다. 이 글의 출발점은 동물권에 대한 보다 전향적이고 실천적인 변화는 종교 및 철학의 형이상학적 전제들에 기초한 윤리, 특히 기독교 공동체 안에서는 신학적 윤리에 주목하는 논의가 요구된다는 전제에 있었다. 따라서 필자는 인간과 비-인간 피조세계를 포함한 세상을 향한 하나님의 관계 방식, 또 인간과 비-인간 존재들의 관계에 대한 종교철학적, 그리고 신학적 확신들과 윤리적 함의들에 초점을 맞추었다. 한편, 필자는 하나님과 세계, 하나님과 인간, 그리고 비-인간 존재들의 관계에 대한 하나의 적합하고 설득력 있는 세계관으로 화이트헤드의 소위 과정사상(process thought)에 주목했고, 과정-관계적 신학의 토대 위에서 동물권을 지지하는 목소리들과 린지의 동물신학(animal theology)을 나란히 소개함으로써 과정-관계적 신학의 관점에서 소위 동물신학에 대한 종교철학적 반성을 위한 참고자료로 화이트헤드의 과정사상을 적합하고 설득력 있는 세계관으로 제안했다. 나아가 필자는 이 글의 결론으로 과정-관계적 관점으로부터 모든 존재들의 기본적 가치와 도덕적 가치, 모든 존재들의 상호의존적 관계, 인간중심주의의 극복, 비-인간 피조물의 가치와 생명권에 기초한 동물신학의 가능성과 그것의 윤리적 의의를 강조하는 데까지 나아갔다.

필자는 이 글이 우리사회가 직면한 동물의 생명권 문제에 대한 기독교윤리적 숙고를 자극하는 데 기여할 수 있기를 기대한다. 소위 과정-관계적 생명신학으로서 오늘날 양심적이고 책임적인 기독교인들의 삶이 비-인간 피조세계에 대한 억압적이고 반생명적인 현장들에서 생태·생명학적으로 실천적인 행동들을 실천하도록 도전하는 하나의 적합한 신학적 관련자원으로 사용되기를 바라는 것이다. 과정-관계적 신관은 한국교회가 이원론적, 개인주의적, 인간중심주의적 성향의 신학을 탈피하여 오늘의 생태 생명 시대에 요구되는 통전적, 해방주의적(liberationist) 신학과 실천으로 나아가는 데 기여할 수 있을 것이다.

넷째 마당

생명과학의 발전과 신학적 인간 이해*

* 이 글은 『기독교 사상과 문화』 제1호/창간호(2006년 3월, 기독교사상과문화연구원)에 게재된 것을 책 출판을 위해 일부 수정한 것이다.

오늘날 생명과학의 발전은 마침내 인간복제(Human Cloning) 실현이 임박하지 않았는가라는 세간의 우려와 함께, 계속되는 생명윤리 논란에 직면해 있다. 창조신앙의 관점에서 볼 때, 인간을 포함한 생명탄생의 신비에 대한 경외심을 신앙고백의 한 요소로 가진 기독교계가 이러한 (인간)복제 시도를 하나님의 생명창조의 권한에 정면 도전하는 것으로 간주해 절대적으로 반대할 것임은 불을 보듯 자명하다. 생명의료학, 유전공학, 생명공학 등의 분야들에서 진전을 거듭하는 연구들은 수많은 사회적, 법적, 윤리적 문제들을 도전적으로 제기해 왔고, 무엇보다도 종교계, 특히 기독교계 안에서 서로 대립적이며 이중적인 반응들을 초래하여 왔다. 한편으로는 그러한 과학의 진전들이 새로운 치료들과 의약품들의 개발을 가져옴으로써 인류의 행복증진을 가져올 수 있으리라는 희망을 불러일으켜 왔지만, 다른 한편으로는 인간생명탄생의 신비에 대한 경외심 훼손 외에도 삶과 죽음의 의미에 관한 전통적이고 근본적인 기준들, 가치들, 그리고 믿음들에 대한 혼란과 그로 인한 대중적 우려를 증폭시켜 온 것도 사실이다.

　　한편, 이 글의 주제인 "생명과학과 생명신학" 논의와 관련하여 그 필요성이 지속적으로 지적된 이유는 무엇인가? 필자가 판단하기에, 배아줄기세포 연구와 같은 생명공학 연구의 진전들과 관련 기독교계 지도자들과 과학자들 사이에서 무조건적 반대나 일방적인 추진이라는 극한적 대립은 바람직하지 않다는 대중적 인식이 확산되고 있기 때문일 것이다. 과학 연구의 자유가 문명의 발전 과정에서 어렵게 얻어진 가치임에도 불구하고, 과학과 기술은 사회적, 도덕적 판단, 심지어 종교적 판단으로부터 무한히 자유로울 수는 없다. 그러나 동시에 문화적 또는 도덕적, 그리고 종교적 의미에서의 전통적, 규범적, 배타적 이해가 인류사회 전반에 걸쳐 인간생명의 존엄성과 삶의 현실을 억압해 왔다는 사실 또한 기억되어야 할 것이다. 신학과 과학은 지금까지 보다 더 크고 열린 자세로 만나야 한다. 과학과 신학의 관계에 대한 보다 전향적 태도는 오늘날 적절한 신학이라면 회피해서는 안 될 과제이며, 과학의 혁명적 변화가 가져오는 상황에 대한 책임있는 신학적 사색을 요청한다. 그런 의미에서 생명과학의 발전이 가져오는 각각의 구체적 문제들에 대하여 기독교계 안에서의 보편역사에 대한 책임적, 자기-비판적 대화가 더욱 더 요구된다.

    이 글을 시작하면서 필자가 가진 관점은, 인간복제와 관련된 논란들은 그 자체로서 신학적 이슈이며, 특히 신학적 인간이해와 관련이 있다는 것이었다. 따라서 필자는 인간복제 시도가 수반하는 안전성과 유용성의 문제들, 복제된 아이가 입게 될 심리적 결과에 따르는 사회적, 법적, 윤리적 문제점들에 대한 논의에서 한 걸음 옆으로 물러나, 인간(배아)복제로의 길에 대한 종교계 안팎의 찬반입장들이 제각기 근거하고 있는 것처럼 보이는 신학적 인간이해들을 집중적으로 조명하고자 했다. 그렇게 함으로써, 인간복제에 대한 우리의 생명신학적 접근의 기초가 될 수 있는 신학적 인간이해가 무엇인가를 자문해 볼 수 있고, 아울러 "기존의" 신학적 인간이해가 더 넓혀질 수 있는 가능성들을 그 한계들과 더불어 숙고해 볼 수 있는 기회가 될 것이라 생각했기 때문이다. 인간복제에 관련된 생명윤리적 문제제기들은 그들 나름의 신학적 인간이해와 관련하여 보다 크고 열린 신학적 숙고의 실행이라는 과제에 직면할 필요가 있다. 기독교적 생명윤리논쟁의 방향성을 생명과학의 발전이 가져오는 다양한 사회적 의미들 안으로 가져가는 것은 분명 의미 있는 일이며, 논점들에 대한 공적 논의를 더욱 활발하게 하는데 기여할 수 있을 것이다. 생명과학과 생명신학, 이 주제에 접근함에 있어서, 생명에 대한 하나님의 주권성을 문자적으로, 그리고 결정론적으로 환원시키지 말고, 하나님에 대한 인간의 책임적인 응답을 전제하는 하나님의 미래에 대한 개방성으로 이해하는 것도 하나의 대안이 될 수 있을지 모르겠다.

키워드

생명신학, (인간)복제, 하나님의 공동창조자, 생명윤리

생명(인간)복제와 생명윤리 논란

이미 오래 전 일로, 1997년 2월로 거슬러 올라가는 복제양 돌리(Dolly)에 대한 이야기다.

영국 로슬린(Roslin) 연구소의 발생학자 윌머트(Ian Wilmut)와 그의 연구팀이 최초로 체세포복제라는 '무성생식적 방식'[1]으로 탄생시킨 복제양 돌리(Dolly)가 Nature지(誌)를 통해 세상에 알려졌을 때, 인류의 생명과학의 역사는 본격적으로 인간복제(Human Cloning)[2]와 관련된 생명윤리 논란에 직면하기 시작한 것으로 볼 수 있다. 그 후 세계 각국에서 생쥐(98년, 미국), 소(99년, '영롱이'와 '진이'), 돼지(2002년, 인체거부반응 유전자 제거, 이종간거부반응 해결), 고양이(2002년, 한국), 토끼(2002년, 프랑스) 등을 복제하는 데 성공하였고, 우리나라에서도 지난 2005년 5월 난치병 치료를 위한 배아줄기세포배양에 성공한 서울대 황우석박사팀이 석 달도 채 지나지 않아 최초로 개(스너피)[3]의 복제에 성공했다고 발표함으로써, 인간복제와 관련된 논란은 마침내 인간복제 실현이 더욱 임박하지 않았느냐는 세간의 우려와 함께 새로운 국면에 접어든 느낌을 준

---

1 성체세포의 핵을 추출하여 핵을 제거한 난자에 조합시키는 방법.
2 인간복제의 열렬한 지지자의 한 사람인 그레고리 펜스(Gregory E. Pence)는 공상과학소설이나 대중 선동에 의해 여러 가지 나쁜 것들을 연상시켜 온 "복제(Cloning)"란 단어보다는 보다 중립적인 표현으로, 핵이 제거된 인간의 난자에 성인의 유전자형, 즉 분화된 세포의 핵을 이식함으로써 새로운 인간 배아를 만들어 내는 과정을 일컫는, "체세포 핵 치환(Somatic Cell Nuclear Transfer)"란 용어를 쓰길 제안한다. 그레고리 펜스, 류지한 옮김, 『인간복제 무엇이 문제인가』(울력, 2002), 198.
3 미국 시사주간지 타임은 2005년 가장 놀라운 발명품으로 황우석교수팀의 복제개 스너피를 선정했다.

바 있다.

당시 분위기는 결코 밝지 않았다. 복제양 돌리의 탄생이 처음 세상에 알려졌을 때, DNA[4]의 비밀을 처음으로 밝힘으로써 유전공학 발전을 위한 새 장을 연 왓슨(James D. Watson)뿐만 아니라 돌리라는 최초의 포유류 체세포복제에 성공한 윌머트 박사 자신도 인간복제의 임박한 실현가능성에 깊은 우려를 표명했다.[5] 대다수 생명윤리학자들도 일반 사람들을 이해시키기보다는 인간복제가 인류를 "위험한 비탈길(slippery slope)"[6]로 슬며시 밀어 넣을 것이라고 비난하면서 인간복제를 법으로 금지해야 한다는 데 목소리를 모았다. 미국에서는 신속하게 인간복제를 금지하는 법안이 통과되었고, 독일에서는 유전자치료와 관련된 모든 행위를 아예 금지시킨 바 있다. 오늘날 미국과 유럽을 비롯한 선진국들은 인간복제를 생명윤리안전법과 같은 법률로 완전히 금지하고 있다.[7]

인간배아 연구와 관련해서도 상황은 다르지 않았다. 비록 지난

---

4 1953년 왓슨과 크릭(Francis Crick)은 DNA(deoxyribonnucleic acid)가 이중의 나선형의 상보적인 사슬 형태로 구성되어 있다는 사실을 규명하였다.

5 복제양 돌리의 탄생이 알려진 직후, 한 언론과의 인터뷰에서 윌머트박사는 인간복제가 가능하리라는 사실을 인정했다. 다만, 그것은 모든 사람들에게 받아들이기 싫은 일이 될 것이라고 말했다. Gina Kolata, "With Cloning of a Sheep, the Ethical Grounds Shifts," *The New York Times* (24 February 1997), A1.

6 생명윤리학에서 중요한, 인간복제를 반대하는 사람들이 제기하는 논증가운데 하나로, "마치 미끄러운 길에 발을 내어 놓기만 해도 결국에는 그 길에 미끌어져서 넘어질 수 밖에 없다"는 의미인데, 안락사, 낙태와 같은 변화가 인류를 위험한 비탈길로 냉혹하게 미끄러뜨릴 것이라는 경고로 이해되고 있다.

7 김홍재, 『인간복제의 시대가 온다』 (살림, 2005), 77-78. 인간복제를 법률로 금하면서 선의의 인간배아연구는 보장해 주고 있다는 해석도 가능하다.

2001년에 접어들면서 일부 국가들이 제한적으로, 즉 연구와 치료를 위한 목적만을 전제로 허용하기 시작했지만, 대부분의 나라들에서는 여전히 배아의 지위에 대한 논란이 지속되는 가운데 배아연구를 배아의 일부가 원시조(primitive streak)라 불리는 구조를 형성하게 되는 "수정 후 혹은 복제 후 14일 이내"로 제한하고 있고, 다른 동물의 자궁에 인간의 배아를 착상시키는 일, 그리고 동물과 인간의 배아의 핵을 교체시키는 행위 등을 비윤리적인 것으로 금지하고 있다.

이 문제와 관련하여 국내사정으로 눈을 돌리면 상황은 더욱 부정적이다. 생명의료과학 분야에서의 거듭된 놀라운 성과들에도 불구하고, 특히 과거 황우석박사팀의 배아줄기세포 연구가 크게 문제가 되었듯이, 인간배아훼손과 불법적인 난자공여 등에 집중된 종교계, 특히 기독교계의 격앙된 반응과 범사회적인 윤리적, 법적 문제제기가 점증한 바 있다.[8] 천주교계에 이어 개신교계를 대표하는 단체들도 "배아도 생명"이라는 생각에 일치를 보았고, 생명의 기초단위인 배아를 실험대상으로 삼는 배아복제 연구를 원칙적으로 반대한다는 입장을 연이어 밝혔다.[9] 다만 진보적 개신교 단체인 한국기독교교회협의회(KNCC)는, 2005년 7월 14일 발표한 성명을 통해, 배아줄기세포와 관련 뚜렷한 찬반 입장을 유보하는 대신 "오로지 난치병과 불치병의 치료와 같은 긍정적 경우에 한해서만 이 연구를

---

8   최근에는, 지난 2년 가까이 줄기세포 연구에 황우석교수와 호흡을 맞춰 온 제럴드 섀튼박사가 불법 난자공여 의혹을 이유로 황교수와 결별을 결정해 국내외에 파란을 일으켰고, 심지어 영국의 과학잡지 '네이처'지와 미국 '사이언스'지가 황우석교수의 '불법 난자기증 의혹'에 대해 한국 정부 차원의 조사까지 촉구하고 있는 등, 국내의 생명공학연구가 위기에 직면해 있는 것처럼 보인다.
9   기독교윤리실천운동(기윤실)은 지난 9월 14일에, 한국기독교총연합회(한기총)은 10월 7일에 각각 공식적인 입장을 밝혔다.

받아들일 수 있다"는 입장을 밝혔다.

　사실 불을 보듯 자명한 일이다. 즉, 기독교계 전체의 사정과 반응을 종합해 고려할 때, 창조신앙의 관점에서 인간생명탄생의 신비에 대한 경외심을 신앙고백의 한 요소로 받아들이는 기독교계로서는 인간이 인간(생명)을 조작하는 행위가 될 인간복제 시도를 하나님의 생명창조의 권한에 정면 도전하는 것으로 간주하고 절대적으로 반대할 것이라는 말이다. 이러한 사회적 분위기를 의식한 탓인지, 지난 2005년 당시 황우석박사는 개의 복제성공 발표 직후 가진 언론과의 인터뷰에서, 배아복제 연구는 오직 난치병 치료만을 목적으로 할 것이며 인간복제 시도는 결코 없을 것이라고 못 박았고,[10] 이어 10월 19일 열린 '줄기세포 윤리 심포지엄'에서도 현인수교수 등 해외 생명윤리학자들은 "복제배아가 사람으로 클 수 없다는 최근 연구결과에서 보듯 이를 인간생명으로 보기에는 무리"라고 말함으로써 치료 목적을 위한 배아복제 연구의 지지를 호소함과 동시에 복제인간 출현의 비현실성을 우회적으로 강조하기도 했다.[11]

　주로 심리적, 법적 문제점들을 제기하면서 인간복제로의 길을 우려하는 사회 전반의 부정적 여론과의 싸움이 아니더라도, 복제에

10　영국의 이언 윌머트 박사와 미국 캘리포니아 재생의학 연구소 로버트 클라인 회장, 제럴드 새튼 피츠버그대 교수 등 세계 줄기세포 연구 분야 권위자들은 지난 18일 서울 코엑스에서 열린 '2005 서울 바이오메디 심포지엄' 간담회에 참석해 입을 모아 말하기를, "인간복제는 생물학적으로 불가능하며 설사 가능하더라도 윤리적으로 엄격히 금지해야 한다"고 말한 바 있다.

11　현 교수는 "최근 영장류 복제 연구에 따르면, 줄기세포 채취를 위해 만든 복제배아는 핵 이식 과정에서 태아로 발달할 수 있는 능력을 잃어버리는 것으로 밝혀졌다"며 "복제배아는 생명의 출발점이 아니라 인위적으로 만들어진 조직체(construct)라고 보는 것이 맞다"고 지적하고, "이제 중요한 것은 배아의 생명 여부 문제가 아니라 난자기증자 보호 등의 이슈"라고 주장했다.

있어서의 기술상의 문제들, 즉 복제 동물의 임신기간 중 여전히 높은 유산비율, 또 출생 이후의 높은 기형율, 심지어 미확인된 복제와 관련된 유전적 돌연변이에 대한 우려 등을 고려할 때, 복제동물과 인간배아복제의 의료적 상용화, 나아가 인간복제의 실행까지는 여전히 넘어야 할 산들이 많은 것이 사실이다.

기술상의 우려와 관련하여 한 예(例)를 들어 보자. 핵을 포함하는 대부분의 세포들은 하나의 완전한 인간 몸을 위한 모든 유전적 정보들을 가지고 있는데 반하여, 하나의 성체세포는 하나의 특별한 목적을 위한 가장 효과적인 구조로 이미 발전하여 있다. 즉, 그 성체세포 안의 DNA의 한 미세한 부분이 그 세포의 일을 안내하고 있는 것이다. 결국 DNA와 세포의 나머지 부분이 하나의 특수한 목적을 위해 배열되어 있다고 볼 때, 그 유전적 정보를 훼손하지 않고 DNA를 하나의 미형성된 원래의 줄기세포의 가능성으로 바꿀 수 있는가의 질문에 대해 적어도 현재의 과학기술은 명확히 대답하지 못하고 있다.

상황이 이러함에도, 점점 더 많은 사람들이 "인간복제의 시대가 오고 있다"[12]고 말하기를 주저하지 않는다. 우선 그들은 과학기술의 발전에 대해 낙관적이다. 최소한 생명복제기술의 발전 속도만을 두고 볼 때, 인간을 복제하는 것은 결코 넘지 못할 산이 아니라는 것이다. 누구보다도 생명과학자들 자신이 개(스너피)와 같은 포유동물의 체세포핵치환술을 이용한 생명복제 연구는 인간생명으로서의 배아를 보다 더 효율적으로 실험하기 위한 전단계에 불과하다고 인식하고 있는 것이다. 한 걸음 더 나아가, 사실상 배아훼손, 기형출산, 유

---

12 김홍재, 『인간복제의 시대가 온다』(살림, 2005).

전적 돌연변이 등은 결국 시간이 해결해 줄 기술상의 문제들이기 때문에, 인간배아복제 연구와 관련된 모든 차원의 논란들은 시간이 갈수록 잦아들 것이며, 급기야 인간개체복제와 관련된 사회전반의 절망에 가까운 우려들이 급속히 개선될 것이라는 것이 낙관론자들의 주장이다.

'신의 영역'으로만 생각해 왔던 인간생명현상과 관련하여 머지 않아 인간의 자의적 결정과 능력에 의한 인간복제가 현실화되리라는 가능성을 간단히 부인하기 어렵게 되었다. 성급한 추측이지만, 혹시라도 복제전문가들은 인간복제를 못하는 것이 아니라 윤리적 문제 때문에 그것의 실행을 미루고 있다고 볼 수도 있을까? 다국적 종교 단체 '클로네이드(Clonaid)'[13]가 수차례 발표한 것과 같이, 복제인간은 이미 탄생했을지도 모르고, 그렇지 않더라도 결국 탄생할 것이라고 보아야 하는 것인가?

한편, 현재로서는 동물복제의 상용화, 궁극적으로 인간복제를 향한 길이 더욱 건강하고 아름다운 삶을 지향하는 인간의 기대와 욕구에 부합하는 것이므로 정당하고 허용되어야 한다는 주장은 그 자체만으로는 설득력을 얻기 어려워 보인다.

마찬가지로, 극도로 제한된 범위에서의 인간복제의 실행과 관련하여 배아훼손, 유산, 기형아 출산 등의 기술상의 문제들, 그리고 난자매매, 다개체배아복제, 장기공장 등의 상업화의 오용들, 또한 복제아이들의 정체성 혼란과 가족제도의 파괴 등, 과정상 혹은 결과론적 우려들에 근거한 절대적 반대 역시, 복제지지자들이 계속해서 상

---

13 외계인이 인류의 기원이라고 믿는 다국적 종교단체인 라엘리안
    무브먼트(Raelian Movement)가 1997년에 세운 자회사(생명공학업체).

기시키기를 원하는 최초의 시험관 아기 탄생[14]에 얽힌 과학자들 사이의 찬반논쟁에 대한 경험을 돌이켜 볼 때, 장기적으로는 설득력을 잃어 갈 수 있다는 추측도 가능하다. 그리고 그러한 과정상 혹은 결과론적 문제들에 대한 우려들을 억제하고 윤리적 논란을 해소하기 위한 인류의 법적, 제도적 노력은 계속되겠지만, 여전히 인간복제 연구 자체를 중단시킬 수 있는 충분한 이유는 되지 못하기 때문에, 인간복제는 계속해서 인류의 생명과학 분야에서 하나의 현실적 가능성으로 가장 논쟁적인 논란거리로 다가올 것이다.

정리하면 다음과 같다. 생명의료학, 유전공학, 그리고 생명공학 등, 이들 분야에서 최근의 진전된 연구들은 수많은 도전적인 사회적, 법적, 윤리적 문제들을 제기해 왔으며, 무엇보다 종교계, 특히 기독교계 안에서조차 서로 대립적이며 이중적인 반응들을 불러 일으켜 왔다. 한편으로는 그러한 과학적 진전들이 새로운 치료들과 의약품들의 개발을 가져옴으로써 인류의 행복증진을 가져올 수 있으리라는 희망을 불러일으켰고, 다른 한편으로는 인간생명탄생의 신비에 대한 경외심 훼손 외에도 삶과 죽음의 의미에 관한 전통적이고 근본적인 기준들, 가치들, 믿음들에 대한 혼란과 그로 인한 대중적 우려를 증폭시켰다.

필자가 판단하기에, 배아줄기세포 연구와 같은 생명공학 연구의 진전들과 관련 기독교계 지도자들과 과학자들 사이에서 무조건적 반대나 일방적인 추진이라는 극한적 대립은 바람직하지 않다는 대중적 인식이 확산되고 있기 때문일 것이다. 한편으로, 과학적 연구

---

14 1978년 7월 25일, 영국에서 생리학자 로버트 에드워즈(Robert Edwards)에 의해 존과 레슬리 부부사이에 세계 최초의 시험관 아기인 루이스 브라운(Louise Brown)이 탄생했다. 그 후 1990년까지 13년 동안 미국에서 태어난 시험관 아기만도 약 2만명에 이른다.

의 자유가 문명의 발전 과정에서 어렵게 얻어진 가치임에도 불구하고 과학과 기술이 사회적, 도덕적 판단, 심지어 종교적 판단으로부터 무한히 자유로울 수는 없는 것이다. 또한 다른 한편으로, 많은 경우들에 있어서 문화적 또는 도덕적, 그리고 무엇보다도 종교적 의미에서의 전통적, 규범적, 배타적 이해가 인류사회 전반에 걸쳐 인간생명의 존엄성과 삶의 현실을 얼마나 억압해 왔는지를 역사가 증명해 주고 있다는 점도 간과되어서는 안된다.

따라서 필자는 신학과 과학이 지금까지 보다 더 크고 열린 자세로, 더 의미 있게 만날 필요가 있다고 본다.

채프만(Audrey R. Chapman)이 주장하는 대로, "신학과 윤리는 본질적으로 다른 분야들에 의해 영향 받아 고쳐질 수 없다는 믿음과 반대로 신학은 과학과 의미 있게 만날 수 있다. 그러기 위해서 그것(신학)은 그러한 관계에 의해 배우고, 심지어 스스로 수정될 준비가 되어 있어야 하고, 또 그만큼 개방적이어야 한다."[15] 심지어 채프만은 "윤리적 체계를 확립하는 데 있어서 매우 중요한, 세상 안에서의 인간존재의 본성에 관한 기독교의 믿음들 그 자체도 유전공학의 (새로운) 발견들에 의해 변경될 소지가 있다고 보아야 한다"[16]고 주장한다.

과학과 신학의 관계에 대한 이러한 견해는, 결코 새로운 것은 아니지만, 분명 오늘날 그 어떤 적절한 신학이라면 회피해서는 안 될, 각각의 변화하는 상황에 대한 책임적인 신학적 사색에의 도전일 것이다. 그런 의미에서 필자는, 여전히 성경과 성령의 도움을 받는 가

---

15 Audrey R. Chapman, *Unprecedented Choices: Religious Ethics at the Frontiers of Genetic Science* (Minneapolis: Fortress, 1999), 21.

16 *Ibid.*

운데, 그러나 오히려 새로운 도전과 기회라는 의미로, 생명과학의 발전이 가져오는 각각의 구체적 문제들에 대하여 기독교계 안에서의 자기-비판적 대화가 더욱 더 요구된다고 믿는다.

인간복제와 관련된 논란들은 그 자체로서 무엇보다도 신학적 이슈이며, 특히 신학적 인간이해와 관련이 있다. 따라서 인간복제 시도가 수반하는 안전성과 유용성의 문제들, 복제된 인간이 입게 될 심리적 결과에 따르는 사회적, 법적, 윤리적 문제점들에 대한 논의에서 한 걸음 옆으로 물러나, 인간복제에 대한 종교계 안팎의 찬반 입장들이 제각기 근거하고 있는 것처럼 보이는 신학적 인간이해들을 재조명해 볼 필요가 있다. 그렇게 함으로써 인간(배아)복제에 대한 우리의 생명신학적 접근의 기초가 되고 있는 신학적 인간이해가 무엇인가를 자문해 볼 수 있는 기회가 되기 때문이며, 나아가 "기존의 또는 전통적인" 신학적 인간이해가 더 넓혀질 수 있는 가능성들을 그 한계들과 더불어 숙고해 볼 수 있을 것이기 때문이다.

기독교 입장에서의 인간복제에 관련된 생명윤리적 문제제기들은 그들 나름의 신학적 인간이해와 관련하여 보다 크고 열린 신학적 숙고의 실천이라는 과제에 직면할 필요가 있으며, 이 글은 바로 그러한 실천가운데 작은 시도라고 할 수 있을 것이다.

신학적 문제로서의 인간복제

인간배아복제 논란, 또는 궁극적으로 인간복제 논란은, 어떤 의미에서 종교다원주의, 그리고 자살테러 다음으로, 21세기를 맞이한 교회와 신학이 그 책임적인 신학적 성찰과 실천에 있어서 직면하게 될 과제이며, 아마도 가장 다루기 어려운 도전 가운데 하나가 될 것이다.

피터스(Ted Peters)가 지적하는 대로, 과학은 종교로 하여금 반응하게 한다. "과학은 충격을 주고, 종교는 반응한다. 복제(복제양 돌리)가 발표된 순간 그 즉시로 그리고 직관적으로, 세계는 이것이 하나의 신학적 이슈라는 점을 인정했다. 그렇다! 그것은 단지 과학 이상의 무엇이다. 그것은 분명 새로운 기술발명 이상의 무엇이다."[17] 문시영이 적절하게 지적하는 것처럼, 우리는 우리 앞에 놓인 문제가 "생명복제의 과정이 어떻게 진행되는지, 유전공학은 어떤 학문인지 등의 질문에 대한 관심이 아니라는 점을 인식할 필요가 있다. 그보다는 오히려 생명복제는 어떤 관점에서 이해되어야 하는지, 생명복제와 인간존엄의 관계는 어떻게 설명되어야 하는지, 그리고 한 걸음 더 나아가 생명복제와 창조질서의 문제는 어떻게 설정되어야 하는지 등"[18]에 관한 숙고, 곧 올바른 창조신앙 확립을 위한 통전적 신학적 성찰을 요청받고 있다는 점을 인식할 필요가 있다.

인간복제는 종교적이고 신학적인 문제이다. 따라서 인간복제와

---

17 Ted Peters, "Cloning Shock," in *Human Cloning: Religious Responses*, ed. by Ronald Cole-Turner, (Louisville: John Knox, 1997), 12.
18 문시영, 『생명복제에서 생명윤리로』 (대한기독교서회, 2001), 16.

관련된 생명윤리적 논란들은 우리로 하여금 극도로 진지한 신학적 숙고, 즉 피조세계 안에서의 생명현상들에 대한 보다 우선적인 가치들, 원리들, 믿음들에 대한 성찰 앞에 서도록 도전한다. 그것은, 한마디로 '피조세계 안에서, 그리고 신 앞에서 우리 인간의 자리가 무엇인가'라는 종교철학적이고, 존재론적인 질문이다.

그러므로 인간복제에 관한 논란은 인간존재의 본성, 타자와의 관계 및 피조세계와의 관계에 있어서 인간존재의 의미, 그리고 하나님과의 관계에 있어서 인간존재의 피조세계에 대한 책임 등, 또한 그것들로 규정되는 인간존재의 존엄성에 대한 신학적 숙고들을 요구한다. 인간복제와 관련하여 이러한 신학적 질문들이 중요한 이유는, 만일 창조주 하나님의 존재와 권위를 부인해 버린다면, 세속의 과학적 세계관은 생명윤리와 관련한 질문들과 관련하여 잠정적인 대답들만을 제공할 수 있을 뿐이고, 세속의 과학자들과 윤리학자들에게 남는 것은 임시적 윤리의 인위적 도덕성이 될 것이기 때문이다.

오늘날 우리 사회는 세계가 생명과학에 있어서의 혁명적 진전들을 받아들여야 하며, 그 진전들의 함의들을 결코 겁내고 피해서는 안 될 것이라는 데 대체로 동의한다.

그런데 유독 생명복제와 관련된 세간의 논란들에서, 동물복제는 크게 문제시되지 않는데 반해, 인간배아복제 또는 인간복제와 관련해서는 극단적인 거부반응들이 지배적인 이유는 무엇일까? 그것은 인간복제에 있어서 앞으로 가능해 보이는 진전들이 좀 더 본질적인 의미에서의 다수의 중요한 윤리적, 신학적 딜레마들을 가정하고 있기 때문일 것이다.

예를 들어 한 아이가 복제된다고 할 때, 복제아이와 원본인간과의 관계는 무엇이며, 누가 그 아이의 부모가 될 것인가? 생명특허가 내어진 것이라 할 수 있는 한 복제아이는 적어도 유전적 형태로 과연 사실상 "소유될 수" 있는 존재인가? 부모들은 또 다른 아이에게 이식할 목적으로 조직들, 기관들, 또는 골수를 공급하기 위해 자기 자녀들을 복제하려고 할 텐데, 그럴 경우 인간생명의 의미는 여전히 목적이라 할 수 있는가, 아니면 단지 수단으로 전락한 것으로 비난받아야 하는가? 생명탄생의 신비를 자의적 판단과 자력에 범위 안에 두게 된 인간은 결국 하나님의 영역을 침범하여 "하나님을 흉내내며 노는 것(playing God)"인가, 아니면 하나님의 창조의 지속에 공동-창조자(co-creator)로 참여하고 있는 것인가?

이러한 보다 본질적인 질문들, 즉 존재론적이고 철학적이며, 그리고 종교적인 질문들은 인간복제와 관련된 논란을 인간생명탄생의 신비와 관련된 개인의 고유성과 개별성의 문제, 인간생명존엄과 관련된 개인의 삶에 있어서 평등권과 행복증진의 문제, 또한 하나님과의 관계에서 인간존재의 책임적 한계 문제와 관련됨으로써 우리를 한층 이중적 성격을 띤 "신학적 인간이해들"의 조명 아래로 이끌어 간다.

'하나님의 형상'(Imago Dei)

신학적 인간이해라고 할 때, 먼저 성서로 눈을 돌려야 할 것이다. 성서의 계시에 근거한 신학적 인간이해를 위한 한 기초는 다름 아닌 '하나님의 형상'(Imago Dei)이다. 인간은 '하나님의 형상'으로 지음 받은 존재라는 선언, 즉 인간은 그 참된 본성상 하나님의 형상을 지닌 각각의 고유한 존재라는 성서의 선언이다.[19] 한 마디로, 피조물 인간은 모든 다른 피조물과 달리 Imago Dei, 즉 '하나님의 형상'을 가진다.

그렇다면 이 때 '하나님의 형상'은 무엇을 의미하는가?

기독교신학의 역사에서 '하나님의 형상'에 대한 이해는 실로 다양하다. 초기 교부들은 그것을 인간의 합리성과 자유로 이해했는가 하면, 중세 신학전통의 통합자인 아퀴나스(Thomas Aquinas)는 인간의 지식 혹은 지능의 한 기능과 능력으로 정의했고, 종교개혁자들은 피조세계에 대한 인간의 지배적 기능으로 보려고 했다. 특히 개혁교회와 신학 전통의 뿌리인 칼뱅(John Calvin)은 인간에게 부여된 하나님의 형상을 하나님을 영화롭게 하는 능력으로 이해했다. 지난 세기를 대표하는 개혁교회 전통의 신학자 바르트(Karl Barth)는 하나님은 세계와 인간을 향한 관계 속에 있다고 보고, 하나님을 향한 영적 관계성에서 인간이 지닌 하나님의 형상을 이해하려 하였다.

그런데 여기서 유의할 점이 한 가지 있다. 기독교신학의 역사는 인간 존재 안의 하나님의 형상은 죄로 인해 부패했다고 주장하지만, 그럼에도 불구하고 완전히 지워진 것은 아니라는데 일반적으로 동

19　See R. Albert Mohler, Jr., "The Brave New World of Cloning," in *Human Cloning: Religious Responses*, 94-96.

의한다는 점이다. 예를 들어 칼뱅은 인간은 그 능력이 죄로 인해 부패하였지만, 인간 존재의 각 부분은 어떤 의미에서 하나님의 형상에 의해 특징지어졌다는 사실을 인정했다. 하나님의 형상의 의미에 대해 명확한 결론을 내리는 것은 여전히 어려운 문제이다. 하지만 분명한 것은, 그 하나님의 형상이 하나님이 인간 안에 세우신 영적 성격과 능력을 분명히 나타내고 있다는 것이고,[20] 따라서 인간은 창조주 하나님을 알고, 경외하며, 예배하고, 영화롭게 할 수 있는, 그리고 피조세계를 돌보고 다스리도록 지음 받은 특징적이고 고유한 능력을 가진 존재이며, 그런 의미에서 인간은 모든 다른 피조물들부터 구별된다는 것이다.

그렇다면, 각각의 인간이 하나님의 형상으로 지음 받은 피조물로서 고유하고 개별적인 존엄한 존재라고 할 때, 그 인간 존엄성의 구체적인 의미는 무엇인가?

박충구의 해석은 필자의 논의에 크게 도움이 되고 있다. 박충구는 하나님의 형상에 대한 부분적인 이해보다는 더 포괄적이고 통전적인 이해가 바람직하다고 말하면서, "인간이 하나님의 형상을 따라 지음을 받았다는 성경의 진술은 역사 속에서 인간의 존엄성과 자유, 인간과 인간 사이의 평등과 평화, 그리고 하나님 앞에서의 인간의 책임을 규명하는 근거로 이해될 수 있는 것"[21]이라고 결론짓는다. 박충구에 따르면, "무엇이 인간의 존엄성인가"라는 질문은, 첫째로는 인간존재 자신이 지닌 내재적인 가치들에 관한 질문이고, 둘째로 타자로서의 인간들과, 뿐만 아니라 생태계 전체와의 관계성에 관한 질문이며, 또한 궁극적으로 하나님과의 관계성에 관한 질문이라는 것이다.

---

20 Ibid., 95.
21 박충구, 『생명복제 생명윤리』 (가치창조, 2001), 171.

여기서 필자가 주목하지 않을 수 없는 것이 이것이다. 즉, (인간)복제에 대한 찬반입장들이 바로 이러한 인간존재 안의 하나님의 형상과 관련한 신학적 이해들에 있어서 서로 대립과 긴장관계에 있는 의미심장한 차이들을 함축하고 있다는 사실이다. 따라서 그 차이점들에 대한 고찰이야말로 이 글이 이어가야 할 논점들이 되는 것이다.

> *하나님의 창조에 대한 인간의 책임과 관련, 하나님과의 관계 속에 있는 인간의 보다 책임있는 역할, 즉 "공동창조자"(co-creator)로서의 인간의 지위가 강조된다*

위에서 암시한 차이들을 먼저 간략하게 요약하면 다음과 같다. 우선 복제를 반대하는 사람들은 인간생명의 존엄성을 그 생명탄생의 자연성에 근거한 인간존재의 고유성과 개별성, 수단이 아닌 목적으로서의 존재 의의(지위), 하나님과의 관계 속에서 피조물로서의 실존적 한계들에서 찾는다. 그와 달리 복제를 찬성하는 사람들은 사실상 인간존재의 존엄성의 근거로 여전히 인간 개인의 고유성과 개별성을 포기하기를 원치 않으며, 복제인간의 지위와 관련하여 인간생명의 의의를 각각의 생명 자체의 의의들과 그것들을 통한 공동체의 행복 증진에서 찾으려고 한다는 점에서 복제를 반대하는 입장과는 차이를 보여준다. 뿐만 아니라 이들은 하나님의 창조에 대한 인간의 책임을 말할 때, 하나님과의 관계 속에 있는 피조물인 인간의 보다 책임있는 역할을 강조한다. 즉, "공동창조자"(co-creator)로서의 인간의 지위를 강조한다.

인간생명의 고유성과 개별성

복제를 반대하는 사람들은 모든 인간생명은 고유하고, 따라서 존엄하다는 기독교적 확신을 공유하는 것처럼 보인다. 인간생명의 존엄성(dignity)은 오직 그 또는 그녀 자신에게만 하나님으로부터 주어진 생명의 유전적 고유성(unique identity)과 그에 따르는 개별성(individuality)에 있다고 믿는 것이다. 따라서 (인간)복제는, 그것이 유전적 자원을 제한하고 유전적 요인을 획일화함으로써 생명의 고유성과 개별성을 훼손하고, 결과적으로 다양성을 제한한다는 의미에서 인간의 존엄을 파괴하는 것이며, 따라서 원칙적으로 윤리적으로 받아들여질 수 없다는 것이다. 인간복제가 개별 인간이 가진 고유한 정체성과 개체성을 훼손한다는 이러한 주장은 종교계뿐만 아니라 일반 사회에서 인간복제 반대 논리로 가장 우선적으로 빈번하게 제기되는 논점 가운데 하나이다.

이러한 기독교의 생명신앙적 인간이해에서는 그 생명탄생의 본래성과 자연성, 즉 하나님의 뜻에 의거한 출생이나 유성생식의 자연스러움을 생명 존엄의 기준으로 삼기 때문에, 인간의 임의적 동기와 선택에 의한 인간복제는 하나님의 창조질서에 대한 도전이므로 본질적으로 잘못된 것으로 거부된다. 하나님은 인간에게 유성생식을 부여했다. 즉, 인간은 한 남자와 한 여자에게서 하나님이 부여한 생산의 힘으로 출생하는 것이며, 인류에게 그와 같은 생식의 방식을 바꿀 권리가 주어지지 않았기 때문에 한 남자와 한 여성의 성적 결합에 의거하지 않은, 체세포핵치환에 의한 무성생식적 수태는 창조주 하나님의 의도에 위배되는 것으로 비자연적이며, 비윤리적인 것으로 마땅히 거부되어야 한다.

한 걸음 나아가, 그 생명탄생의 본래성, 즉 창조주 하나님이 모든 인간생명의 유일하신 근원이라는 관점에서 볼 때, 인간의 존엄성은 인간이 초월자 하나님 앞에서 절대 자유로운 인격이어야 함을 의미한다. 이런 의미에서 복제를 반대하는 사람들은 인간복제가 생명탄생과 삶에 대한 결정권이 하나님에 의해 이루어지는 것이 아니라 이미 다른 사람들에 의해 계획되고, 선택, 결정되어 버리기 때문에, 결국 복제인간은 출생 이전에 이미 얼마만큼의 자유가 박탈당했다는 것을 의미하며, 따라서 개인적 정체성과 개별성의 결여 외에도 자유에 근거한 다양성이 훼손됨으로써 결과적으로 인간의 자기 행위에 대한 책임성의 소재가 모호해질 우려가 있다는 점까지 지적한다. 따라서 이 문제는 "신학적 인간학이 인간을 하나님 앞에서 자유와 책임을 지닌 존재로 보고 있는 시각 자체를 근본적으로 파괴하고 창조주 하나님과 인간사이의 관계를 부정하게 하는 결과를 가져올 것"이기 때문에, 인간복제는 반드시 거부되어야 하는 것이다.[22]

그렇다면 복제에 적극적인 사람들의 입장은 어떠한가? 인간존재의 고유성과 개별성 문제에 대하여 그들은 어떻게 대답하고 있는가?

먼저 그들은 인간복제와 관련된 일반의 여론이 지나치게 부정적으로 과장되어 있다고 지적하기를 원한다. 그 가운데 무엇보다도 인간존엄의 근거가 되는 고유성과 개별성 훼손과 관련하여, 한 인간을 그 혹은 그녀의 DNA에 환원시키려고 하는, 즉 마치 유전적 요인이 한 인간의 모든 것을 결정할 것이라고 하는 유전적 결정론(Genetic

---

22   *Ibid,.* 158-159.

Determinism) 혹은 유전적 본질론(Genetic Essentialism)에 귀결되는 논리는 결코 과학적이거나 통전적인 인간이해가 아니라는 점을 복제허용 지지자들은 강조하려고 애쓴다.[23] 그들에 따르면, 인간복제에 관련하여 일반의 가장 큰 오해는 복제인간이 마치 붕어빵을 찍어 놓은 것처럼 원본인 인간과 완전히 똑같을 것이라는 생각인데, 사실상 복제는 결코 완전한 분신을 만드는 것이 아니라는 것이다. 이 점은 인간복제에 대한 찬반입장을 초월하여 대다수 생명과학자들이 동의하는 바이기도 하다. 사실 실제 복제된 동물들을 보면 원본과 외견상 똑같지도 않을뿐더러 사람들이 생각하는 것보다 훨씬 더 큰 차이가 난다는 것을 쉽게 알 수 있다.

특히 과학적 근거에 의지하려는 복제찬성론자들에게 유전자 결정론이 문제가 되는 이유는 DNA 혼자서 각자 인간에게 그 자신의 고유한 정체성(unique identity)을 부여해 주는 것은 아니기 때문이다. 과학자들에 따르면, 그 첫째 이유는 우선 난자의 세포질 안의 미토콘드리아에 들어 있는 유전자 때문이다. 미토콘드리아는 세포질에 존재하는 소기관으로 세포 전체의 1%에 해당하는 유전자를 갖고 있는데, 따라서 복제된 개체는 난자의 미토콘드리아 때문에 원본인 개체와는 적어도 1%의 유전정보가 다르게 된다는 것이다. 또한 그 정체성 논란과 관련하여, 무엇보다도 인간개체의 연속성에 가장 필수적인 뇌는 복제될 수 없으며, 더 중요한 것은 경험에서 비롯된 뇌의 독특한 성장은 어떤 의미로든 복제할 수 없다고 한다.[24] 또한

---

23 Ibid., 155. See, Ted Peters, *Playing God? - Genetic Determinism and Human Freedom* (New York: Routledge, 2003).

24 그레고리 펜스, 이용혜 옮김,『누가 인간복제를 두려워하는가』(양문, 2001), 35. Gregory E. Pence, *Who's Afraid of Human Cloning?* (Lanham: Rowman & Littlefield, 1998).

가장 중요한 기관인 '마음'은 복제할 수 없을뿐더러 원본인간의 경험과 기억을 복제할 수 없으므로 원본인간과 복제인간의 피차간 정체성은 보호되는 것이다. 따라서 완전히 동일한 정체성을 가진 복제는 불가능하므로, 복제인간의 생물학적 고유성에는 문제가 없다고 볼 수 있다는 주장이 설득력이 있어 보인다. 이런 의미에서 인간복제가 원본인간과의 관계에서 정체성의 혼란을 가져온다고 보는 견해는 오직 DNA만이 인간에게 우리의 정체성을 부여한다고 하는 유전자적 결정론, 유전자적 환원주의에 다름 아니라는 비판을 피하기 어렵다. 왜냐하면 복제된 인간은 원개체의 완벽한 복사일 수는 없기 때문이다.

또한 이러한 이해에 근거하여 복제허용을 지지하는 사람들은 복제인간의 개별성(혹은 개체성)과 관련해서도 복제인간들은 단지 동일한 핵 DNA만을 공유하는 것이지, 그것을 프로그래밍하는 환경을 공유하는 것은 아니라는 사실을 지적한다. 하나의 복제되어 옮겨진 핵이 자라게 되는 환경은 그것이 자궁 안에서든 밖에서든 완전히 다를 것이라는 것이다. 심지어 동일한 유전자조합을 가지고 있는 복제된 세포들에서조차 차이는 있으며, 세포가 유기체를 형성하기 위해 결합하면 그 차이는 압도적으로 커지게 된다. 예를 들어 유전적으로 동일한 쌍둥이도 한 자궁안에서 약간은 다른 방식으로 성장하는 것처럼 개인적인 특성이 만들어지는 것이다. 뿐만 아니라 어떤 한 인간의 유전형질은 그 또는 그녀의 평생을 통해 자신의 환경과 서로 상호작용한다. 말하자면 유전정보의 발현 양상, 즉 표현형(phenotype)은 자라면서 접하는 주변 환경에 의해 보다 많이 결정된다.

따라서 동일한 DNA를 공유하고 있다는 사실이 복제인간 개인의 고유성과 개별성, 곧 다양성을 결여하게 된다는 것을 의미하진 않는다. 물론 여기서도 인간의 삶을 통해 각 인간 개인의 가능한 바의 한계들을 정함에 있어서 그 의미를 갖는 유전공학의 중요성은 여전히 부인되지 않는다. 그러나 분명한 것은, 유전자들은 일정한 범위의 가능성들을 규정할 뿐이지, 그것들이 정확히 우리가 되어질 바를 결정하는 것은 아니라는 것이다. 이 점과 관련하여 리들리(Matt Ridley)는 유전자들은 무엇인가를 가능하게 하는 인자(enablers)일 뿐이지 억제하는 인자(constrainers)가 아니라고 말하면서 다음과 같이 결론짓는다. "유전자들을 두려워하지 마라. 그들은 신들이 아니며, 단지 톱니바퀴를 구성하는 부품들일 뿐이다. (Don't be frightened of genes. They are not gods; they are cogs.)"[25]

이런 맥락에서 위에서 소개한 박충구의 지적은 적절하다. 박충구는 인간을 복제하는 행위는 본질적으로 옳지 않다는 입장, 즉 전형적인 하나님의 뜻에 의거하거나 인간의 유성생식적 자연스러움을 기준으로 삼아 인간복제의 비자연성을 비판하는 인간복제에 대한 기독교 생명윤리적 비판은 생명복제가 존재 전체의 복제로 오해받는 경우에서 근거된 것이라는 점에 그 이해의 한계가 있다고 지적한다.[26] 박충구의 지적에 따르면, 인간의 정신과 지식 체계 그리고 사고의 능력과 경험적 정보가 복제되는 것이 아닌 만큼 인간복제란 엄밀하게 말한다면 물리적인 복제에 한정되는 것이라고 보아야 한다. 비록 높은 지적 능력을 갖춘 유전자가 복제된다 할지라도 그러한 유전

---

25 Matt Ridley, *Nature Via Nurture: Genes, Experience, & What Makes Us Human* (New York: Harper Collins, 2003), 250.
26 박충구,『생명복제 생명윤리』, 80.

적 요소는 중립적인 것이어서 후천적으로 이루어질 도덕적 판단능력과 종합능력에 의하여 인간의 개성과 성품은 별개로 이루어 질 수 있기 때문이다. 결국 인간복제는 포괄적인 의미에서 근본적으로 다른 존재를 생성시키는 것이 될 것이라는데 거의 모든 사람들이 동의한다.[27]

그런데 적어도 기독교적 맥락 안에서는 여전히 복제된 인간의 정체성과 관련된 또 다른 어려운 질문이 남아 있다. 그 가운데 하나는 바로 복제인간의 영혼의 문제이다.

코올-터너(Ronald Cole-Turner)에 따르면, 인간 개개인의 영혼이 유전자들에 의해 규정되기는 하지만, 전적으로 그것들에 의해 결정되는 것은 아니다.[28] 즉, 복제인간의 유전자가 원본인간의 유전자와 동일하다고 해서 복제인간의 영혼도 원본인간의 영혼과 동일하다고 말할 수는 없는 것이다. 이런 맥락에서 일부 신학자들은 영혼은 유전자로부터 생겨나는 것이 아니라 하나님과의 관계로부터 생겨나는 것으로 보려고 한다. 예를 들어 피터스(Ted Peters)의 말을 빌리자면, "영혼을 신학적으로 이해함에 있어서의 열쇠는 그것을 혼이나 정신처럼 육체와 분리되는 것으로 보려고 하는데 있지 않고, 오히려 하나님의 대한 우리 인간의 관계성이라는 의미로 영혼을 이해하는 데 있다"[29]고 강조한다. 피터스에 따르면, 어떤 한 사람의 하나님에 대한 고유한 관계는 "하나님의 능동적인 은총에 의해, 즉 우리를 있는 그대로 사랑하기를 원하시는 하나님의 갈망에 의해 결정

---

27 See Ronald Cole-Turner, "At the Beginning," in *Human Cloning: Religious Responses*, ed. by Ronald Cole-Turner, (Louisville: John Knox, 1997), 122-126.
28 *Ibid.*, 124-125.
29 Ted Peters, "Cloning Shock: A Theological Reaction," 19.

된다."³⁰ 즉, 그 특별하고 고유한 관계는 DNA에 의해 결정되는 것이 아니라, 하나님의 의지적 은총에 의해 결정된다는 것이다.

영혼을 '관계성'의 의미로 보려는 또 다른 예로 틸리케(Helmut Thielicke)의 영혼 개념을 발전시켜서 복제 논쟁에 적용시킨 레바크(Karen Lebacqz)의 말에 귀 기울여 볼 필요가 있다. 레바크은 다음과 같이 쓰고 있다. "그러한 이해에 있어서 '영혼'은 한 개인이 소유한 어떤 것이 아니라 오히려 '관계'에 관한 한 진술이다. 영혼은 우리가 하나님 앞에 서 있다는 것(our standing before God)과 관계가 있다."³¹ 이상의 견해들을 종합해 보건대, 인간존재에서 영혼이란, 적어도 신학적으로 말해서, 유전자의 표현형(phenotype)이 유전형(genotype)으로 형성되듯이 DNA로부터 형성되는 것은 분명 아니다. 결국 복제허용을 지지하는 사람들이 주장하는 것처럼, 인간의 존엄에 해당하는 그 개별성뿐만 아니라 그 영혼도 복제 자체에 의해 위협받지 않는다고 말할 수 있는 것이다.

그러므로 인간 배아와 관련하여 한 인간존재가 그것의 DNA로 환원되어져서는 안된다는 사고는 신학적 인간이해를 위해 대단히 중요한 조건의 하나이다. 왜냐하면 그것은 기독교적 인간이해가 생물학적 측면과 관계적 측면의 분리를 허락하지 않고 있다는 것을 말하고 있기 때문이다. 다시 말하면 자신이 그 안에서 출현하고 성장하게 되는 관계적 자리와 떼어놓고 고려되는 생물학적 생명은, 적어도 그 자체로는 어떤 절대적인 '존재론적' 중요성을 가질 수 없다는

---

30 Ibid.
31 Karen Lebacqz, "Cloning: Asking the Right Questions," *Ethics and Policy*, newsletter of the Center for Ethics and Policy at the Graduate Theological Union (Winter 1997), 4. Recited from Ted Peters, "Cloning Shock: A Theological Reaction," 18.

말과 같다. 적어도 복제허용 지지자들은 분명 이러한 이해가 복제에 의해 개별성과 고유성에 기초한 인간존재의 존엄을 결정적으로 위협받게 될 것이라고 믿는 사람들의 우려를 다소 덜어줄 수 있을 것이라고 믿고 있는 것이다.

인간생명의 존재 가치

다음으로 복제에 부정적인 사람들이 공유하고 있는 확신은, 하나님의 형상에 기초한 인간존엄성은 동료인간과의 사이, 그리고 기타 피조물과의 관계 속에서 인간생명으로서 누릴 존엄, 즉 수단이 아닌 목적으로서의 평등권에 있다는 것이다. 즉, "존엄"이란 말로 기독교적 인간이해가 의미하는 바는, 철학자 칸트(Immanuel Kant)가 의미하는 것이기도 하고, 또한 비-신학적인 의미로도 동의가 이루어지는 것처럼, 모든 인간은 각자 궁극적 가치를 지니고 있으며, 따라서 언제나 수단이 아니라 목적으로 여겨져야 한다는 것이다. 즉, 인간생명은 그 자체로서 목적이어야 하지, 어떤 또 다른 목적을 위한, 혹은 누군가 다른 사람의 목적들을 위한 수단으로 간주되어서는 안된다. 이런 관점에서 볼 때, 인간복제는 인간의 자의적 판단과 힘에 의해 복제인간을 결정하고 그 생명을 수단화시키고 목적으로서의 평등권을 훼손할 뿐만 아니라, 결과적으로 복제인간을 다른 자연생식에 의한 인간들과의 관계 속에서 종속존재로 만들어 버린다. 따라서 인간복제는 그 자체로서 비-인간적이며, 원칙적으로 허용되어서는 안되는 것이다.

같은 맥락에서 보면, 인간 배아를 가지고 하는 모든 실험조차도, 물론 인간 배아를 그 발생에서부터 생명의 시작으로 보아야 한다는 데 동의가 이루어져야 하지만, 그 자체로 비인간적이고 비윤리적이다. 즉, 과학적 지식을 확장하기 위한 방편으로 인간생명을 실험 재료로 수단화하는 것은 인간의 평등과 자유를 근원적으로 파괴하는 것으로 목적으로서의 인간 존엄에 대한 기독교적 믿음에 정면으로 배치되는 것이기 때문이다.

그러므로 인간의 자연적 생식과 관련하여 가장 완고한 입장을 내세우는 가톨릭교회가 인간생명은 수태된 순간부터 온전한 인격체로 그 존엄성이 스스로 목적으로서 존중받아야 한다고 주장하면서 배아복제연구를 반대하는 것은 지극히 당연한 일이다.[32] 게다가 인간복제 연구 및 시술 과정에서 수많은 수정란이나 배아가 희생될 것이 분명하므로 인간복제가 인간생명의 존엄성을 해친다는 전통적인 신학적 인간이해의 논점은 더욱 더 분명해 진다. 이런 맥락에서 일찍이 1993년 미국 조지 워싱턴대학의 스틸만과 홀 교수 연구팀이 치료의 목적도 아닌 과학적 실험 대상으로 인간의 배아를 복제했을 때 인간생명을 조작하는 복제행위에 대해 기독교 윤리학적 관점에서 거센 비판이 일었던 것은 당연한 일이었으며, 최근의 치료용 배아줄기세포 연구도, 불법적인 난자공여 문제 외에도, 궁극적으로 '배아도 생명'이라는 전제 하에서는 마찬가지로, 인간생명의 존재 가치에 위배된다는 생명윤리논쟁에서 결코 자유로울 수 없는 것이 사실이다.

이와 관련하여 박충구가 그의 책 "생명복제 생명윤리"에서 소개

---

32 1987년 2월 교황청 신앙교리성에서 반포한 훈령 '생명의 선물(Donum Vitae).'

하는 몇 가지 예(例)는 참고할 만하다. 첫째로, 장기이식을 위한 복제의 경우이다. 후속적으로 동일한 쌍둥이를 출산시켜 장기나 피부를 얻을 수 있다고 할 때, 이 경우 복제행위는 정당화될 수 있을까? 예를 들어 백혈병에 걸린 아기를 살려내기 위하여 척수 제공자가 될 그 아기와 동일한 아기를 출산시켜 두 아기를 함께 키울 수 있는 가능성을 생각해 볼 수 있다. 위의 박충구의 책에서 다시 소개되고 있는 미국의 애얄라 가족(the Ayala Family)의 경우 "백혈병을 앓고 있는 10대의 딸에게 척수를 제공할 아기를 임신한 경우"였다.[33] 이 가족의 경우 후속적으로 태어나는 아기는 엄밀하게 말해서 본인의 의사와 상관없이 다른 생명을 위해 수단화되고 있다는 점에서 분명 도덕적 비난이 주어질 수 있다. 또한 역시 같은 책에서 박충구가 소개하고 있는 또 다른 경우를 생각해 보자. 물론 그 경우란 현재로서는 미래의 한 가능성일 뿐인데, 즉 쌍둥이 태아의 뇌세포의 일부를 제거하여 뇌사상태에서 성장시켜 먼저 태어난 쌍둥이를 위하여 장기를 이식할 수 있는 가능성이다.[34] 이 경우 역시, 장기 공여자로 만들기 위하여 한 생명을 무뇌자로 만드는 것은 대단히 비윤리적인 생명권 침해임이 틀림없다.

그러므로 인간생명의 존엄성을 그 목적으로서의 인간존재의 가치(즉, 복제인간의 가치적 지위)에 둘 때, 탄생할 아이의 의미는 스스로를 만들고 변화시킬 자유의 범위를 가리켜야 한다는 주장이 당위적으로 가능하다. 즉, 아이는 한 남성과 여성의 자손이지 그들 가운데 어느 누구의 복사도 아니며, 자손은 부모가 그들 마음대로 그

---

33 박충구, 『생명복제, 생명윤리』, 104.
34 Ibid., 104. C. Kahn, "Can We Achieve Immortality?," *Free Inquiry* 9 (1989), 14-18.

의미와 운명을 결정할 수 있는 그들의 산물이 아닌 것이다.[35]

이러한 인간생명의 존엄성을 목적으로서의 그 가치적 지위에서 찾는다면, 법학 교수 로버트슨(John Robertson)이 지지하는 "자녀 출산의 권리(procreative right)"를 행사하는 하나의 방식으로서의 복제도 인간복제의 우생학(eugenics)적 오용가능성이란 의미에서 신학적 인간이해에 있어서 생명의 존엄성 이해에 배치될 수 있다.[36] 즉, 복제허용에 대한 이제까지의 가장 지속적이고 체계적인 공격인 그의 글에서 레온 카스(Leon Kass)가 주장하는 것처럼, 생식에의 자유 혹은 권리는 예비 부모들의 주관적 소원과 욕심에 좌우되게 되는 "바람직한 유전자"를 가진 아이를 가질 권리를 가리키는 것으로서, 그와 같은 주관적 권리가 지속적으로 행사된다면 사실상 "완전한" 아기를 창조하려는 미래의 모든 인위적인 시도들을 정당화하게 된다는 비난이 가능한 것이다.[37] 심지어 이 경우 생물학적인 선택과 예정론을 등장시킴으로써 하나님의 주권과 섭리에 관한 기독교신학에 정면 도전하는 것이 될 것이다.

또한 우려되는 바와 같이, 상업화의 깃발 아래 복제아이 제작을 허용하게 될 경우, 생식이 생산으로 비인간화됨으로써 복제인간의 인격과 존엄성은 절망적으로 떨어지게 될 것이다. 복제된 배아 상태를 인간생명으로 보지 않는다 해도 그것들은 매매될 것이며, 그것들이 앞으로 어떤 인간으로 자랄 것인가에 따라 가격이 매겨질 것이

35　그레고리 펜스, 『인간복제 무엇이 문제인가』, 86.
36　로버트슨(John Robertson)은 "Cloning as a Reproductive Right"에서 출산에의 권리 행사의 한 방식으로 복제를 지지하지만, 인간복제 그 자체가 의학적 안정성이 확인되지 않았으므로 인간복제가 안전하고 가능한 경우를 전제로 찬성하고 있다.
37　그레고리 펜스, 『인간복제 무엇이 문제인가』, 35.

다. 더 나아가 상품화를 위한 (상업적 이익을 얻을) 목적으로 이식용 장기나 세포를 생산해 내어 세포 혹은 장기은행을 운영할 수 있게 되는 것이다. 과학소설들은 상업적 이익이 유전적으로 인증되고 보증된 판매용 배아, 즉 다양한 재능, 능력, 그밖에 바람직한 특성을 지닌 개인들로부터 복제한 다양한 배아의 상품목록이 시장을 통해 제공되는 현실을 그리고 있다. 결국 이것이 인간복제의 목적이 된다면 복제된 인간들이 가진 그 자체 목적으로서의 인간생명의 존재 가치와 존엄성은 근본적으로 침해당하게 된다.

이런 맥락에서 카스(Leon Kass)와 마찬가지로, 인간복제를 가장 열렬하게 반대하는 리프킨(Jeremy Rifkin)은 인간복제라는 범죄를 금지하도록 전세계에 촉구하면서 말하기를, "인간복제란 누군가를 복사기로 복사하는 아주 무서운 범죄이다. 우리는 지금 품질관리와 같은 산업적 구상의 원리를 인간에게 적용시키고 있다"고 지적했다.[38]

그렇다면 인간복제로의 길을 열어두자고 주장하는 사람들은 복제인간의 지위, 그 존재 가치에 대해 과연 무엇을 말하고 있다고 보아야 하나?

무엇보다 먼저 그들은 실용주의적 효용가치에 근거하고 있다. 그들은 인간배아복제, 나아가 인간개체복제가 다른 인간생명의 행복 증진에 기여한다고 주장하면서 복제인간의 의의를 각각의 생명 자체의 의의와 그것을 통한 공동체의 행복 증진에서 찾으려고 애쓴다. 무엇보다도 인간배아복제 연구가 난치병 환자들에게는 현재로서는 가장 작을지라도 사실상 그들에게 가장 큰 희망으로 간주되

---

38 그레고리 펜스, 『누가 인간복제를 두려워하는가』, 53.

고 있다는 점이 끊임없이 강조된다. 즉, 동물과 인간배아복제 연구는 과학적으로 유용하며 생명의료적인 발견들을 가져올 수 있으리라는 것이며, 이러한 복제기술이 가진 인류를 위한 긍정적인 의미는 일단 명백하다. 현재 백혈병, 파킨슨병, 당뇨병 등에 걸린 환자에게 장애가 생긴 세포를 대신하는 정상 세포를 외부에서 배양, 주입하여 치료하려는 시도가 행해지고 있고 면역학적 거부반응의 문제 때문에 면역반응을 일으킬 만큼 성숙하지 않은 배아줄기세포로부터 얻은 정상 세포를 주입한다. 이 경우 배아세포 사용과 관련한 윤리적인 문제에 부딪히지만, 인간배아복제 연구의 진전을 통해 인간 세포가 난자 없이도 재프로그래밍 되는 과정을 이해하게 되면 환자 자신의 세포를 역분화시켜 사용할 수 있으므로, 면역학적 거부반응의 문제는 말할 것도 없고 배아세포 사용과 관련된 윤리적인 문제를 줄일 수 있다고 주장하기까지 한다. 뿐만 아니라 다소 곤혹스러운 상상이지만, 기술의 발전 정도에 따라 손상된 장기나 신체 부분을 심지어 세포 하나로부터 재생시킬 수 있다는 전망도 가능하게 된다.

또한 난치병 환자들을 위한 장기이식과 관련하여 과학자들은 마침내 인간복제 기술을 이용하여 인간의 심장, 간, 콩팥, 뇌세포 등을 생산해 낼 수 있다고 믿는다. 그럴 경우 이식용 장기나 세포를 생산하여 세포 혹은 장기은행을 운영하게 된다면, 일방적으로 비윤리적이라고 주장할 근거는 희박해질 수도 있다는 것이다.[39] 그런 장기은행까지는 아니더라도 위에서 소개한 백혈병에 걸린 아기를 살려내기 위해 척수 제공자가 될 동생을 출생시키는 것처럼, 백혈병에 걸린 아기와 동일한 아기를 복제 출생시켜 두 아기를 함께 키울 수 있

---

39 박충구, 『생명복제 생명윤리』, 105.

지 않겠느냐는 것이다. 즉, 상당한 시차를 두고 쌍둥이를 만드는 인간복제는 윤리적 논란을 최소화 시키면서 이식용 장기나 조직을 제공할 수 있다는 주장이다.

그러나 무엇보다도 인간복제 가능성을 지지하려는 사람들이 내세우는 이유들 가운데 하나는 인간의 자녀출산의 권리에 관한 주장이다. 이러한 주장의 경우, 위에서 언급한 로버트슨(John Robertson)이 말하는 "자녀생산 자유의 원리(principle of procreative liberty)"가 인용되곤 하는데, 로버트슨은 자녀생산 권리(procreative right)가 결국 인간복제를 포함한다고 믿고 있다.[40] 말하자면 "자녀생산 여부에 대한 통제는 개인의 정체성, 존엄, 또한 그 사람의 삶의 의미에 있어서 결정적으로 중요하기 때문에,"[41] 자녀생산을 회피하거나 추구하는 것은 인간에게 주어진 근본적인 권리이며 결정적인 자유의 문제라는 것이다. 지금까지는 과학의 도움으로 자녀를 가질 수 있는 길은 시험관 수정 혹은 체외수정을 통해 산모의 자궁에 수정란을 착상시키는 방법 정도였다. 그러나 오랜 세월 인류가 이성애에 근거한 자녀출산을 하늘이 준 원칙으로 믿고 살아온 것이 사실이지만, 1978년 시험관 아기 브라운의 탄생 이후로 인간생명의 출산 방식에 있어서 다양한 방법이 가능할 것이라고 믿게 된 것 역시 부인할 수 없는 현실이며, 머지않아 보조생식의 또 다른 차원으로 인간복제가 거론되는 상황이 올 수 있다는 것도 부인하기 어렵다. 체세포핵치환술을 이용하면 정자가 없이도 수정이 가능하고, 수정란의 배분리술을 이용하여 유전적 결함을 미리 걸러낼 수도

---

40 See John Robertson, *Children of Choice: Freedom and the New Reproductive Technologies* (Princeton N.J.: Princeton Univ., 1994).
41 Ibid., 24.

있으며, 따라서 유전병을 대물림하지 않도록 할 수도 있는 것이다. 이런 맥락에서 인간복제를 찬성하는 일부 학자들은 그밖에 다른 방법을 사용할 수 없는 불임부부에게 자녀출산의 권리를 행사하는 또 하나의 방법으로 인간복제를 추천할 수 있다고 주장한다.

인간복제를 반대하는 사람들의 입장에서는, 위와 같은 경우 예비 부모가 태어날 아이의 의사와 상관없이 복제를 결정했기 때문에 아이의 권리를 훼손했다고 하지만, 인간복제가 아이를 가지기 위한 유일한 방법이라고 가정할 경우, 태어날 아이의 권리를 고려해 태어날 아이의 동의를 구할 수는 없는 일이지 않겠는가라는 반론도 충분히 설득력을 가질 수 있다.

또 인간복제를 허용할 수 있다고 주장하는 사람들은 인간개체복제가, 예를 들어 죽은 아이처럼, 부모에게 특별한 의미를 가진 누군가를 복제하도록 할 수 있다는데 까지 관심을 나타낸다. 이 경우는, 어떤 의미에서 인간복제를 원하는 사람들의 욕구가 대개는 심각한 정신적 혼란을 기반으로 하고 있으리라는 것을 의미한다. 왜냐하면 사실상 과학적인 의미에서 복제된 아이가 부모가 사랑했던 과거의 아이를 대체하진 못할 것이기 때문이다. 앞서 말한 대로, 인간복제는 단지 같은 유전자를 지닌 다른 아이를 창조할 뿐이며, 사랑했던 과거의 아이는 단지 그 자신의 유전자만으로 형성된 것이 아니라 자신의 환경과 자기 선택과정을 통해서 또한 부모와 그밖에 다른 사람들과의 특별한 관계를 형성되는 것이다. 그러므로 복제된 아이는 오히려 부모들에게 정신적 혼란을 줄 수 있다. 그러나 복제인간을 지지하는 사람들은 여전히 이렇게 질문해 올 수 있다. 즉, 설사 그렇다고 하더라도, 어쨌든 인간복제가 특별한 의미를 지닌 누군가를 복제할 수 있게 해주고 그렇게 해서 다른 사람들에게 만족감을 줄 수 있다면, 설사 인간 복제를 원하는 이유와 그들이 얻은 만족감이 혼란에 바탕을 둔 것이라고 해도 그것은 그들의 유익을 의미하며 삶의 의미를 증진시키는데 기여한다고 볼 수 있지 않느냐는 것이다.

그러나 이상의 논리들이 복제된 인간생명의 존재 가치에 대해 우회적으로 말하려고 애쓰고 있지만, 사실상 여전히 복제인간 자신의 지위에 대해 직접적으로 말하고 있지는 못하다. 여기서 필자는 다소 논리 비약의 위험성을 감수하면서, 인간복제를 지지하는 사람들의 입장에 서 있다고 가정할 때 가능한, 복제인간의 존재 가치에 대해 몇 가지 해석을 아래와 같이 추가해 본다.

우선 인간복제를 지지하는 학자들은 각각의 복제아이가 지금까지의 수많은 시험관 탄생 아이들의 경우처럼 인간생명의 동등한 지위, 평등권을 가지게 된다고 주장한다. 그러므로 어떤 의미에서건 어떤 방식으로건 복제된 아이도 여타 인간과 동일한 인간인 것이다. 즉, 그 생명 자체로 목적을 가지는 것이며, 따라서 인간생명의 존엄성을 가진다고 보아야 한다. 이 점과 관련하여 펜스(G. Pence)교수는 인종차별폐지를 위한 원칙인 '혈통에 따른 무차별의 원리'란 "태어난 방법에 대한 편견으로 고통을 겪는 사람이 있어서는 안된다는 의미"라고 강조한다.[42] 앞서 언급한 박충구가 그의 책에서 소개한 예들을 다시 언급한다고 할 때, 백혈병에 걸린 형제에게 척수를 제공하기 위해 태어난 바로 그 아이의 경우(the Ayala Family), 박충구는 "그 태어나는 아기가 부모나 주변의 사람들에게 더욱 고유한 사랑과 관심을 받으면 살아간다"는 조건을 전제로, 그렇다면 크게 비난

---

42 그레고리 펜스, 『누가 인간복제를 두려워하는가?』, 78.

할 문제가 아닐 수도 있다고 말한다.[43] 어떻게 보면 장기공여의 문제는, 경우에 따라서 공여자나 수여자 모두 그 생명의 의미를 관계성 속에서 보아야 할지도 모른다. 그런 의미에서, 복제인간도, 설사 장기제공을 위해 복제되었다 할지라도, 그 관계성의 의미에서 스스로의 존재 가치를 가진다고 보아야 한다.

한편, 복제된 인간이 그 자신 평등권이란 의미에서 목적으로서의 존엄성(human dignity)이 인정되지 않을 거라는 생각은 생명의 존엄성을 생명탄생 현상의 자연성에 제한시키고자 하는, 즉 생식의 자연성에 근거한 또 하나의 결정론적 환원주의가 아닌가 자문해 볼 필요가 있다. 물론 인간의 존엄에 대한 기독교적 인간이해, 즉 인간 존재의 의의는 그 자체로서 목적이라는 데 있지 수단이어서는 안된다는 이해에 충실하고자 하면, 인간의 생명을 실험 대상으로 삼거나 복제하는 행위는 반대할 수밖에 없다. 사실상 인간복제는 분명 가족제도의 붕괴나 복제인간의 존엄성 훼손, 정체성 혼란 등에 관한 우려를 자아낸다. 하지만 미래사회가 공상과학소설이 그리는 것처럼 인위적으로 만들어진 장기생산 공장 같은 것을 가지게 된다면, 이상의 문제들은 사회적 동의와 의식전환과 관련된 부분들이며, 앞으로 정말 복제인간이 태어난다고 하면 얼마든지 의식이나 제도 같은 것들은 바뀌어 가게 될 것이다.

또한 인간 행복의 증진이라는 관점에서는, 적어도 극히 제한적으로라도, 복제는 분명 허용되어야 할 부분들이 있다고 주장될 수 있다. 여기서도 인간존재의 존엄성이 반드시 그것의 목적성에 있다고 하는 생각은 역시 극히 인간중심주의적 사고의 연장선에 있는 것

---

43 박충구, 『생명복제 생명윤리』, 104.

이 아닌지 경계해야 할 필요가 있다. 오히려 창조자 하나님 중심으로 또 다른 피조물과의 조화의 관점에서 생태중심적으로 인간생명 각자의 존재 의미를 생각한다면, 그것은 무엇을 의미할 수 있을까? 하나님의 계획

인간 또한 자연의 일부이다. 모든 존재는 그 나름대로의 본질적 가치를 가지며, 전체와 관련하여 그 나름대로의 도구적 가치를 가진다.

은 예수 그리스도 안에서 지으시고 구원하신 이 세상이 각각의 생명이 여타 모든 피조물들을 위해 살 가치가 있는 그런 자리가 되는 데 있을 것이라고 생각할 때, 하나님은 그의 피조세계의 선한 청지기로서 우리 인간존재의 의미를 과연 어디까지 제한하기를 혹은 열어두기를 원하실까? 이런 맥락에서 칸트의 철학이자 실용주의 철학이며, 기독교 윤리의 근간이 되는 수단이 아닌 목적으로서의 인간평등의 원리는 좀 더 넓은 관점에서 이해되어야 하지 않을까? 결국 '생태계'라는 관점에서 보면, 인간 또한 자연의 일부이다. 모든 존재는 그 나름대로의 본질적 가치(intrinsic value)를 가지며, 전체와 관련하여 그 나름대로의 도구적 가치(instrumental value)을 가진다. 그러므로 모든 생명은 각각의 존재의의를 가진 평등한 존재이다. 사실상 하나님은 인간뿐만 아니라 온 세계와 관계하고 계시며, 만물의 샬롬을 원하시기 때문이다.

하나님의 공동-창조자(Co-creator)로서의 인간의 책임

끝으로 인간존재 안의 하나님의 형상이 가리키는 것이 하나님 앞에서의 인간의 책임, 즉 피조세계에 대한 청지기의 사명이라는 이해와 관련해서는 인간복제를 반대하는 측과 지지하는 측 양자 모두 견해가 일치하고 있다. 즉, 창세기 2장 15절에 비추어 볼 때 "다스림"(1:28)은 지배의 의미로 해석되어서는 안되고, 오히려 "땅을 위해 일하고 돌보는" 직책으로, 즉 하나님이 세상과의 '관계' 속에서 창조적으로 돌보시는 의미와의 유비 속에서 해석되어야 한다는 것이다. 따라서 인간존재 안의 하나님의 형상의 참된 의미는 인간이 창조자 하나님과 창조된 세계와의 관계 안에서 청지기의 사명을 "책임적으로" 감당하는 것이며, 곧 동료인간들과 미래세대들, 그리고 피조 세계, 즉 동식물들과 자연을 보호하는 것이다.

그러나 하나님의 형상으로서 인간의 책임적 지위는 인간에게 주어진 자유와 책임의 본성과 한계를 가리키는 것이기도 하다. 즉, 인간복제를 반대하는 사람들은, 인간이 피조세계를 위한 청지기로서 책임적 존재라고 할 때, 무엇보다도 그것이 인간이 창조주 하나님과의 '적절한 관계성'

인간존재 안의 하나님의 형상의 참된 의미는 인간이 창조자 하나님과 창조된 세계와의 관계 안에서 청지기의 사명을 "책임적으로" 감당하는 것이며, 곧 동료인간들과 미래세대들, 그리고 피조 세계, 즉 동식물과 자연을 보호하는 것이다.

안에 있어야 한다는 것을 의미한다고 못 박기를 원한다.

    그 '적절한 관계성'은, 라너(Karl Rahner)가 강조하는 것처럼, 인간은 선택들에의 능력을 제한하는 바, 즉 스스로의 실존적 한계들 안에 있다는 것을 의미한다. 따라서 하나님의 피조물로서 인간의 실천적 책임은 여전히 인간의 결정권에 대한 한계를 인정하는 것을 포함한다. 이런 관점에서 볼 때, 인간에 의해 유전형(genotype)이 미리 선택되고 조작되게 될 인간복제는 분명 인간 존재의 실천적 책임의 한계를 넘어서는 행위이다. 다시 말하면 하나님의 형상으로서의 인간생명 현상 그 자체가 신성한 것이라고 할 때, 그것은 곧 생명탄생은 창조주 하나님의 고유영역이라는 말이며, 그 의미는 근본적이고도 무제한적인 보호가치를 의미하는 인간존재의 특별한 지위 외에도 인간생명을 관장하는 유일하신 존재로서의 하나님의 지위를 전제하는 것이기에 인간생명을 인간이 주관하는 복제행위는 하나님에 대한 모욕이자 도전이며, 결국 인간의 책임적 지위에 위배되는 것이다.

    위와 같은 맥락에서 인간복제를 반대하는 신학자들은 복제의도의 배후에는 인간이 스스로 자신의 창조주가 되려는 욕망이 있다고 주장하며 인간복제가 하나님을 향한 도전이라고 경고한다. 같은 의미에서 대다수 종교 지도자들은 생명의 신비를 풀어내려는 새로운 과학기술들의 오만, 곧 끝없는 지식추구의 위험성을 지적하고 있다. 그것은 신학적 인간이해의 용어로 인간의 교만(hybris)에 다름 아니라는 것이다.

    이런 의미에서 생명과학 분야에서의 발전들, 특히 인간복제의 시도는 피조물에게 허용된 자기 능력의 한계들을 넘어서는 것을 나타낸다. 그것은 자연에 대한 책임적인 다스림이 아니며, 오히려 인간의 궁극적인 어리석음이다. 피조물 인간은 자신의 지위에 더 이상 만족하지 않으며, 다른 피조물뿐만 아니라 인간 자신의 주인이 될 것이며, 스스로 창조자가 될 것이다. 인간복제는 하나님이 아니라 '인간' 스스로가 '인간'을 창조하는 기술에 다름 아닌 것이다. 말하자면 인간의 교만을 넘어 인간을 하나님과 동일시, 급기야 하나님을 대신하는 위치에 스스로를 위치시킴으로써 "하나님을 흉내 내어 놀려고 하는(trying to play God)"[44] 인간복제는 창조신앙에 입각하여 결코 허용되어서는 안되는 것이다.

그렇다면 위에서 논의한 바의 인간존재 안의 하나님의 형상에 대한 해석으로서 피조물 인간의 실천적 책임의 한계와 관련시켜 볼 때, 인간복제를 지지하는 사람들의 입장은 무엇을 말하고 있다고 보아야 하나?

분명한 것은 그들 역시 하나님의 형상으로 창조된 인간존재의 존엄성에 대한 신학적 이해에 기초하고 있다. 한편, 그들은 피조세계에 대한 인간의 책임 부분을 하나님과의 공동 창조자(co-creator)로서의 지위에 대한 낙관적인 해석에 근거시키고 있다는 점에서, 복제를 반대하는 사람들보다 한 걸음 더 나아간다고 볼 수 있다. 창조자 하나님과 창조된 세계와의 관계 안에서 인간의 책임적 지위는 하나님과의 공동 창조자(co-creator)라는 확신이 거기에 있다. 그와 같은 신학적 인간이해에 따르면, 창세기에서 인간의 창조와 관련하여 하나님의 형상에 대해 말할 때 거기에는 인간이 단순히 피조물

---

44 복제양 돌리의 발표 직후 가진 기자회견에서 클린턴(President Clinton)은 장차 복제를 시도하려 할 수도 있는 사람들을 가리켜 "하나님을 흉내 내어 놀려고 하는 것"으로 묘사한 바 있다.

이라는 사실 그 이상의 어떤 것이 함축되어 있다. 그것은 다름 아닌, 우리 인간은 우리 자신의 존재 안에 창조적인 어떤 것을 가지고 있는 것을 의미한다. 예를 들어 하나님의 지속적인 창조에 참여하도록 부름 받은 인간에게 있어서 과학기술을 사용하는 것도 곧 하나님이 주신 바를 그 책임의 범주 안에서 사용하는 것이다.

그러므로 오늘날 유전공학 분야의 새로운 지식을 기독교신학에의 긍정적인 도전으로 받아들이는 기독교 지도자들은 적어도 다음과 같은 일련의 신학적 이해의 원칙들에 동의하는 것으로 보인다.

첫째, 세상의 창조자이신 하나님의 창조사역은 여전히 진행 중이라는 점이다. 둘째, 인간은 하나님의 형상으로 창조되었다. 여기서 인간에게 부여된 하나님의 형상이 의미하는 바는, 인간의 창조성에 있다. 말하자면 하나님이 창조하신다. 따라서 우리 인간도 창조한다. 이런 의미에서 헤프너(Philip Hefner, The Chicago Center for Religion and Science)와 같은 신학자들은 우리 인간들을 가리켜 하나님의 "피조된 공동-창조자들"[45]이라고 한다. 즉, 소위 "공동-창조의 신학"(the theology of co-creation)은 인간이 하나님의 창조의 지속에 참여한다는 의미에서 창조의 진화적 과정에 있어서 우리 인간의 기여를 인정하고 있는 셈이다.

인간은 하나님의 창조의 지속에 참여하도록 초청받고 있는 자유로운 존재이지만, 그럼에도 불구하고 여전히 하나님과의 관계성 안에서 자유로운 존재이다. 하나님이 유전공학과 발생학 연구를 계속하도록 원하신다면, 하나님은 여전히 인간 사회를 통해 우리의 창의력이 하나님의 나라의 영역 안에 머물도록 의도하시는 것이다. 일찍

---

45 See Philip Hefner, *The Hunan Factor: Evolution, Culture, and Religion* (Minneapolis: Fortress, 1993).

이 헤프너가 언론에서 표명한 것처럼, 우리는 이러한 새로운 복제 능력의 청지기들이어야 하는 것인지 모른다. 만일 인간복제가 그 가능성에 있어서 선한 것이라 볼 수 있다면, 우리 인간은 우리가 하고 있는 일에 대하여 하나님을 향해 책임을 져야 한다. 그것은 곧 동료 인간들과 동식물들, 궁극적으로 생태계를 보호해야 할 책임과의 연장성에서 생각될 수 있을 것이다.

절대 필자가 그렇게 확신하고 있다는 말은 아니다. 하지만 매우 도발적인 상상이라 할지라도, 혹시 하나님은 생명복제 기술을 통해 인류로 하여금 다음 세대를 준비시키기를 원하고 계신 것은 아닐까? 생명과학 발전의 선상에서 생명복제의 상용화와 인간개체복제의 현실화는 오는 세대, 즉 다음 세대를 준비시키기 위한 하나님의 계획이 아닐까? 인간은 그런 하나님의 계획을 책임적으로 수행하도록 요청 받고 있는 것은 아닌가? 왜냐하면 하나님은 하나님의 공동-창조자로서의 인간을 통해 그분의 창조를 지속하고자 하는 것으로 볼 수 있기 때문이다.[46] 이런 의미에서 생명과학의 발전은 세상을 생태학적으로 더욱 더 보전가능 하도록 하기 위해, 또한 모든 인류의 건강과 더욱 행복한 삶을 위해 긍정적으로 기여할 수 있고, 또한 기여해야 한다.

---

46 Philip Hefner, "Cloning as the Quintessential Human Act," *Dialog* 36/2(Summer 1997).

맺는 말

　이 글의 대부분 내용과 관련 필자의 이해는 비전문가로서 초보적인 수준이다. 따라서 이 글에서 필자의 목적은 결코 인간배아복제 연구에 대한 찬반론을 추가하는데 있지 않았다. 그보다는 생명공학의 발전과 생명신학이라는 주제 앞에서 혹시 우리의 신학적 인간이해와 관련 어떤 전향적인 논의의 여지가 가능하겠는지 우리들 스스로 자문해 보자는 것이었다.
　그러한 목적과 관련해서 필자는 인간배아복제에 이어 인간개체복제가 인류사회의 멀지 않은 미래현실이라는 가정 하에 작금의 그 열기를 더해가는 생명과학과 생명윤리논쟁이 기독교신학으로 하여금 전통적인 신학적 인간이해를 되짚어보도록 도전하고 있다는 인식에서 출발하였다. 그리고 그런 도전에 대한 진지한 신학적 사색을 위한 실천의 일환으로, 인간복제에 관련된 교회안팎의 찬반논쟁의 핵심 논점들을 창조신앙에 기초한 신학적 인간이해의 전제, 가능성, 한계라는 맥락에서 해석해 보았다.
　앞서 언급했던 것처럼, 무조건적인 반대와 찬성은 지나친 편견과 맹목적인 낙관에서 비롯될 가능성이 크기 때문에 재고되어야 한다고 생각하며, 굳이 미래지향적인 대화를 위해 어떤 한 입장을 취해야 한다면, 창조신앙에 입각한 신학적 인간이해의 가능성들과 한계들 안에서 각기 그 기준에 따라 선택할 수 있을 것이라고 생각한다. 그리고 각 시대의 신학적 이해는 과학 발전과 사회적 동의과정 및 의식전환에 어떤 식으로든 도전받을 수밖에 없다. 황우석 박사는 인간복제가 실현되더라도 100년은 걸릴 것이라고 했지만, 그것이 분명 과학자들의 손에서 여전히 가능성이라면, 그 보다 훨씬 더 빨리 다가올 가능성을 부인하기 어렵다. 그러기에 현대사회를 사는 책임적인 기독교인들은 각자가 동의하는 신학적 인간이해를 가지고 언제고 다시 인간복제와 기독교 생명윤리의 논쟁 앞에 서야 할 것이다.

인간복제는 더 이상 과학적 허구의 한 주제도 아니며, 창조의 완성이라는 의미에서의 구원기대 역시 아니라고 본다. 그런 의미에서 인간배아로부터의 줄기세포도 많은 사람들이 너무 쉽게 말하는 것처럼 그 자체로서 질병과 고통 없는 삶을 의미하진 않는다. 그러한 것들은 단지 인간 능력의 한계 안에서의 임박한 가능성들일 뿐이며, 여전히 하나님의 지속적인 창조 안에 있다. 그러므로 생명과학 발전의 길 자체를 막아서서는 안될 것이다. 가령 독일 슈피겔지에 실린 한 기사, "우리가 하나님보다 낫다"는 과학자들의 용기를 꾸짖는 듯 보이는 표현처럼 말이다.[47] 인간복제나 줄기세포 연구가 과연 인류와 창조세계의 미래를 준비케 하는 결과를 낳을지, 아니면 창조세계와 인류의 멸망의 서막이 될지는 현재로서는 단지 추측만 할 수 있을 뿐이기 때문이다.

복제인간의 날, 그것이 인류에게 새로운 가능성들에의 희망을 의미하든지, 아니면 인간에 의한 또 다른 깊고 험한 불행의 비탈길을 의미하든지, 그 도전의 날은 다가오고 있다.

---

47 "Wir sind besser als Gott," *Der Spiegel* (14 May 2005). 이 기사는 독일내에서 의사들과 학자들이 인간배아연구가 어느 정도 허용되어야 하는지에 대해 논쟁한 것을 소개하고 있다.

다섯째
마당

다문화화(多文化化) 현실과 (문화)민족주의의 극복

: 바바(Homi K. Bhabha)의 혼종성(Hybridity)에 대한 신학적 숙고*

* 이 글은 「2008년 단해논문상」(한국조직신학학회)을 수상했으며, 『한국조직신학논총』 제21집(2008년 9월)에 게재된 바 있다.

최근 한국사회는 급속하게 진행되는 다문화화(多文化化) 현실에 직면해 있다. 한편, 사회 일각에 이질적인 문화 혹은 민족과의 접촉에 대한 지나친 경계심과 심지어 무조건적인 외국인 혐오의 정서가 존재하는 것이 사실이다. 특히 경제적 빈국들로부터 유입되는 외국인들에 대한 부당하고 차별적인 태도들은 지속적으로 사회적 논란거리가 되고 있다. 이러한 현상은 왜곡된 토착주의 혹은 문화민족주의 형태로 이념화됨으로써 지역사회의 삶과 산업현장에서 갖가지 불평등과 갈등을 초래하고 있다. 한국사회에서 외국인들과 그들의 문화에 대한 차별과 경계의식의 배후에는 특유의 배타적 민족주의가 자리 잡고 있고, 한국인의 순수혈통주의, 민족주의적 이데올로기는 역사적 상황과 사건들 속에서 그 생명력과 가치를 축적해 왔음에 주목할 필요가 있다. 역사적으로 민족주의는 지배적 세계질서에 대처하고 대항하기 위한 수단으로 기능해 온 것이 사실이다. 하지만, 편협한 자민족중심주의나 민족정체성에 대한 지나친 고착화는 세계화시대에 또 다른 차별과 갈등의 씨앗으로 작용할 수 있기에, 민족주의와 국제주의라는 서로 다른 이상들 사이에서 우리는 그와 같은 배타주의적 접근이 수반할 수 있는 잠재적 위험들을 간과해서는 안 될 것이다.

　필자는 문화연구(cultural studies) 분야의 탈식민주의 담론들을 탈식민주의 담론들을 신학자의 관점에서 공부할 기회를 가졌고, 그것들이 오늘의 탈식민시대에서 이질적인 문화적 접촉에 의한 갈등과 차별 등을 논의하고 협상하기 위한 담론적 공간을 구성하려고 애쓴다는 것을 깨닫게 되었다. 이 글에서 필자는 먼저 탈식민주의 이론가들이 사이드(Edward Said, 1935-2003)의 식민담론 이론이 설명하는 '이분화'(二分化)가 식민 주체들과 피식민 주체들 모두에게 내면화되어 있다고 지적하는 데 주목하였다. 사이드의 오리엔탈리즘 이론에 따르면, 식민종주국(주체)은 문명/자연, 문화국가/미개한 나라, 문화인/원시인, 선진국/후진국 등의 이분법에 기초하여 자신과 '다른 것'으로 식민지를 규정함으로써 자신의 정체성을 형성한다. 탈식민주의 이론가들에 따르면, 이러한 이분화는 심지어 동양인들에게까지 내면화되어 있는 바, 즉 식민지배의 당사자였던 국가의 국민들뿐만 아니라 형식적으로는 독립 이후를 사는 식민지배를 경험한 국가의 국민들까지도 과거 식민지 시대의 정신적 상흔, 모순된 제도와 사회 구조, 불평등한 국가간(間) 경제, 감성적 오류 등으로 시달리고 있으며, 따라서 그것들로부터 해방되어야 할 필요가 있다. 또한 필자는 사이드와 스피박(Gayatri Chakravorty Spivak, 1942-)과 함께 탈식민주의 주도적 이론가인 호미 바바(Homi K. Bhabha, 1949-)가 사이드의 『오리엔탈리즘』과 『문화와 제국주의』를 비판하고 있다는 데도 주목하였다. 바바는 사이드의 식민담론 이론이 제국주의 지배담론의 시간적 연속성과 공간적 보편성을 전제함으로써 피식민 주체의 적극적인 저항의 가능성을 원천적으로 봉쇄했다고 비판한다. 또한 바바는 새로 생겨난 독립국가들이 식민담론이 왜곡하고 훼손시킨 자신들의 정체성을 찾기 위해 식민 상태 이전의 순수한 기원으로 퇴행함으로써 나르시시즘적인 자기 이미지를 복원하려는 경향을 보여주는데, 그 역시 피식민 주체들에게 "내면화된" 이분법적인 정체성에서 비롯된 것이라고 비판한다.

우리 사회의 자민족중심주의 정서와 행동을 극복하기 위해 우리는 위의 탈식민주의 이론가들이 지적하는 피식민 경험을 가진 주체들에게 내면화된 '이분화'에 대한 설명에 귀 기울일 필요가 있다. 한국에서의 외국인 차별과 외국인 노동자에 대한 착취는 이러한 내면화된 선진국/후진국, 경제부국/경제빈국의 이분화적 의식의 병리적(pathological) 표출이라고 볼 수 있다. 최근 한국은 동아시아 권역 내에서 문화적 접촉들을 주도하고 있지만, 다른 한편으로는 타문화에 대한 경시와 '우리' 민족이 지난 날 얼마나 찬란한 문화를 가졌던가 하는 식(式)의 낭만적 우월주의를 보이는 것도 사실이며, 그 배후에는 식민주의적 역사의식과 삶의 행태가 우리 가운데 내면화되어 있기 때문이다. 즉, 우리 사회는 일종의 (신)식민적 문화우월주의를 위해 역사적으로 준비되어 온 것이라고 할 수 있다.

이 글에서 필자는 탈식민주의 담론의 하나인 바바의 '혼종성(hybridity) 개념을 신학자의 관점에서 성찰함으로써 다른 인간을 타자화하는 다양한 종류의 식민주의, 또한 자신 속의 식민주의, 심지어 자신 속의 내면화된 식민성까지도 비판적으로 숙고하고, 현실적이고 관계회복적이며, 생산적인 주체들로서의 정체성을 향해 나아가도록 도전하고자 한다. 바바에 따르면, '혼종성'은 동질적 정체성에 대한 서구적 환상과 토착적 환상들을 넘어 '제3의 공간'을 열고자 시도하는, 그리고 지배적 문화에로의 순수 동화의 가능성을 근본적으로 거절하고자 시도하는, 탈식민주의 이론가들에게 결정적으로 중요한 개념이다. 바바는 권위적인 서구의 근대적 원본보다 그 원본을 엉망으로 만든 제3세계의 혼종성에서 해방의 전망이 나타난다고 주장한다. 왜냐하면 제3세계의 혼종성은 서구를 수용하면서 제3세계의 독자적인 관점에서 그 외래문화를 변형시키기 때문이다. 말하자면 제3세계의 혼종성의 위치에서는 타자(他者)라고 할 수 있는 서구에 대한 배타적인 관점이 없으면서도 자기 자신의 주체적인 문화를 창조해 낼 수 있는 가능성이 잠재되어 있기 때문이다.

키워드
다문화화, (문화)민족주의, 혼종성, 제3의 공간

급속한 다문화화(多文化化)와 (문화)민족주의 문제

이 글은 최근 한국사회에서 급속하게 진행되는 다문화화(多文化化) 현실에 대한 신학적 성찰의 한 시도이다. 이 글에서 다문화화 과정에서 불편하게 확인되는 문화민족주의를 극복하기 위한 대안으로 탈식민주의 이론가인 호미 바바(Homi K. Bhabha)의 '혼종성'(hybridity) 이론을 논하고, 그것이 가진 신학적 가능성을 토론하고자 한다.

최근 한국사회는 소위 세계화(Globalization)가 가져 온 각종 도전들에 직면해 있다. 그 가운데 가장 큰 도전은, 말 그대로 우리 사회가 급속한 다문화(多文化), 다민족(多民族) 사회로 진행하고 있다는 사실이다. 한 예(例)로 최근 급증하는 외국인과의 결혼을 들 수 있는데, 지난해(2007년) 결혼한 신혼부부 8쌍 중의 1쌍은 국제결혼이었고, 그 가운데 농촌의 경우에는 국제결혼의 비율이 전체의 40%에 이르렀다는 통계가 있다. 또한 노동현장으로 눈을 돌려 보면, 그 동안 외국인 근로자들의 수가 급격히 증가해 왔으며, 유감스럽게도 최근에는 외국인 근로자들에 의한 급증하는 범죄행위들이 하나의 사회적 이슈로 떠올랐다. 한편, 중국, 동남·남부 아시아, 일본 등 아시아 국가에서 온 외국인들이 많아지면서 아시아 문화를 비중 있게 다루는 TV프로그램 편성이 눈에 띄게 많아졌고, 심지어는 유럽이나 아프리카 등 다양한 국적을 출신배경으로 가진 출연진과 그들 고유의 문화도 TV화면으로 쉽게 만날 수 있다.

앞에서 언급한 급속한 다문화사회로의 추세와 관련하여 한 가지 흥미로운 현상이 있다. 즉, 한때 민족정체성에 대한 고정된 통념에 근거하여 외래문화에 대해 민족주의적 혹은 보호주의적 정서를 보여주던 대학생들이나 언론의 사설들이 더 이상 그런 경향을 드러내 보이지 않고 있다는 것이다. 예를 들어 일본 문화의 전면적인 개방이 적지 않은 한국 사람들로 하여금 그것이 한국 문화의 정체성에 대한 잠재적인 위협이 될 것이라는 두려움을 갖게 했던 것이 여전히 기억에 선명한 역사이다. 이런 변화를 어떻게 설명할 수 있을까? 다음과 같은 어느 정도 일반화된 설명들이 제시될 수 있을 것이다. 먼저 한국인들이 경제력에 있어서 주변 아시아 국가들보다 상대적으로 우위에 있다는 자신감이 상승했고, 뿐만 아니라 한국이 더 이상 외래문화를 수입하는 입장에만 있지 않다는 인식과 최근 십년 가까이 경험한 한류(韓流, Korean wave) 열풍을 통해 높아진 국민적 자존심과 자국 문화에 대한 자부심이 그 배후에 작용하고 있다고도 볼 수 있다.

그러나 여전히 이질적인 인종적, 문화적 접촉에 대한 지나친 경계심이 우리 사회에서 수시로 문제가 되고 있는 것도 사실이다. 특히 상대적으로 경제개발이 뒤쳐진 나라들로부터 유입되는 외국인들에 대한 부당하고 차별적인 정서와 태도가 우리 사회의 곳곳에서 목격된다. 사회 일각에서는 무조건적으로 외국인을 혐오하는 자민족중심주의 정서가 팽배해 있고, 이러한 경향은 때로 문화적 혹은 종교적 우월주의 또는 "왜곡된 토착주의"[1]의 형태로 나타나기도 한다.

이러한 문제와 관련하여 지난 2007년 8월 유엔 인종차별철폐위원회(CERD)는 한국의 '순수혈통'이나 단일민족 이미지에 대한 우

---

[1] 강남순, "페미니즘, 포스트모더니즘, 그리고 탈식민주의 시대의 신학," 『포스트모더니즘과 탈식민주의 시대의 신학』(한국신학연구소, 1996), 325-330.

려를 표시하면서 한국사회가 그러한 '단일민족국가' 이미지를 극복하고 '다민족적' 성격을 인정해야 한다고 지적하고, 한국정부에 다양한 인종과 민족들의 역사와 문화에 대한 정보를 교과서에 포함시킬 것을 제안한 바 있다. 그 위원회는 "한국이 민족 단일성을 강조하는 것은 영토 내에 사는 서로 다른 민족, 국가그룹들 간의 이해와 관용, 우의증진에 장애가 될 수 있다"고 지적했다. 한편, 외국인 차별을 시정하는 일에 힘쓰는 시민단체들은 외국인 노동자들을 고용하는 회사와 국제결혼 중개업이 저지르는 차별적 사례들을 감시하고 고칠 수 있는 제도 마련을 지속적으로 주장하고 있다.

한국 사회에서 외국인들과 그들의 문화에 대한 차별과 경계의식의 배후에는 한국에서의 특유한 배타적 민족주의가 자리 잡고 있다는 것은 부인할 수 없는 사실이다. 강병식은 그러한 배타적 민족주의 형성의 원인들을 다음과 같이 설명한다.

> 정치적으로는 19세기 말에 제국주의 침략에 대항하는 논리로서 민족주의가 형성되면서 민족과 혈통의 순수성에 대한 이미지가 마련됐다. 역사적으로는, 잦은 외세침략으로 타 민족에 대한 적대감이 오랫동안 형성됐다. 경제적으로는 출신국의 경제 발전 정도에 비례하여 민족과 인종을 서열화하는 의식이 생겼다. 사회 문화적으로는 미국과 유럽의 백인문화에 대한 콤플렉스가 역으로 제3세계 출신의 이주노동자들에 대한 차별로 이어졌다. 이런 과정에서 단일 민족의 순수한 혈통은 좋은 것이고, 우리 민족은 최고의 민족이라는 이데올로기가 생겼다. 이는 미국의 흑백

갈등과 KKK단, 호주의 백호주의, 유럽의 신나치주의자 등의 등장 배경을 설명해주는 논리와 맥락을 같이 한다.[2]

한국사회에서 순수혈통주의 또는 민족주의적 이데올로기가 기능한다고 전제할 때, 한국에서의 민족주의는 그 역사적 상황과 사건들 하에서 그 생명력과 가치를 얻어 온 것이라는 강병식의 설명은 대체로 설득력을 가진다.

한편으로, 한국적 상황에서 민족주의는 지배적 세계질서에 대처하고 대항하기 위해 효과적인 수단으로 여전히 기능할 수 있다. 그러나 편협한 자민족중심주의나 전통적인 민족정체성에 대한 지나친 고착화는 오늘과 같은 세계화시대에 또 다른 차별과 갈등의 씨앗으로 작용할 수 있다. 바야흐로 민족주의와 국제주의의 서로 다른 이상들 사이에 서 있는 우리로서는, 그러한 배타주의적 접근이 내포하는 잠재적 위험들을 간과해서는 안 될 것이다. 무엇보다 상대적 문화우월주의나 인종차별의식은 고착화될수록 고치기가 힘들다.

필자는 최근 탈식민주의(post-colonialism) 연구들, 특히 문화연구에 대한 상당히 광범위한 범위의 탈식민주의 담론들을 나름 신학자의 눈으로 숙고하고자 했다. 그러는 가운데 필자가 접한 탈식민주의 담론들이 탈식민의 시대에 여전히 지속되는 상호 이질적인 문화적 접촉에 의한 갈등과 차별 등에 대해 보다 건설적으로 논의하고 협상할 수 있는 담론적 공간을 구성하려고 노력한다는 사실에 주목하였다. 이 글을 통해 필자는 급속한 다문화화 과정에 있는 한국사회 현실을 신학적으로 성찰하면서, 특히 문화민족주의는 적절한 사

---

2   Http://news.chosun.com/site/data/html_dir/2007/09/05/2007090501144.html.

고의 틀이 될 수 없음을 강조할 것이다. 나아가 그것을 극복하기 위한 한 대안을 찾고자 바바의 '혼종성' 이론을 제시할 것이며, 더 나아가 그것이 가지는 신학적 의미들을 숙고할 것이다.

사이드(Edward Said)의 식민주의 담론으로 본 한국의 문화민족주의

한 마디로 말해, '탈식민주의'(post-colonialism)[3]는 제국주의와 식민주의를 극복하자는 실천적 개념이다. 탈식민주의 담론의 선구자이며 대표적 인물 중 한 사람은 프란츠 파농(Frantz Fanon, 1925-1961)이었다. 본래 알제리 정신과 의사였으며 알제리 해방투쟁에 참여했다가 1961년에 사망한 파농은 '식민지의 해방'과 '식민지화의 정신병리학'(psychopathology of colonization) 등 이슈들을 취급한 것으로 유명하다. 파농은 그의 저서들 『검은 피부, 하얀 가면』(1952), 『대지의 저주받은 자들』(The Wretched of the Earth, 1961)에서 식민지인으로서의 타자화와 의식의 식민지화, 그리고 피식민 주체들의 개인적 집단적인 심리구조 등에 대한 논의를 정신 질환을 분석해 온 자신의 경험을 통해 설득력 있게 전개하였다.[4] 행동가이기도 했던 파농의 작품들은 지난 40년 이상 반(反)식민

---

3   Postcolonialism은 식민주의가 2차 대전 후 정치적, 군사적 의미에서는 공식적으로 종식되었지만 경제와 문화를 통한 "신"식민주의로 연장되었다는 의미에서 '후기식민주의'로, 또한 신식민상태로부터 미완의 탈식민(decolonization)를 완성하려는 움직임이라는 의미에서 '탈식민주의'로 구별해 번역되기도 한다. 이 글에서는 이러한 의미의 구별 없이 "탈식민주의"라는 표현을 사용하고 있음을 밝혀 둔다.
4   파농이 식민상황으로 인해 겪는 피식민 주체들의 심리 구조를 설득력

지주의 해방 운동들이 일어나도록 자극해 온 것으로 평가받는다.

한편, 현대적 탈식민주의 담론을 조직적으로 전개한 사람으로는 예루살렘 태생으로 아랍-팔레스틴계 문학이론가, 문화비평가, 정치적 행동주의자, 그리고 팔레스틴인의 권리 옹호론자로 활동했던 에드워드 사이드(Edward Wadie Said, 1935-2003)가 대표적이다. 미국에서 고등교육을 받았고 또한 미국 대학(Columbia University)에서 영문학과 비교문학을 가르쳤던 사이드는 인문사회과학 분야에서 1970년대에 출간된 가장 야심차고 영향력 있는 책 중의 하나였던 그의 『오리엔탈리즘』(Orientalism, 1978)에서 식민지배와 문화의 관계에 대한 분석을 통해 "식민지 시대를 통해 형성된 서구 중심적 담론이 어떻게 전 세계의 지식체계를 지배하고 있는가"라는 문제에 대해 하나의 포괄적인 조명을 던져주었다.

사이드에 따르면, 현대의 식민주의란 영토의 지배 등을 통해 드러나는 힘을 통해서가 아니라 오히려 지식 체계를 통해서 보다 더 광범위하고 체계적으로 확산된다. 말하자면 유럽은 아시아를 오랫동안 큰 규모로 지배했었기 때문에 동양에 관해 외적으로는 가장 객관적인 서양의 문헌들조차도 대부분의 서구 학자들도 미처 인식하지 못하는 편견이 들어가 있는 것이다. 사이드의 주장에 따르면, 서구는 동양을 정치적으로 정복했을 뿐만 아니라 서구 학자들은 동양의 언어들, 역사, 문화에 대한 연구와 해석을 그들 자신들을 위해 사용했다. 이런 맥락에서 '오리엔탈리즘'은 "지정학적 지식을 미학적, 학문적, 경제적, 사회학적, 역사적, 문헌학적 텍스트로 배분하는 것"

있게 설명한 반면, 사이드의 『오리엔탈리즘』은 피식민 주체(동양)가 식민 주체(서구)에 의해서 일방적으로 규정되는 가운데 피식민 주체의 물질적 심리적 상황을 설명하지 못하는 단점을 가지고 있다.

이고, "서구가 동양에 관계하는 방식으로서 서구인의 경험 속에 동양이 차지하고 있는 특별한 지위이자 주체인 서구가 동양을 '타자화'하는 과정에서 생긴 산물"이며, 결국 "동양을 지배하고 재구성하며 위압하기 위한 서구의 스타일"이라고 사이드는 주장한다.[5]

이 글에서 필자가 다문화화 사회로의 급격한 변화로 한국인들이 직면하게 된 도전을 특히 탈식민주의 담론을 통해 숙고해 보게 된 이유는 다음과 같다.

먼저 필자가 주목한 것은, 탈식민주의 이론가들이 대체적으로 사이드의 식민담론 이론이 설명하는 '이분화'(二分化)가 식민 주체들과 피식민 주체들 모두에게 내면화되어 있다고 지적한다는 것이다. 즉, 사이드의 오리엔탈리즘 이론에 따르면, 식민종주국(주체)은 자신을 식민지와 구별함으로써 정체성을 찾는다. 식민종주국은 문명/자연, 문화국가/미개한 나라, 문화인/원시인, 선진국/후진국 등의 이분법에 기초하여 자신과 '다른 것'으로 식민지를 규정함으로써 자신의 정체성을 형성하는 것이다. 말하자면 한편으로 동양은 신비, 여성, 과거적, 수동적, 감성적인 존재로, 다른 한편으로 서구는 과학, 남성, 현대적, 능동적, 이성적인 존재로 이분화(二分化)되어 있다. 그런데 탈식민주의 이론가들에 따르면, 이러한 이분화는 심지어 동양인들에게까지 내면화되어 있으며, 따라서 식민지배의 당사자였던 국가의 국민들뿐만 아니라, 형식적으로는 독립 이후를 사는 식민지배를 경험한 국가의 국민들까지도 과거 식민지 시대의 정신적 상흔, 모순된 제도와 사회 구조, 불평등한 국가간(間) 경제, 감성적 오류 등으로 시달리고 있으며, 결국 그것들로부터 해방되어야 할 필요가 있다.

---

5 에드워드 사이드, 박홍규 옮김, 『오리엔탈리즘』(교보문고, 1991), 32, 12.

한 걸음 더 나아가 필자는 사이드와 스피박(Gayatri Chakravorty Spivak, 1942-)과 함께 탈식민주의 주도적 이론가인 호미 바바(Homi K. Bhabha, 1949-)가 사이드의 『오리엔탈리즘』과 『문화와 제국주의』를 다음과 같은 이유에서 비판하고 있다는 데 주목하게 되었다. 즉, 바바는 사이드가 말하는 '오리엔탈리즘'식(式)의 식민주의 담론과 식민 해방 후 고유한 독립적 정체성을 수립하고자 하는 민족주의 담론 등을 모두 비판한다. 바바는 무엇보다도 사이드의 식민담론 이론이 제국주의 지배 담론의 시간적 연속성과 공간적 보편성을 전제함으로써 피식민 주체의 적극적인 저항의 가능성을 원천적으로 봉쇄했다고 비판한다. 또한 그는 새로 생겨난 독립 국가들이 식민 담론이 왜곡하고 훼손시킨 자신들의 정체성을 찾기 위해 식민 상태 이전의 순수한 기원으로, 즉 과거로 퇴행함으로써 나르시시즘적인 자기 이미지를 복원하려는 경향 역시 따지고 보면 피식민 주체들에게 '내면화된' 이분법적인 정체성에서 비롯된 것이라고 비판한다.[6] 그런 맥락에서 볼 때, 최근 북경 올림픽 성화 봉송 과정에서 드러난 바, 특히 서울에서 중국 유학생들이 보여 준 맹목적이고 비이성적인 민족주의 역시 자신들의 오랜 역사에 대한 자부심과 서구 제국주의에 대한 피해의식에 그 뿌리를 두고 있다고 할 수 있을 것이다.

필자는 우리 사회가 극복해야 할 자민족중심의 민족주의 정서와 행동의 극복과 관련하여 이러한 피식민 경험을 가진 주체들에게 내

---

6 필자는 이 맥락에서 사이드에 대한 바바의 비판과 관련하여 박미선(Texas A & M 대학 영문학)의 글 "포스트식민주의와 페미니즘", NEXT (2004/7)의 도움을 받았다. 출처, http://altair.chonnam.ac.kr/~women/pds/updir/pds9postcolonialfeminism.hwp.

면화된 '이분화'에 대한 설명에 동의하지 않을 수 없다. 말하자면 한국에서의 외국인 차별과 외국인 노동자들의 노동력에 대한 착취는 이러한 내면화된 선진국/후진국, 경제부국/경제빈국의 이분화적 의식의 병리적(pathological) 표출이라고 볼 수 있는 것이다. 최근 들어 한국은 '한류'(韓流)라는 한 마디 말로 설명되는 것처럼, 동아시아 권역 내에서 문화적 접촉들을 주도하고 있다. 그러나 다른 한편으로는, 타문화에 대한 경시와 '우리' 민족이 지난 날 얼마나 찬란한 문화를 가졌던가 하는 식(式)의 낭만적 우월주의를 보여주고 있는 것도 사실이며, 그 배후에는 식민주의적 역사의식과 삶의 행태가 우리 가운데 내면화되어 있기 때문이라고 생각된다. 이런 맥락에서 우리 사회는 일종의 (신)식민적 문화우월주의를 위해 아이러니하게도 역사적으로 준비되어 있는 것이다.

이런 맥락에서 강남순은 한국 사회에서 하나의 중요한 주제로 떠오른 탈식민주의 담론은 오늘의 상황에서도 미국 중심의 식민주의적 지배구조가 문화, 정치, 경제적 차원에서 분명히 드러나지 않지만 매우 강력하게 확산되고 있다는 인식으로부터 출발한다.[7] 역사를 되돌아보면, 때로 한국은 중국을 종주국으로 하여 살았었고, 근대에 들어와서도 일본의 식민 지배를 겪었으며, 어떤 의미에서 현재도 정치, 경제, 문화의 영역들에서 한국은 주변 열강들의 신식민주의적 지배로부터 여전히 벗어나지 못하고 있다고 볼 수 있다는 것이다.

그런데 다른 한편으로, 역설적이게도 우리의 삶에 배어있는 식민주의적 역사의식과 삶의 행태는 타문화 및 외국인들에 대한 민족

---

7 강남순, "페미니즘, 포스트모더니즘, 그리고 탈식민주의 시대의 신학," 312.

주의와 토착주의의 형태와 비교우위에 기초한 경시 혹은 멸시의 태도로 나타나고 있는 것 또한 사실이다. 이러한 현상에 대한 탈식민주의의 설명을 시도하는 강남순은, 사이드의 탈식민주의를 평가하면서 "오리엔탈리즘에 대한 사이드의 비판은 동양을 정체화된 신비적 이미지로 조작한 서구에 대한 비판이기도 하지만, 그것을 그대로 수입하고 있는 동양인에 대한 비판이기도 하다"고 지적하였다.[8] 그리고 강남순은 "탈식민 담론 이후 하나의 거대 담론으로 부상하고 있는 것이 있다면, 그것은 민족주의 또는 토착주의라고 할 수 있다"고 주장한다.[9] 강남순에 따르면, 이러한 (문화)민족주의는 "현대적 표상이 아닌 주로 '고전적' 한국 문화와의 동질성을 추구하는 민족주의적 토착주의"에서 비롯된 것이며, 사실상 "서구 식민주의적 오리엔탈리즘을 역수입하는 구조"에 해당한다.[10] 이런 맥락에서 오늘의 한국 사회가 처해 있는 상황은 우리 사회의 지식인들로 하여금 탈식민주의 담론들을 통해 보여 지는 (신)식민주의 문제나 문화민족주의 문제 등을 여전히 피할 수 없는 중요한 질문으로 만들고 있다고 보이는 것이다.

위와 같은 맥락에서 강남순은 사이드의 말을 인용하면서 탈식민 담론 이후 제3세계에서 등장하는 국수주의와 복고주의는 서로를 파괴할 수밖에 없으며, 따라서 자기 문화에 대한 과대평가는 절대 탈식민주의적 대안이 될 수 없다고 결론짓는다.[11]

8 　*Ibid*., 313.
9 　*Ibid*., 325.
10 　*Ibid*., 327.
11 　*Ibid*., 325.

민족주의나 토착주의는 공동사회의 회복이나 정체성 형성 등을 가능하게 함으로서 탈식민지화 투쟁을 촉진시키는 중요한 역할을 할 수 있으나, 이러한 경향의 항구화는 대부분의 경우 철저한 배타주의를 피할 수 없게 하며, 더욱 더 제약적인 것이 되지 않을 수 없다. 따라서 민족주의나 토착주의는 관용적이고 다원적인 비전을 가진 세계에 대한 대안이 될 수 없으며, 탈식민지화의 목표인 해방의 가능성을 열 수 있는 새로운 대안이 되기 어려운 것이다.[12]

한국에서의 문화민족주의, 특히 오늘날 심각한 문제로 떠오르는 타문화, 타인종에 대한 차별적이고 배타적인 접근은 그것이 수반하는 문제들과 함께 한국에서의 탈식민주의 담론이 다루어야 할 정당한 주제가 되고 있다. 강남순의 글에서처럼, "보다 총체적인 탈식민 담론은 서구적 식민주의에 대한 비판뿐 아니라, 성이나 인종 또는 사회적 계층에 따라 다른 인간을 타자화하는 다양한 종류의 식민주의에 대하여도 비판적인 시각을 가져야 하며, 또한 비판의 대상은 외적으로만이 아니라 자신 속의 식민주의나 자신 속의 내면화된 식민성까지도 철저하게 비판의 대상으로 삼아야 한다는 의미를 가지고 있다."[13] 필자는 이 글이 탈식민주의 담론의 하나인 '혼종성' 개념에 대한 신학적 숙고를 통해 '식민적 양가성'(colonial ambivalence)[14] 위에 서 있는 소극적 저항의 주체들로 하여금 다른

---

12 Ibid., 325. "관용적이고 다원적인 비전을 가진 세계에 대한 대안" 표현은 사이드의 『문화와 제국주의』, 402쪽으로부터 옴.
13 Ibid., 316.
14 "식민적 양가성"(colonial ambivalence)은 정신분석학의 통찰을 활용한 것으로서 하나의 것을 원하면서도 동시에 그 반대의 것을 원하는

인간을 타자화하는 다양한 종류의 식민주의, 또한 자신 속의 식민주의, 심지어 자신 속의 내면화된 식민성까지도 비판적으로 숙고하고, 현실적이고 관계-회복적이며 생산적인 주체들로서의 정체성을 향해 나아가도록 도전하는 데 기여할 수 있기를 기대한다.

바바의 탈식민주의 문화 비평과 '혼종성'(Hybridity)

탈식민주의 담론에서 중심적인 자리를 차지하는 개념들 가운데 하나가 '혼종성'(hybridity)이다. 역사적 배경을 살펴 보면, '혼종성'은 대체로 그 개념의 사용에 문제가 있는 것으로, 혹은 사실상 귀에 거슬리는 것으로 간주되어 왔다. 즉, '혼종성'은 잡혼(雜婚), 이종교배 등의 결과로 생겨나는 산물들에 해당하는 것들을 비하하며 가리키는 용어이다. 그것은 19세기에 유행한 우생학적, 과학적-인종차별적 사고 안으로 편입되었다. 또한 알프레드 슐츠(Alfred Schultz)는 자신의 책 『인종 혹은 잡종』(Race or Mongrel, 1908)에서 혼종을 바람직하지 않은 것으로 간주하는데, 그의 이론에 따르면 고대 인종들, 특히 로마의 성쇠와 관련하여 고대 국가들의 몰락은 이방의 혈통들과 결혼한 것에 기인하며, 따라서 한 국가의 부강은 인종의 순수성에서 비롯된다. 그러나 이러한 맥락에서 누적된 논쟁의 역사적 과거에도 불구하고, 탈식민주의 담론에서는 오히려 그러한 소위 부정적 용어들이 가질 수 있는 해방적 잠재력이 이 '혼종성' 개념에

심리상태를 설명하는 용어이다. 바바에 따르면, 식민 지배자와 피식민자 사이는 단순히 일방적인 것이 아니라 끌림과 혐오가 동시에 일어나는 양가적 관계이다.

서도 적극적으로 고려되고 있다는 것을 우리는 발견하게 된다.

탈식민주의 담론의 출현 단계에서, 특히 문화 제국주의에 대한 탈식민주의 비판과 관련되어 있는 '혼종성' 개념과 관련하여, 그 주된 논의들은 혼성(mixture)이 정체성과 문화에 미치는 결과들에 집중하는 문학과 이론에 의해 특징지어진다. 이 분야에서의 핵심 이론가들은 앞서 언급한 호미 바바와 스피박 외에도 홀(Stuart Hall)과 길로이(Paul Gilroy) 등인데, 그들의 작업은 그 시기적 특성을 고려할 때, 특히 1990년 대 초에 들어오면서부터 증가해 온 다문화적(多文化的) 인식에 대한 반응이라고 할 수 있다. 그 가운데 현대 문화 담론에 있어 주도적 인물인 바바는 '혼종성' 개념과 깊이 관련되었으며, 문화적 차이에 대한 그의 이론을 통해 탈식민주의적 개념인 '혼종성'(hybridity), '양가성'(ambivalence), '제3의 공간'(Third space) 등을 명료하게 밝히고 있다.

현재 하버드(Harvard University)에서 가르치고 있는 바바는 '혼종성' 이론의 핵심 텍스트인 『문화의 위치』(*The Location of Culture*)(1994)에서 '혼종성'의 식역성(識閾性, liminality)[15]을 식민주의 불안의 한 패러다임으로 분석한다. 그 책에서 구체화시킨 '혼종성' 논의에서, 바바가 주장하는 핵심은 바로 이것이다.[16] 식민지의

---

15 "Liminality"는 "경계"를 뜻하는 라틴어 līmen으로부터 온다.
여기서 형용사 liminal은 "식역의"(의식이나 상태가 일정한 상태에서 다른 상태로 넘어가는 경계적인 것)의 의미를 가진다. 즉, "식역의 상태"(liminal state)는 양가성(ambiguity), 개방성(openness), 그리고 불확정성(indeterminacy)에 의해 특징지어진다. 최근 탈식민지(postcolonial) 연구나 subaltern studies에서 상당히 중요한 개념으로 많이 활용되는 단어로서, liminality는 사회에서 인정받지 못하고 소외된 상태를 뜻하기도 하며, liminal situation은 그렇게 사회에 편입되지 못하고 배제된 상황을 의미한다.
16 혼종성 이론의 또 다른 핵심 이론가는 박틴(Mikhail Bakhtin)이며, 그의

혼종성은 하나의 문화적 형태로서 식민지의 지배자들에게서 양가성(ambivalence)을 낳았으며, 그 자체로서 권력의 권위(authority of power)를 변경시켰다는 것이다. 따라서 식민 주체에게 양가성은 식민 담론이 가지는 부정적인 측면으로, 식민 주체는 식민주의 담론을 통해 순응적인 주체, 즉 지배자를 흉내 내는 주체를 생산하고 싶어하지만 실제로는 끌림과 밀어냄을 동시에 하는 양가적 주체들을 생산하게 된다. 따라서 식민 사회를 포함하여 모든 사회, 집단, 문화 안에서 작용하는 힘의 역학은 일방이 아니라 상호적이고 따라서 항상 양가성이라는 틈새가 작용하는 양가적 관계 안에 놓이기 마련이다. 문화 제국주의적 혼종성에 대한 이러한 비판은 '혼종성' 담론이 도전적으로 대립각을 세우는 본질주의(essentialism)에 더욱 관심을 가지게 되었고, 정체성, 다문화주의, 인종차별주의 등과 같은 사회학적 이론들에까지 적용되기에 이르렀다는 것을 의미한다.[17]

한편, "문화적 다양성과 문화적 차이들"("Cultural Diversity and Cultural Differences")이란 글에서, 바바는 식민 주체와 피식민 주체의 상호의존성을 강조한다. 바바의 주장에 따르면, 모든 문화적 체계들과 진술들은 그가 "명확하고 체계적인 진술의 "제3의 공간"(Third Space of Enunciation)"이라 부르는 것에서 구성된다.[18] 이 주장을 받아들일 때, 우리는 비로소 문화들의 본래적 순수성과 독창성(inherent purity and originality)은 "지지할 수 없는 이

다각형성(polygony) 개념은 민속학과 인류학에서 혼종성 담론들에 대한 많은 분석가들에 의해 사용된다.

17 "Hybridity," in *Wikipedia*, the free Internet encyclopedia.
18 Homi K. Bhabha, "Cultural Diversity and Cultural Differences," in *The Post-Colonial Reader*, eds., by Ashcroft, Bill., Careth Griffiths and Helen Tiffin, (London: Routledge, 1995), 209.

론"이라는 것을 이해하기 시작한다. 바바는 오히려 우리를 이 '제3의 공간'으로 들어가도록 하며 하나의 국제 문화의 개념을 열도록 노력하게 만든다. 바바에 따르면, 그 문화는 "문화들의 다양성이 가지는 엑소티시즘(이국풍)이나 다-문화주의(exoticism or multi-culturalism)에 기초한 것이 아니라, 문화의 혼종성에 대한 명확한 각인과 해명(inscription and articulation)에 기초한 것이다."[19] 이것을 다음 단계로 가져가면서, 바바는 다음과 같이 희망한다. 즉, 이 제3의 공간에서 "우리는 우리 자신(Ourselves)과 타자(Others)에 대해 말할 수 있기 위해 필요한 어휘들을 발견할 것이다. 그리고 이 제3의 공간을 연구함으로써 우리는 양극성의 정치(politics of polarity)를 피할 수 있고, 우리 자신에 대한 타자로 나타날 수 있다."[20] 그러므로 우리는 문화들의 혼종화된 본질을 이해함으로써 지금까지 문화에 대한 우리의 관념들을 형성하고 지배해 온 그 문제성 있는 '이항(二項) 대립주의들'(binarisms)로부터 비로소 벗어날 수 있게 되는 것이다.

그러므로 바바에게 있어서, 쉬지 못하고(restless), 불안하며(uneasy), 빈틈을 이루는(interstitial) '혼종성'은 급진적 이질성(heterogeneity), 불연속성, 형식들의 영구적인 혁명을 의미하는데, 이것은 문화적인 명확한 설명(articulation)을 위한 것으로서 차이를 넘어서 있는 제3의 공간을 가리킨다. 한 마디로 '혼종성'은 "그것이 출현하는 곳이면 어디서든지 동시에 그것은 본질주의의 불가능성을 제안한다는 점에서 (탈식민주의 담론의) 핵심 용어이다."[21] 바

---

19 Ibid., 209.
20 Ibid., 209.
21 Robert J. C. Young, *Colonial Desire: Hybridity in Theory, Culture and Race* (New York: Routledge, 1995), 26; Susan S. Friedman,

로 이런 맥락, 즉 본질주의와 순수성의 신화에 대한 배격에서, 켈러(Catherine Keller)는 탈식민주의 지식인은 "순수 토착적 본질로 회귀하지 않는 사람"(who has no recourse to a pure native essence)[22]이라고 말한다. 또한 같은 맥락에서, 곽휘란(Kwok Pui-lan)에 따르면, 식민지 표현의 한

> '혼종성'은 동질적 정체성에 대한 서구적 환상 뿐만 아니라 토착적 환상들을 넘어 '제3의 공간'을 열고자 하고, 동시에 지배적 문화에로의 순수동화의 가능성을 근본적으로 거절하고자 한다.

문제성으로서 '혼종성'은 문화적 순수성, 단일-논리의 담론, 단일의 설명(enunciation), 그리고 식민주의적 권위를 합법화시키는 차이의 붕괴와 같은 신화들을 노출시킨다. 즉, '혼종성'은 사물들을 서구/동구, 여기/저기, 유럽인/원주인 등과 같은 이원적인 대립들로 보는 참조의 틀, 또는 사고의 틀을 불안정하게 만든다. 그것은 엄격한 경계들을 비판하고, 중심과 주변의 구조화에 도전하며, 오히려 틈새(interstitial)의 완전성을 말한다.[23] 이와 같이 '혼종성'과 '제3의 공간'은 여러 차이의 경계선들을 가로지르면서도,[24] 그 차이를 존중하게 하는 이론적 토대를 마련해 주고 있는 것이다.

Mappings: Feminism and the Cultural Geographies of Encounter (NJ: Princeton Univ., 1998), 93.

22   Catherine Keller, "Hybridity and Chaos: Theology on the Face of the Deep," A Draft of *AAR* Paper, (October 1999, Unpublished), 7.
23   Kwok Pui-lan, "Jesus the Hybrid: What Do You Say That I Am?," A Draft for *AAR* Paper, (Boston, 1999), 2.
24   경계 넘기(crossing border)는 탈식민주의의 또 다른 핵심 개념이다.

요약하면 이렇다. '혼종성'은 동질적 정체성에 대한 서구적 환상뿐만 아니라 토착적 환상들을 넘어 '제3의 공간'을 열고자 하고, 동시에 지배적 문화에로의 순수동화의 가능성을 근본적으로 거절하고자 시도한다는 점에서 탈식민주의 이론가들에게 결정적으로 중요한 개념이다.[25] 바로 이 점이 필자가 이 글을 쓰게 된 동기이다. 특히 필자가 주목하는 바이기도 하며, 바바가 주장하는 것은 '혼종성' 개념을 통해 권위적인 서구의 근대적 원본보다도 오히려 그 원본을 엉망으로 만든 제3세계의 혼종성에서 오히려 해방의 전망이 나타난다는 것이다. 왜냐하면 서구의 원본에는 이질적인 타자, 예를 들어 식민지인을 억압하고 배제해서 자기 자신과 똑같이 만들려는 권력이 작용하지만, 그와 달리 제3세계의 혼종성은 서구를 수용하면서 제3세계의 독자적인 관점에서 그 외래문화를 변형시키기 때문이다. 거듭 말하자면 제3세계의 혼종성의 위치에서는 제3세계의 타자라고 할 수 있는 서구에 대한 배타적인 관점이 없으면서도, 자기 자신의 주체적인 문화를 창조해 낼 수 있는 가능성이 잠재되어 있는 것이다.

그러므로 바바의 탈식민주의 이론은 우리가 그 안에서 민족주의 문제를 다룰 수 있는 새로운 '역사적' 지평을 제시한다고 할 수 있다. 제국주의와 식민주의에 대항하는 담론들로서 마르크스주의가 오로지 '계급적 주체'의 관점에서만 민족 담론을 말하고, 민족주의 또한 "역사적으로 보수적인" 입장에서 물러서지 못하는 반면에, 탈식민주의 이론은 민족문제를 물질적이고 역사적인 시각에서 다루고 있는 것이다. 즉, 여기서 물질적 삶이란 경제적 생산뿐만 아니라 성이나 인종, 민족문화의 영역까지 포함하는 것을 말한다. 결론적으로

---

25 Keller, "Hybridity and Chaos," 4.

말해서, 바바의 탈식민주의 문화이론은 인종적, 민족적 차이를 지닌 물질적 삶의 영역을 탈구조주의 문화이론으로 접근한 것으로서, 탈구조주의가 가정하는 타자를 식민지 현실에서 구체화시킴으로써 탈구조주의의 한계를 넘어서려 시도하고 있다. 바바는 특히 문화의 세계화에 따른 피지배자의 '혼종성'의 증대에서 정치적 저항의 가능성을 찾고자 하였는데, 그는 이러한 혼종성의 증대를 서구에 대한 피지배자들의 모방을 통한 저항의 한 행태로 이해하고자 한다.

여기서 독자들의 양해와 인내를 구해야겠다. 지금까지는 서론적 서술에 불과하고, 이 글은 이제야 그 본론에 이른 것이라고 봐야 하겠기 때문이다.

여기서 우리는 '혼종성'에 대한 탈식민주의 담론의 개념화를 좀 더 건설적으로 (신학적 용어로는, '구성신학적'으로) 이해할 필요가 있으며, 할 수 있다면 나름대로의 신학적 통찰을 얻고자 노력할 필요가 있다. 특히 그 '혼종성' 개념이 다문화사회로 가는 길에서 여러 가지 도전들에 직면해 있는 한국의 상황에서도 결국 중요한 의미를 가지기 위해서는 더욱 그렇다. 필자는 아래 이어지는 단락들에서 이상과 같은 '혼종성' 개념에 대한 비교적 간략한 건설적 숙고를 통해 한국에서의 문화민족주의 극복을 위한 신학적 대화의 함의들을 확인해 보고자 한다.

'혼종성'(Hybridity) 개념에 대한 신학적 숙고

이 단락에서 필자는 '혼종성'(hybridity)에 대한 몇 가지 구성신학적 이해의 시도들을 통해 '혼종성'의 신학적 통찰들을 보고자 한다. 이러한 시도를 수행함에 있어서, 필자는 바바의 『문화의 위치』 외에, 필자 자신이 수학한 드루(Drew) 대학교 교수들인 아다 마리아 이사시-디아즈(Ada María Isasi-Díaz)의 글, "A New Mestizaje/Mulatez: Reconceptualizing Difference"[26]와 과정신학의 관점에서 탈식민주의 신학적 담론들을 성찰하는 캐서린 켈러(Catherine Keller)의 글, "Hybridity and Chaos: Theology on the Face of the Deep"[27]에 크게 의존하였고, 사실상 그들의 '혼종성'에 대한 해석들을 필자 나름의 이해를 기초로 소개하고 있음을 밝혀 둔다.

역사적 사실로서의 문화의 '혼종성'

무엇보다도 먼저, 탈식민주의 이론가들에 대한 필자 자신의 다소 독창적인 해석에 따르면, 문화의 '혼종성'은 역사적인 것으로 간주되어야 하고, 따라서 부인할 수 없는 것이다. 말하자면 어떤 혼합이나 섞임이 없는, 즉 순수 문화란 존재하지 않는다. 사이드의 식민 담론 이론에 따르면, 식민 주체는 기원의 우월성을 주장하면서 피식

---

26 Ada María Isasi-Díaz, "A New Mestizaje/Mulatez: Reconceptualizing Difference," An unpublished paper for class use only at the Drew University.

27 AAR Paper (October 1999).

민 주체의 열등성을 고정화시키고자 한다. 즉, 식민 주체는 문명화된 우월한 존재이고 피식민 주체는 야만적인 열등한 존재라는 이분법에 근거함으로써 피식민 주체에 대한 억압과 착취가 근대화 또는 개화라는 명목의 윤리로 포장되어 버린다. 이런 맥락에서 바바에 따르면, 우리는 문화의 정체성에 대한 우리의 관점을 지금까지와 다르게 재고(再考)할 필요가 있다. 그에게 있어서 "문화들은 결코 그 자체들로서 단일하지 않으며, 자아로서 가지게 되는 타자와의 관계에서도 단순히 이원적이지 않다."[28] 이것은 물론 개별 문화들을 넘어 우리 모두가 보편인류의 인간 문화에 속해 있다는 어떤 인본주의적 (만병통치약 같은) 설명 때문만도 아니고, 다른 사람들을 말하고 판단할 수 있는 우리의 문화적 능력에 있어서 우리는 반드시 "우리 자신을 그들의 입장에 두어야 한다"는 어떤 윤리적 상대주의 때문만도 아니다.[29] 바바에 따르면, 보다 필연적인 이유는 모든 문화적 진술들과 체계들이 '진술'(enunciation)의 모순적이고 이중적인 공간 안에서 구성된다는 것을 이해할 때만이, 우리는 문화들이 가지는 본래적 고유성 또는 '순수성'에 대한 계급적 주장들이 왜 존립할 수 없는지를 이해하기 시작한다는 그 사실에서 찾아진다.[30]

결국 우리는 자신들의 혼성을 보여주는 경험적이고 역사적인 예들을 의지할 필요가 있으며, 문화의 의미와 상징들은 어떤 원초적 단일성 또는 고정성을 가지지 않고, 심지어 동일한 기호들조차도 전용되고, 번역되며, 재(再)역사화되고, 새롭게 읽힐 수 있다는데 주

28　Homi K. Bhabha, *The Location of Culture* (London and New York: Routledge, 1994), 36.
29　*Ibid*., 36.
30　*Ibid*., 37.

목해야 한다.[31] 이런 맥락에서 정치적 변화의 혼종적 순간의 중요성에 대한 그의 설명에서 그가 확인하고자 시도해 온 종류의 혼종성은 "하나의 역사적 필연성(必然性)으로 인정되고 있다."[32] 그것은 특히 그러한 종류의 '혼성'이 "계층, 문화, 그리고 직업적 세력들의 범주를 가로질러 널리 흩어지고 분배되는 진보적 세력들 간의 사회주의적 연맹을 초래하고자 한다"[33]는 의미에서 더욱 그렇다.

기독교신학에서는, 특히 그 정통주의적 신학 전통의 이해에 따르면, '순수성'(purity)이야 말로 유대-기독교 전통을 특징짓는 하나의 요소이다. 예를 들어 켈러(Catherine Keller)에 따르면, 고전적 기독교 교리의 하나인 creatio ex nihilo(creation out of nothing) 교리의 출현은 소위 '순수 기원'(pure origin)에 대한 기독교신학전통의 집착과 관련이 있다.[34] 그러나 기독교신학은 그러한 '순수성'에 대한 집착이 때로 유대교와 기독교 모두의 정체성에 있어서의 혼종성을 억압하는 결과를 가져온다는 사실을 간과한다. 그런 경향에 반대하면서, 수잔 프리드만(Susan Friedman)도 Renato Rosalo의 글을 다음과 같이 인용한 바 있다. "혼종성은 모든 인간 문화들의 지속적인 조건으로 이해될 수 있다. 모든 인간 문화들은 순수성의 지대들(zones)을 가지지 않는데, 왜냐하면 그것들은 끊임없는 문화횡단

---

31   Ibid., 37.
32   Ibid., 28.
33   Ibid., 28.
34   Keller, "Hybridity and Chaos," 12.

(transculturation)³⁵의 과정들을 겪기 때문이다."³⁶ 여기서 횡단으로서의 문화교류는 수신자와 발신자의 고정된 위치를 배제하고 문화적 활동들이 지속적으로 변하는 것을 의미한다. 이런 점에서, 횡단으로서의 문화교류는 발신자와 수신자의 위치를 고정시키고 위계질서화 하고, 결과적으로 문화적 지배를 목적으로 하는 문화교류와 명백히 구별되어야 한다. 결론적으로 말해서, 탈식민주의 담론에서의 문화의 '혼종성'은 지배 문화들의 헤게모니 또는 문화 제국주의적 순수성에 대해 저항한다.

서구의 문화나 일본과 중국 등 아시아의 문화들이 더 이상 단지 위협적인 문화적 주체들만은 아니다. 오히려 우리에게 있어 숨 쉬고 살아야 할 삶의 영역들이 되고 있다.

탈식민주의 이론가들의 '혼종성' 개념화에 대한 이해를 넓혀 가면서 필자 자신도 피할 수 없었던 인식이 있다. 그것은 바로, 역사적 사실로서의 문화의 '혼종성'에 대한 이해가 한국의 상황에서도 의미 있게 적용될 수 있는 여지가 적지 않다는 사실이다. 우리 사회도 최근 급속도로 증가하고 있는 문화의 혼종성을 역사적 현실로 받아들여야 한다. 사실상 한국에서의 문화의 혼종성은 역사적 사실이었을 뿐만 아니라, 현재도 사실이다. 나아가 그것은 또한 하나의 필연성이기도 하다. 급속한 세계화의 과정 속에 있는 동북아 세계의 정치

35　"Transculturation"(문화 횡단) is a term coined by Fernando Ortiz in 1947 to describe the phenomenon of merging and converging cultures. "한류와 간지나는 니뽄삘의 혼종성," http://blog.naver.com/inpatient/30012371437.

36　Friedman, *Mappings*, 84.

적, 경제적 상황을 고려할 때, 우리에게 서구의 문화나 일본과 중국 등 아시아의 문화들이 더 이상 단지 위협적인 문화적 주체들만은 아닙니다. 그것은 오히려 우리에게 있어 숨 쉬고 살아야 할 삶의 영역들이 되고 있다.

관계 회복을 위한 잠재력으로서의 '혼종성'

바바가 지적하는 대로, "식민지 권력의 생산성의 표징으로서 혼종성은 차별과 지배가 일어나는 모든 자리들의 필연적인 변형(deformation)과 전치(轉置, displacement)를 보여준다."[37] 탈식민주의 담론에서 '혼종성'이 가지는 제안 가능한 또 다른 의미는 "왜곡된 과거를 청산하는 것을 통한 관계 회복에의 전망"에서 찾아진다. 드루(Drew) 대학교 "종교와 사회" 분과에서 가르쳤던 아다 마리아 이사시-디아즈(Ada María Isasi-Díaz)에 따르면, 그러한 관계의 회복은 탈식민주의 담론에서 말하는 "혼성의(hybrid), 관계적 일"로서의 문화적 정체성에 대한 파악에 의해 도전받을 수 있는데, 즉 우리는 문화들 '안에서' 살고 있는 그만큼 또한 문화들 '사이에서' 살고 있다고 말할 수 있는, '차이'에 대한 '관계적' 이해에 의해 도전받을 수 있다.[38]

위와 같은 맥락에서 이사시-디아즈의 글, "하나의 새로운 혼혈성: 차이를 재-개념화하기"(A New Mestizaje/Mulatez: Re-

---

37 Bhabha, *The Location of Culture*, 112.
38 Isasi-Díaz, "A New *Mestizaje/Mulatez*: Re-conceptualizing Difference," 10. 이사시-디아즈에 다르면, '차이'는 우리의 모든 존재와 행동에서 하나의 중요한 역할을 한다. 즉, 어떤 세계관이든 그것이 생명력을 견지하고자 한다면 차이를 고려할 필요가 있다.

conceptualizing Difference)를 다음과 같이 소개할 수 있다. 이 글에서 이사시-디아즈는 '혼혈성'(Mestizaje/Mulatez)[39]으로서의 히스패닉 여성들의 지위에 대한 신학적 설명을 통해 '혼종성'이 가질 수 있는 바, 즉 왜곡된 관계회복을 위한 잠재력에 집중하고 있다. 이사시-디아즈에게 있어서, '메스티자헤/물라테즈'(Mestizaje/Mulatez)는 하나의 신학적 자리, 즉 무헤리스타(Mujerista) 신학자들[40]이 신학을 하는 자리이다. 그들은 '메스티자헤/물라테즈'를 "서로 다른 인종들과 문화들이 서로에 대한 종속을 반드시 배제하는 쪽으로의 어떤 창조적인 방식으로 함께 모이는 것, 또는 집합하는 것"으로 주장한다. 따라서 히스패닉 여성들에게서, '메스티자헤/물라테즈'는 단순히 인종들의 섞임의 문제가 아니다. 그것은 오히려, 특히 해(害)보다는 득(得)이라는 관점에서, 그들의 자기 이해와 관련된 열쇠가 되는 요소들의 하나로서, 말하자면 그들의 인종적 문화적 현실에 있어서 절대 필요한 측면이다.

---

39 "Mestizaje"(mestizo, 혼혈의)는 라틴아메리카 문화의 특징인 (스페인 사람[백인]과 아메리칸 인디언과의)혼혈성을 지칭하는 말이고, "Mulatez"(mulatto, 흑백 혼혈아의)는 (흑백)혼혈성을 가리키는 말이다. 비록 라틴 아메리카의 인종과 문화의 "혼혈성"이 긍정적인 면(인종차별철폐주의자)과 부정적인 면(인종차별주의자) 모두의 의미로 사용되었지만, 필자는 이 글에서 긍정적인 면에 기울어져 사용하였다.

40 *Mujerista* Theology는 고유명사로 남미 여성 해방신학을 가리킨다. 여기서 *Mujerista*는 스페인어로 "여성"을 의미한다. 미국의 남미 여성 신학자들이 처음 사용하기 시작했고, 남미 민중 여성의 생각과 행동에 그 뿌리를 두고 있으며, 결국 이 무헤리스타 신학은 구체적으로 미국의 남미 이민여성들의 자주적인 신학이다. Ada María Isasi-Díaz, *En La Lucha - In the Struggle: Elaborating a Mujerista Theology* (Minneapolis, MN: Fortress, 2004), 214. 여성신학자 류터(Rosemary Radford Ruether)의 말을 빌리면, "무헤리스타 신학은 북미에 있는 히스패닉 여성들의 실제 경험의 상황으로부터 오는 여성신학의 한 주요한 표현으로 떠오르고 있다."

이사시-디아즈에게 있어서, 미국에서 인종적, 문화적으로 혼합된 채 살고 있는 '메스티자헤/물라테즈'로서의 히스패닉 여성들의 지위는 단순히 '주어진' 어떤 것에 지나지 않는 것이 아니라, 오히려 그들이 '차이'를 하나의 윤리적 선택으로서의 끌어안기 위해 반복적으로 선택해야 하는 그 어떤 것이다. 말하자면 히스패닉 여성들에게 있어서 자신들의 '메스티소-물라토'(mestizo-mulato) 현실, 즉 자신의 '혼종적' 현실을 무시하는 결과를 가져오는 소위 '객관성'은 그들을 부자연하고, 달갑지 않으며, 열등하고, 정상이 아닌 것으로 만들어 버리는 것까지 의미한다. 따라서 무헤리스타(Mujerista) 신학은 자신들이 누구이고, 자신들이 무엇을 하며, 사회에서 하나의 규범이라는 것이 무엇을 의미하는지에 대한 더 깊은 이해를 위한 하나의 기여로서, '차이'에 대한 관계적이고 포용적인 이해를 재-개념화함으로써 '차이'에 대한 배제적, 대립적, 편견적 이해에 어떤 근본적 변화를 시도한다.

이사시-디아즈에 따르면, "'차이'의 관념을 변화시키는 것은 일종의 도덕적 주체를 가능하게 할 것이며, 그에게 있어서 선(goodness)은 관계적이고, 또한 그에게 있어서 사랑과 정의는 분리될 수 없는 동시에 효과적인 연대 속에서 표현된다."[41] 즉, 이것은 '메스티자헤/물라테즈'(Mestizaje/Mulatez)가 가리키고 의미하는 것으로서, 말하자면 성차별주의, 인종주의, 그밖에 편견들이 기능하는 히스패닉-라틴 공동체들에서 정의를 구하는 사람들의 도덕적 선택이 정확히 무엇이어야 하는가를 말해주는 것이다. 이사시-디아즈에 따르면, "사회적 존재들로서 우리는 우리 주변의 모든 존재들에

---

41 Isasi-Díaz, "A New *Mestizaje/Mulatez*: Reconceptualizing Difference," 4.

관계를 갖도록 요청 받고 있으며, 만일 우리가 우리를 연결시키는 것을 강조한다면, 만일 우리가 배제와 소외가 초래한 상처들을 이해한다면, 우리는 이것을 비차별적인 방법으로 할 수 있다."[42] 그러므로 이사시-디아즈에게 있어서 연대(solidarity)는 단지 동의하고, 지지하고, 좋아하며, 또는 어떤 원인에 의해 자극받는 문제가 아니다. 이 모든 것이 연대의 한 부분일 수 있지만 연대 자체는 결국 이 모든 것을 넘어선다고 이사시-디아즈는 말한다. "연대 자체는 공동의 책임들과 관심들에 근거를 두며, 반드시 공동의 느낌들을 불러일으키고 공동의 행동을 가져온다. 이 연대는 상호성 없이는 가능하지 않은 것인데, 대화를 통해 세워지며 의식화를 필요로 한다."[43]

위와 같은 맥락의 연장선상에서, 필자는 이사시-디아즈의 '메스티자헤/물라테즈'가 의미하는 문화들과 인종들의 창조적 방식으로의 "함께 모임"은 하나의 신학적 의미로 해석해 볼 때 "하나님, 주변 인간, 그리고 피조세계 전체와 화해하는 것"이라고 정의될 수 있다고 본다. 사실 기독교신학에서 칭의와 화해가 불가분리의 관계가 있다는 것은 너무도 의미심장하다. 참된 용서는 죄의 회개로 시작되며, 참된 화해는 참된 용서에 의해 확보된다. 존스(L. Gregory Jones)가 지적하는 것처럼, "고백은 우리 자신을 지속적으로 리메이킹하는 것, 결과적으로 우리가 거룩함과 재창조된 관계들, 즉 하나님, 상호인간, 그리고 전체 피조세계와의 재창조된 관계들을 촉진하는 용서의 실천에 궁극적으로 참여할 수 있는 것을 포함한다."[44] 이런 의미에서 이사시-디아즈 또한 "히브리 성서에서 의(義)는 다른

42　Ibid., 6.
43　Ibid., 7.
44　L. Gregory Jones, *Embodying Forgiveness* (Grand Rapids: W. B. E. Publishing Company, 1995), 185.

사람들, 신, 그리고 창조의 나머지와의 관계의 요구들의 성취와 관련되어 있다"[45]고 말한 바 있다.

오늘날 평화로운 공존을 확립하고 생산적인 미래관계로 나아가기 위해 아시아 국가들은 지난 역사를 통해 경험한 그들의 깨어진 관계들을 회복해야 한다. 뿐만 아니라 각 나라들마다 다인종, 다문화 사회 안에서의 왜곡된 인권과 정의를 바로 세우고 창조적 자유와 평화로운 공존을 위해서는 '차이'에 대한 비-대립적이고 비-배계적인 이해를 더욱 정교하게 하는 노력이 참으로 요구된다. 여기서 우리의 선택들을 제한하고, 우리로 하여금 사회에 기여하지 못하게 하며, 우리로 하여금 일하게 하기 보다는 단지 우리를 사용하는데 일관하는 지배적인 문화를 비판할 수 있는 그러한 신학이 요구된다. 그러한 지배적 의식과 구조들이야말로 탈식민주의 담론들이 문제 삼아야 할 (문화)민족주의에 다름 아니기 때문이다. 무헤리스타 신학이 추구하는 것과 같은, 즉 '차이'에 대한 관계적 이해를 통해 '혼종성' 또는 '혼혈성'에 대한 더 깊은 이해에 기여하고, "하나의 해방적 문화, 정의를 추구하는 문화, 모두를 위한 삶의 충만을 허용하고 가능케 하는 포용적인 문화를 상술하는 신학이 요구된다."[46]

화해는 해방을 가져온다.

화해된 주체들이 참여하는 해방적 공동체는 더 이상 미움과 분노를 가지지 않는다. 우리가 죄의 고백과 용서의 인정(칭의)를 통해 화해된 관계 속에 들어갈 때, 거기에는 더 이상의 미움과 분노가 있어서는 안될 것이기 때문이다. 그럼에도 불구하고 지배적인 의식과

---

45 Isasi-Díaz, "A New Mestizaje/Mulatez: Reconceptualizing Difference," 9.

46 *Ibid.*, 10.

지배적인 구조들은 지속적으로 미움과 분노를 양산한다. 그러므로 해방적 공동체는 한편에서의 상부로부터 복종과 성실을 요구하는, 따라서 공동체와 사회의 분열을 정당화하는 지배적 이데올로기와 체제에 대항하여 싸워야 한다. 예수 그리스도가 자신의 죽음과 부활을 통해 화해와 해방의 역사를 성취한 이유는 그가 사람들이 지배적 이데올로기들과 체제들로부터 자유하며 서로를 섬기는 세상을 실현하기를 원했기 때문이다.

'제3의 공간'으로서의 혼종성

바바(Homi K. Bhabha)에 따르면, 제1세계와 제3세계의 구분에서 착취와 지배의 문화적 관계들은 선언들(enunciations)의 '제3의 공간'에 대한 비평 이론(the critical theory of the Third Space)에 의해 바로 잡아질 수 있으며, 따라서 해방적 사람들은 문화적 차이의 불연속적인 텍스트간(間) 일시성 안에서 자신들의 문화적 정체성들을 협상하고 번역할 수 있다.[47] 여기서 바바의 출발점은 이것이다. 즉, 공간과 시간이 서로 가로질러 만나 차이와 정체성, 과거와 현재, 안과 밖, 포용과 배제의 복잡한 표상들을 낳는 전이의 순간에 직면해서, 우리는 기원적이고 처음의 주체성들에 대한 담론들을 넘어 사고할 필요가 있으며, 문화적 차이들의 명료한 진술들에서 발생하는 그러한 순간들 또는 진전들에 집중할 필요가 있다는 것이다.[48] 선언 또는 명확한 진술의 제3의 공간으로서의 문화적 차이에 대한 진술은 문화들의 다양성이 아니라 혼종성이 의미하는 명각(銘

---

47 Bhabha, *The Location of Culture*, 36.
48 Ibid., 1.

刻, inscription)과 명확한 표현(articulation)에 기초한 것이며, 그것은 "반대명제들의 동화"(assimilation of contraries)를 수반하고, 결과적으로 번역(translation)과 변혁(transformation)의 강력한 문화적 변화들을 예고하는 불가해한 불안정을 초래한다. 따라서 그것은, 바바에 따르면, 원래의 과거에 의해 인증되고 민족의 민족성 전통 안에 살아있는 바, 동질화하고 단일화하는 힘으로서의 문화의 역사적 정체성에 대한 우리의 감각에 도전한다.[49] 그러므로 바바의 "식민적 양가성"은 '주변'과 '중심'에게 부여되는 힘과 권력의 의미가 아니라 식민화 과정에서 일어나는 접촉으로 인해 새로운 문화적 형태가 형성된다는 의미에서의 문화적 혼종성이다. 거기서 국가성, 공동체의 관심, 또는 문화적 가치에 대한 주체 상호간의 그리고 공동체적 경험들의 협상들(negotiations)이 일어난다.[50] 그럴 수밖에 없는 이유는, 앞에서도 언급되었지만, 문화들의 의미와 상징들은 어떤 원초적인 일치성 또는 고정성을 가지지 않으며, 문화들의 본래적 고유성 또는 '순수성'에 대한 계급적 주장들은 더 이상 지탱되기 어렵기 때문이다. 역사 안에서의 우리의 아픈 경험들이 설명해 주는 것처럼, 민족주의적 전통의 연속성들과 지속성들은 식민주의적 문화적 강제된 부과에 대항하기 위한 어떤 최종적인 안전장치도 제공할 수 없다.

그러므로 탈식민주의 담론에서의 '혼종성'은 단지 지배적인 문화들의 지배적 순수성에 대한 저항만으로 생각되어서는 안된다. 오히려, 필자의 이해를 표현하자면, 탈식민주의 담론의 '혼종성'은 그 성격상 '생산적'이다. 켈러(Catherine Keller)의 해석을 빌리자면, 그

---

49 *Ibid.*, 37
50 *Ibid.*, 2.

것이 탈식민주의로 하여금 "정체성의 정치의 양극화들과 막다른 골목들을 넘어서는 제3의 공간을 추구하게 하고자 할 때" 특히 그렇다.[51] 즉, 혼종성은 문화적 차이의 제3의 공간을 명확히 진술하는 것에 참여하는 것을 통해 번역(translation)과 변혁(transformation)을 가져온다. 켈러에 따르면, 탈식민주의는 정체성의 정치의 양극화들과 막다른 골목들 너머에 있는 '제3의 공간'을 추구한다. 그것에 대해 바바가 제시하는 예는, 계층과 성(性) 분석 사이의 논쟁들의 의미로 "정치적 변화의 혼종적 순간"이 바로 그것이다.

그러므로 켈러는 혼종성의 생산적 의미를 하나의 역사적 필연성으로 설명하며, 다음과 같이 말한다. "모방(mimicry)과 혼종성은 그 자체로서 그리고 그들 스스로 인종적으로 억압된 그룹들의 지속적 식민화의 신식민주의적 지구적 체계들을 변화시키지 않는다. 그러나 변혁적인 연대에의 수단으로서 혼종성은 필수불가결하다."[52]

켈러가 말하는 대로, "이제 혼종성은 우리가 양극화의 정치를 피할 수 있고 우리 스스로 다른 사람들로 나타날 수 있는 제3의 공간을 위해 가는 길에서 막다른 골목을 줄이는 동시에 더 많은 협상을 위한 호소로서 기능한다."[53] 그러므로 혼종성의 생산성은 민족주의와 문화적 제국주의의 복잡성에 도전하여 해방시키는 문화, 정의를 추구하는 문화, 모두를 위한 생명의 충만을 가능하게 하는 것으로서 포용하는 문화의 구현을 가져올 수 있게 한다.[54]

결국 '혼종성'의 비판적 문화이론이 함축하는 생산적 의미는, '혼

---

51 Keller, "Hybridity and Chaos," 7.
52 Ibid., 10.
53 Ibid., 8; Bhabha, *The Location of Culture*, 39.
54 Isasi-Díaz, "A New Mestizaje/Mulatez: Reconceptualizing Difference," 10.

종성'이 오늘날 우리 사회가 묵시적 동의하에 배태하고 있는 어떤 문화적 승리주의와 인종적 지상주의에 대립된다는 사실에 있다. 한 발 양보해서 보더라도, 어떤 의미에서 그것은 긴장을 축소시키는 것이 아니라, 정치의 양극성에 타협하는 듯하지만, 경계선 위에 있는 자리, 즉 제3의 공간을 오히려 격려한다. 또한 그것은 바바가 지적하는 대로 본래적 과거에 의해 인증되고 민족의 국가적 전통 안에 살아있는, 동질화시키고 통일시키는 힘으로서의 문화의 역사적 정체성에 대한 우리의 감상적 인식에 암시적으로 강력하게 도전하고 있다.

물론 바바의 비전이 지나치게 낙관적으로 보일 수 있다. 특히 그것이 신학적 맥락에서 사고될 때, 더욱 그렇다. 말하자면 진술의 제3의 공간에 의한 "불가해한 불안정성"을 또 다른 방식으로의 하나님의 역사하심으로 볼 수 있는가? 여기서의 '애매성'은 하나님의 역사의 균형 또는 인간 역사의 불합리성을 가리키는가? 가정된 제3의 공간은 어느 정도 오래 지속될 것이며, 문화적 정치적 변화들을 주도하는 경향이 있는 경제적 또는 정치적 초강대국들의 제재로부터 자유 할 수 있는가? 다시 말하면 정치적 주체의 단일 대리가 존재하지 않고 정치적 가치들과 효과들의 어떤 고정적인 계급구조가 존재하지 않는 정치적 변화의 혼종적 순간을 정치적 발전의 최후의 단계라고 말할 수 있는가? 필자 역시 이러한 질문들이 생산적 '제3의 공간'으로의 '혼종성' 이해와 관련하여 여전히 제기될 수 있다고 본다.

맺는 말

오늘날 탈식민주의 담론이 제시하는 있는 신학적 통찰은 이 두 가지다. 첫째는 근대 이후로 지배-피지배의 이원적이고 계급적 구조가 합리성, 보편주의, 타자화 등의 다양한 이념적 틀의 방식으로 유지되어 왔다는 것이고, 둘째는 우리 시대의 신학은 그러한 지배-피지배의 억압적 구조를 폭로함으로써 그러한 구조의 존속에 도전해야 한다는 것이다.

한편, 식민주의가 종식된 오늘날 삶의 자리는 인종적, 문화적, 경제적 맥락에서 급속히 혼종화되어 가고 있으며, 가치판단은 식민자와 피식민자라는 이분법적 사고방식에 더 이상 의존할 수 없게 되었다. 또한 탈식민주의는 과거의 식민상황이 아닌 현재의 경제적, 문화적 식민상태로 확장된 '신'(新)식민주의에 대한 탈식민운동으로 파악되어야 한다. 이러한 상황에서, 강남순의 주장대로, 오늘날 진정한 식민주의로부터의 진정한 해방은 신학과 사회 안의 식민주의를 발견하는 것뿐만 아니라 자기 속에 내면화된 식민지성까지 자각해야 함을 포함하며, 이 글에서 필자의 주장대로 배타적 성향의 문화민족주의까지 폭로해야 하는데, 이러한 인식과 폭로야 말로 오늘의 신학에서 '하나님 나라' 실현을 위한 여정이며, 인간 해방으로의 여정이다.[55] 필자는 바로 여기에 오늘날 탈식민주의 담론의 신학적 의의가 있다고

> *식민주의로부터의 진정한 해방은 사회와 신학 안의 식민주의를 발견하는 것뿐만 아니라 자기속에 내면화된 식민지성까지 자각해야 함을 포함한다.*

---

[55] 강남순, "페미니즘, 포스트모더니즘, 그리고 탈식민주의 시대의 신학," 345.

본다.

　이런 맥락에서 필자는 이 글을 통해 최근 다문화사회로 가는 우리 사회가 보여주고 있는 문화적 민족주의 안에 과거 식민주의 경험의 잔재가 자부심과 피해의식에 모두 깔려있다는 점을 지적하고자 했고, 또한 그 문제에 대한 건설적 토론을 위한 방안으로 탈식민주의 담론의 '혼종성' 개념에 대한 잠정적인 해석들을 역사적 사실에 대한 인정, 과거의 왜곡된 관계의 치유와 회복, 창조적 재생산을 위한 제3의 공간의 모색 등의 의미를 고찰하고 그것들의 신학적 의미들을 숙고하였다.

　바야흐로 우리 앞에 놓인 새 천년은 생산적이고 변혁적인 개방된 사회에의 전망을 가지고 문화적 혼합을 전제하는 지구적 상호 공존의 시대를 열어갈 것을 요청하고 있다. 이미 국가들 사이의 거리는 전화와 컴퓨터 등의 통신 기구들에 의해 현격하게 가까워졌다. 지구적 시장 원리가 요구하는 정의는 국제 시장에서 사람들을 돌보는 것이며, 외국인들의 필요와 수요에 부응하는 것인데, 그것은 곧 외국인들에 대한 이해, 특히 그들의 문화와 역사에 대한 이해를 필요로 한다. 이것은 특히 한국 사람들이 국내외에서, 특히 경제적 의미에서, 활동하며 아시아 지역민들과 저들의 문화를 만나는 자리들에서도 적용되어야 한다. 즉, 국가적 경계선을 넘어서 위치하며 보다 함께 공존하는 인류 사회에 도달하는 것은 새로운 천년을 위한 과제가 되었다. 이제 우리는 그 민족주의적 껍데기로부터 나와 문화들에 대한 관계 회복적이고 생산적이며 변혁적인 표현을 위한 "문화적 혼종성"(cultural hybridity) 위에 서야 할 것이다.

여섯째 마당

민족주의를 넘어 세계주의로

'시대의 중재자' 아벨라르, 모어,
그리고 에라스무스의 비전을 중심으로*

---

* 이 글은 한일장신대학교 필자의 교원연구년(2017년 1학기) 연구비 지원을 받아 연구되었으며 『신학과 사회』 제31집 3호(2017년 8월)에 게재된 바 있다.

작금의 세계는 영국 브렉시트(Brexit)의 경우에서 보듯, 신(新) 민족주의로 불리는 자국 이기주의의 대열로 급속하게 재(再) 정렬하고 있다. 이러한 국수주의적 자국 이기주의의 재 발흥은 특히 종교에 있어서도 특정 민족이나 지역을 중심으로 전통적이고 보수적인 가치들과 목소리들이 시대를 역행하여 득세하도록 다시 길을 열어줄 수 있다는 우려를 낳기도 한다.
　이 글에서 필자는 민족주의의 왜곡 문제에 대한 교회사적 성찰을 시도하면서 중세 후기 유럽의 기독교 세계가 겪은 집중화와 분산화의 긴장들에 대한 철학적 배경, 그리고 교회정치에 대한 이해가 오늘날 기독교 세계로 하여금 민족주의의 왜곡을 경계하고 역사적 보편성과 통일성을 추구하도록 요청할 수 있을 것이라고 가정했다. 특히 필자는 종교개혁 전야에도 오늘과 같은 민족주의의 다양한 현상들, 즉 지역이기주의 또는 민족우월주의가 문화와 정치, 경제, 종교적 이슈들과 맞물려 개혁의 진행과정에서 중요한 변수로 작용했다는 사실에 착안했다. 르네상스 시대에 출현한 민족주의는 신성로마제국을 무력화시키고 중앙집권적 로마 가톨릭교회의 권위에 균열을 초래했고, 어떤 의미에서 종교개혁 역시 그 민족주의를 토대로 가톨릭주의에 도전했으며, 궁극적으로 보편적 기독교 세계의 구조적 문제들에 성공적으로 요청했던 것이 사실이다. 한편, 필자는 민족주의적 성향의 개혁가와 세속군주에 반대하여 가톨릭교회의 통일성과 구(舊)기독교세계의 일치를 지키려 했던 목소리들, 즉 가톨릭교회 측에서의 반(反)종교개혁으로 간주될 수 있는 모어(Thomas More)와 에라스무스(Desiderius Erasmus)의 경우, 비록 논리적 증명은 불가능하지만 적어도 그 실천적인 의미를 고려할 때, 스콜라주의 '보편 논쟁'에서 대안으로 떠올라 중세 세계의 정치적 종교적 힘의 분산화와 집중화의 균형을 지지하는 철학적 토대가 된 아벨라르(Peter Abelard)의 '온건한 실재론'과의 연속선상에 두고 숙고하는 것이 가능하다고 보았다. 결과적으로 필자는, 모어와 에라스무스가 각각 중도적 공의회주의와 평화주의적 세계주의를 표방함으로써 기독교세계의 역사적 보편성과 통일성을 중시했고, 동시에 지역과 계층 이기주의에 편승한 교회분열의 기획들을 반대하고 열광적이고 호전적인 민족주의를 경계하였다는 점에서 종교개혁의 후예인 오늘의 개신교회로 하여금 자국 또는 자민족 이기주의와 종교적 우월주의에 편승한 수구적 성향의 측면들을 비판적으로 성찰하도록 요청한다고 주장했다.

키워드

민족주의, 교황주의, 온건한 실재론, 중도적 공의회주의, 세계주의

신(新)민족주의의 도전, 어떻게 볼 것인가

이 글의 목적은 종교개혁 500주년을 맞아 국내외 개신교회로 하여금 작금의 세계가 보여주는 자국 이기주의 일변도의 신(新)민족주의 현상을 직시하고, 그것이 가져올 수 있는 세계적 위기와 도전들을 교회사적 맥락(context)에서 적절하게 인식하며, 오늘날 문제가 되고 있는 자국 또는 자민족 이기주의와 종교적 우월주의에 편승한 수구적 성향을 비판적으로 성찰하도록 요청하려는 데 있다.

이 글에서 필자는 16세기 초 종교개혁 당시 로마 가톨릭교회 측에서의 반(反)종교개혁[1]으로 간주될 수 있는 모어(Thomas More)의 '공의회주의'와 에라스무스(Desiderius Erasmus)의 '세계주의'에 주목할 것이다. 그리고 모어의 '공의회주의'와 에라스무스의 '세계주의'를 중세 스콜라주의 '보편 논쟁'에서 대안으로 떠오른 아벨라르(Peter Abelard)의 '온건한 실재론'과의 연속선상에 두기를 시도할 것이다. 비록 그 철학적, 이론적 연속성을 논증하는 것은 필자의 능력을 넘어서는 일이지만, 결과적이고 실천적인 의미에서 그들 각자가 던져주는 메시지를 고찰할 것이다.

이 글은 다음과 같은 가정에서 출발했다. 즉, 종교개혁의 기폭제가 된 근대 민족주의의 발흥에 강력한 우려와 반대를 표명한 당대

---

1 영어로는 'Counter Reformation'(독일어, *Gegenreformation*)이고 대항종교개혁, 대응종교개혁이라고도 하며, 종교개혁에 대응하기 위해 가톨릭교회 내에서 전개된 일련의 개혁을 일컫는 말이면서 동시에 18세기 독일의 개신교 역사가들이 아우크스부르크 종교화의(1555)에 이은 가톨릭 당국에 의한 억압적 활동들을 가리킬 때 사용하는 말이지만, 이 글에서 필자는 More와 Erasmus가 각각 중도적 공의회주의와 평화주의적 세계주의의 맥락에서 헨리8세와 루터의 개혁(로마 가톨릭교회로부터의 분리)을 반대했다는 의미로 사용한다. Mary Laven, "Encountering the Counter-Reformation," *Renaissance Quarterly* 59/3(Fall 2006), 707.

의 인물들과 그들이 품었던 세계주의에 새삼 주목하고자 할 때, 무엇보다 중세 후기 유럽의 기독교세계(Christendom)가 겪은 집중화와 분산화의 긴장에 대한 철학적, 교회정치적 이해가 도움이 될 수 있을 것이라는 가정이다. 우선 중세 스콜라주의 보편 논쟁에서 해결책으로 나온 아벨라르의 '온건한 실재론'은 중세 기독교세계에서 실재론과 유명론을 각각 철학적, 이데올로기적 배경으로 삼은 교황주의와 공의회주의(혹은 극단적 공의회주의)의 대립, 제국과 (민족)국가의 대립 등 중세 후기 집중화와 분산화 경향의 대립과 긴장이 어떻게 중재가능한지 그 대안을 위한 하나의 사상적 암시로 간주될 만하다. 또한 기독교 역사의 한 분수령인 종교개혁의 전야에도 마치 오늘과 같은 민족주의의 다양한 현상들, 즉 지역이기주의 또는 민족우월주의가 문화와 정치, 경제, 종교적 이슈들과 맞물려 개혁운동의 시작과 전개의 중요한 동인들로 작용했다는 사실을 상기할 필요가 있다.[2] 중세를 넘어서는 현대적 현상으로 르네상스 시대에 출현한 민족주의는 신성로마제국을 무력화시키고 교황제도에 의한 중앙집권적 로마 가톨릭교회의 권위에 균열을 초래한 것이고, 어떤 의미에서 종교개혁 역시 민족주의를 토대로 가톨릭주의에 도전했고, 궁극적으로 보편적 기독교세계의 사회구조에 도전한 것이라 볼 수 있기 때문이다. 그러므로 종교개혁 당시와 같은 시대적 전환기에 민족주의적 성격의 거센 격동들에 대항하여 가톨릭교회의 통일성과 구(舊)기독교세계의 일치를 지키려 했던 목소리들, 특히 이 글이 중

---

2 베인톤의 지적대로, 종교개혁의 성공 요인들에 한 해석 흐름으로서 정치적 요소들을 강조하는 현대의 해석자들은 종교개혁은 무엇보다도 바로 그 정치적 분산화 때문에 독일 등에서 성공할 수 있었다는 설명에 적극 동의한다. Roland H. Bainton, "Interpretations of the Reformation." *The American Historical Review* 66/1(October 1960), 79.

심주제들로 다루는 모어와 에라스무스의 범(凡)기독교세계에 대한 비전들은 그 성격상 가톨릭교회 측의 '반(反)종교개혁'(Counter-Reformation)에 해당한다고 볼 수 있다.

사실 종교개혁으로 부터 시작된 개신교는 비록 교파별로 정도의 차이가 있기는 하지만, 제국의 영향력으로부터 벗어나려는 민족국가 출범을 이끈 새로운 리더십의 정치적 욕구들이 밑바닥에 깔려 있다. 예를 들면 루터교와 개혁교회 등 그들의 선구자들이 소위 '관료개혁'(Magisterial Reformation)의 틀에서 개혁을 진행했다는 점에서 태생적으로 지역이나 민족 중심의 성격을 가진다.[3] 이런 의미에서 종교개혁 초기, 헨리8세가 주도한 영국교회의 로마 가톨릭교회로부터의 분리에 죽음으로 맞섰던 모어, 그리고 루터의 종교개혁에 동조하였다가 끝내 결별함으로써 로마 가톨릭교회의 테두리를 끝까지 벗어나지 않았던 에라스무스가 각각 보여준 선택들은 각각 지역과 계층 이기주의에 편승한 교회분열의 기획들을 반대하고 열광적이고 호전적인 민족주의를 경계했다는 점에서 근대 교회정치와 세속정치의 재편에 있어서 아벨라르에 이은 시대의 중재자들로 간주될 수 있으며, 종교개혁의 후예인 오늘의 개신교회가 작금의 국수주의적 민족주의의 재발흥을 비판적으로 성찰하는 데 사용가능한 자기반성을 위한 적절한 거울이 될 수 있다. 또한 그들은 각각 중도적 공의회주의와 평화주의적 세계주의 맥락에서 다문화, 다민족사회로

---

3 소위 '관료개혁'은 종교의 영역에서 세속 행정가들이 가지는 역할과 책임을 긍정적으로 본다. 문제는, 관료개혁의 관점에서는 잘못된 교리와 예배뿐만 아니라 종교적 분리(divisions)나 분파주의(factionalism)도 세속 세계(국가 또는 사회)의 평화와 질서에 대한 위협으로 간주되었다는 것이다. 그러므로 관료개혁의 성격은 그 개혁의 진정성이 국가 차원의 사회/정치적 명분에 의해 압도된다는 점에서 그 문제성을 가진다고 볼 수 있다.

의 도전으로 갈등하는 오늘의 기독교세계를 향해 의미심장한 교회사적 성찰을 도전하고 있다고 볼 수 있다.

철학적 중재자 아벨라르의 '온건한 실재론'

실재론과 유명론의 대립

중세 후기 유럽의 기독교세계가 겪은 교회적, 정치적 긴장들은 '집중화'(centralization)와 '분산화'(decentralization) 두 단어로 설명 가능하다. 즉, 집중화가 교황권과 황제의 권위를 토대로 중앙집권화를 추구한 교황주의(Papalism)와 제국(Empire)을 가리킨다면, 분산화는 교황청과 황제의 권위로부터 이탈과 분리를 시도한 지역의 교회들, 국가들을 가리킨다. 영국 태생의 미국 교회사가 롤란드 베인톤(Roland H. Bainton, 1894–1984)에 따르면, 이러한 집중화와 분산화의 이면에는 철학적 배경이 작용했다.[4] 구체적으로 말하면, 그것은 철학사에서 중요한 논쟁 중 하나이며 중세 스콜라철학 논쟁 가운데 대표적인 실재론(實在論, Realism)과 유명론(唯名論, Nominalism) 사이의 논쟁으로, 소위 '보편 논쟁'(普遍 論爭, the universals controversy)[5]이다. 말하자면 집중화와 분산화라는 중세

---

4   Roland H. Bainton, *Christianity* (Boston, MA: Houghton Mifflin Co., 1964), 172. 베인톤이 설명하듯, 실재론은 개인을 종속시키고 심지어 전체주의적 차원의 권력 집중을 합리화할 수 있지만, 반대로 유명론은 그 개별주의로 인해 무정부 상태에 이를 정도의 권력 분산을 조장할 수 있다.

5   '보편 논쟁'에서 보편의 문제는 중세 철학, 즉 스콜라 철학의 전체를 일관하는 가장 중요한 문제였다.

정치 사회의 크게 상충된 경향들은 실재론과 유명론이라는 서로 대립하는 주장들을 철학적 기반으로 삼았다고 볼 수 있다.

실재의 근본 구조를 다루는 서구 형이상학에서 가장 구별되는 입장들인 실재론과 유명론의 대립에 대해 베인톤 교수는 다음과 같이 간결하고 명료하게 서술했다.

> 철학자들과 신학자들을 괴롭혔던 문제는 실재(reality)의 궁극적 본질에 관한 것이었다. 실재란 응집하는가 – 즉, 실재란 본질적인 보편적 관계에 의해 결합된 비물질적인 것들과 물질적인 것들의 결합체인가 – 아니면 독립되고 서로 무관한 개별적 요소들의 총합으로 구성되는가? 이 때 응집론자들을 가리켜 실재론자들이라고 했고, 이와 상반된 견해를 지닌 사람들을 가리켜 유명론자들이라고 했다.[6]

실재론자들은 두 종류의 실체들(entities), 즉 보편자들(universals)과 개별자들(particulars) 모두의 실재를 전제하지만, 그와 달리 유명론자들에 따르면, 오직 개별자들만 존재하고 보편자들이란 존재하지 않는다. 베인톤의 서술을 다시 빌리면, 실재론자들에 따르면, 모든 실체들은 두 개의 주요 그룹들, 즉 보편자들과 개별자들로 나뉘며, 이 때 보편적인 것들이 유일한 실재이고, 반면 개별적인 것들은 보편적인 것들에 참여하지 않는 한 실재를 가지지 못한다. 예를 들어 개별적인 것들이 서로 닮았다고 할 때, 그것은 그들이 보편적인 것들을 공유하기 때문이다. 한편, 유명론자들에 따르면,

---

6 Bainton, *Christianity*, 171.

존재하는 것, 즉 실재를 가지는 것은 오직 개별적인 것들(개별자)이다. 예를 들어 유명론자들에 따르면, 인류란 실재를 갖고 있는 것이 아니며, 다만 모든 인간들이 공유하고 있는 일련의 특징들에 대한 이름에 불과하다.[7]

한편, 실재론은 '극단적 실재론'과 '온건한 실재론'으로 나뉠 수 있다. 먼저, 극단적 실재론자들은 보편적인 것들이 구체적인 존재를 갖기 전에 신의 정신에 배태되어 있는 실체들로 존재한다고 보았다. 예를 들면 구체적인 인간들이 없어도 '인류'라는 보편은 존재한다. 즉, 어떤 구체적인 대상에 대한 인식과 상관없이 객관적인 실재가 존재한다는 것이다. 반면, 온건한 실재론자들에 따르면, 보편적인 것들은 스스로 존재하는 것이 아니라 다만 구체적인 것들로만 존재한다. 위의 예('인류')를 사용해서 말하면, 보편 인류는 실재이지만, 그러나 보편 인류도 개인을 떠나서는 존재하지 않는다. 이 서로 다른 주장의 차이는 플라톤적 실재론과 아리스토텔레스적 실재론의 차이로 이해될 수 있다. 즉, 플라톤적 실재론은 보편적인 것들이 실체들이고, 개별자들과 상관없이 존재한다는 주장이지만, 반면에 아리스토텔레스적 실재론은 보편적인 것들이 실체들이지만, 그들의 실존은 그것들을 예시하는(exemplify) 개별자들에게 의존해 있다는 것이다. 그러므로 온건한 실재론, 즉 보편자는 존재하되 다만 구체적인 것으로 존재한다는 주장은 플라톤적 실재론에서 아리스토텔레스적 실재론으로 옮겨 간 것이라 말할 수 있다. 이러한 온건한 실재론은 이데아 중심의 플라톤적 실재론 관점에 경험 중심의 아리스토텔레스적 관점을 첨부함으로써 신앙과 이성의 조화를 이끌어 낸 토

---

7 Cf. *Ibid.*, 171-172.

마스 아퀴나스(Thomas Aquinas)[8]에 의해 구체화되고 중세 사회의 기본 철학으로 자리 잡게 된다.

아벨라르의 '온건한 실재론'과 '개념론'

12세기 프랑스의 철학자이자 신학자였던 아벨라르(Peter Ablard, 1079-1142)는 스콜라철학의 발전에서 실재론과 유명론의 대립에 대한 한 중재안으로 소위 '온건한 실재론'(moderate realism)을 펼쳤다. 그것은 아벨라르가 자신의 두 명의 스승들(유명론자 Roscelin과 실재론자 William of Champeaux)의 이론들에 만족하지 못하고 그들 사이의 중간입장(a middle way)을 택한 것을 말해준다.[9] 당대의 교사로서 중세의 가장 탁월한 논리학자이며 첫 번째 위대한 유명론적 철학자로도 불리는 아벨라르의 철학은 무엇보다도 자신의 사후 반세기 안에 아리스토텔레스 철학이 지배적인 권위를 갖고 확고하게 자리 잡도록 기여한 것으로도 평가받는다. 즉, 아벨라르 이전에는 플라톤 철학의 권위가 지배적 실재론을 위한 기초였다. 아벨라르의 유산 대부분은 그의 스콜라주의 철학적 작업의 질

---

[8] 베인톤의 설명에 따르면, 아퀴나스는 스콜라 전승에서 특히 신(神) 지식의 가능성과 믿음과 지식의 관계에 대해서 중간 입장을 취했다. 말하자면 어거스틴주의자들은 이생에서 하나님에 대한 직관(vision)이 가능하다고 주장했고, 그 직관에 의해 하나님께 대한 직접적인 지식을 가질 수 있다고 한 반면, 유명론자들은 그런 설득력을 가진 증거들이란 없다고 했고, 그 이유와 관련, 사람이 구체적인 대상들만 경험함으로 그 안에서 신(神) 같은 모든 것을 포괄하는 보편자를 연역할 수 없기 때문이라고 했다. 아퀴나스가 취한 중간 입장에 따르면, 믿음과 지식은 대척적이지 않으며, 이성은 믿음을 설득력 있게 만들 수 있다. 즉, 계시는 이성을 조명하고 이성은 계시를 설명한다. 믿음과 지식은 비록 구분되긴 하지만 서로를 뒷받침한다. Cf. Bainton, *Christianity*, 202.

[9] Anthony Kenny, *Medieval Philosophy* (Oxford: Clarendon, 2005), 124.

에 있으며, 무엇보다도 아리스토텔레스의 철학을 적극 활용하여 전수된 교회 교리에 대해 형식적이고 합리적 표현을 주려는 그의 시도에 있었다. 비록 그 학문적 작업이 당대에는 정죄되었지만, 플라톤의 실재론보다는 오히려 아리스토텔레스의 철학적 권위의 상승을 위한 길을 닦음으로써 중세 스콜라주의 철학적 신학의 발전에 기여했다는 사실은 큰 중요성을 가지며, 필자는 그것이 소위 아벨라르의 '온건한 실재론' 안에 함축되어 있다고 본다.

소위 '온건한 실재론'에 따르면, 보편자들(universals)이 존재하는 영역이란 없으며(이 점이 플라톤주의에 반대된다), 보편자들은 보편자들로서의 개별자들 안에서 사실상 존재하는 것도 아니다. 오히려 보편자들은 사실상 개인화된 존재들로서의 특수자들 안에 존재하며 증식한다. 이것은 플라톤의 형식 이론과 같은 실재론과 유명론 모두에 반대되는 것이다. 즉, 아벨라르에 따르면, 보편자들은 오직 정신 안에만 존재하며 외적 또는 본질적 실재를 가지지 않는다.[10] 나아가 인간이 인식하는 보편적인 것들은 극단적 실재론자들이 믿는 것처럼 감지 가능한 실재들이 아니며, 반대로 유명론자들이 주장하는 것처럼 단순한 이름들에 불과한 것도 아니다. 오히려 보편자들은 실재에 대한 실마리들이다. 장의준이 적절하게 표현하는 것처럼, 여기서 아벨라르는 극단적 실재론과 유명론의 양 극단들을 지양하는 가운데 보다 균형 잡힌 입장을 추구한 것이라 볼 수 있다.[11] 내재

---

10 훗날 현대적 개념론을 발전시킨 칸트(Immanuel Kant)의 주장에 따르면, 보편자들은 외적인 것들과 연결성을 갖지 않는데, 왜냐하면 그것들은 오로지 우리의 선험적 정신 구조들과 기능들에 의해 산출되기 때문이다.

11 장의준, "신은 참되게 의미하는가? - 아벨라르와 보편자 논쟁," 「신학과 세계」 85(2016/3), 256-257. 아벨라르는 보편자가 인간의 지성 속에 위치한 단순한 주관적 관념이 아니라 독자적으로 실재하는 단일한 실체라는 극단적 실재론의 주장을 거부했고, 또한 보편자가 그저 낱말에

적 실재론에 해당하는 아벨라르의 입장은 결국 실재론과 유명론 사이를 연결하려는 것이며, 베인톤은 이러한 아벨라르의 변증적이고 합리주의적 경향의 주장이 13세기에 스콜라주의의 공통된 가정이 되었다고 결론짓는다.[12]

한편, 아벨라르의 '온건한 실재론'은 흔히 개념론(概念論, conceptualism)으로도 말해진다. 사실상 그의 작품들은 철학사에서 개념론의 뿌리를 대표함에 있어 가장 능력 있는 것으로 분류된다. 개념론은 보편자 문제에 대한 철학적 입장으로 개별자들의 보편성을 사고하는 정신 안에 위치한 개념화된 구조들로 설명한다. 유명론과 마찬가지로, 개념론은 보편자가 정신으로부터 독립해서 존재한다는 것을 부인했지만, 반대로 보편자는 개념으로서 정신 안에서 실존을 가진다고 주장했다.[13] 즉, 개념론에 따르면, 보편자는 담론의 개념으로 또는 실재로 적합하게 확언될 수 있는 전제들(predicates)로 정신 안에서 실재한다. 그러나 아벨라르는 개별 사물들 안에서의 확정적인 보편자들의 실존을 부인함으로써 또한 유명론과도 거리를 두고 있다. 이처럼 실재론과 유명론 사이 중간지점에 해당하는 개념주의적 견해는 보편자들에 대한 형이상학적 개념에 접근하면서, 정신의 인지 밖에 있는 개별자들 안에서 만의 보편자들의 현존은 부인한다. 후기 스콜라주의 철학 용어의 발전은 바로 이러한 개념론의 출현을 가져왔고, 개념론은 이전에는 유명론적이라고 간주된 강령

　　불과하다는 유명론의 주장도 거부했다.
12　Bainton, *Christianity*, 177.
13　이 개념들은 독단적인 고안들이 아니라 특수 사물들 자신들 간 유사성들에 대한 반영들이다. 예를 들어 남성이란 개념은 폴(Paul)과 존(John) 사이 하나의 유사성(패턴)이다. 보편자는 하나님의 정신 안에 있는 패턴이며, 그것에 따라 하나님은 특수 사물들을 창조한다. 다소 변형되어, 이러한 견해가 온건한 실재론의 입장이 된다.

들(doctrines)로부터 온 것으로 실질적으로는 실재론과 유명론 사이 중간지점에 해당하는 것[14]이라고 말할 수 있다.

정리하면, 아벨라르는 실재론과 유명론 모두를 숙지하고, 나아가 이들을 보다 높은 차원에서 조화시켰다. 한마디로 보편 개념과 개별 사물의 우열을 가리기보다는 오히려 "일반/보편 개념은 개별적인 사물들 속에 존재한다"는 견해를 펼친 것이다. 아벨라르는 개별자가 실재한다고 확고하게 주장하면서도 보편적인 개념은 개별자에 앞서 존재하거나 뒤에 존재하는 것이 아니라, 개별자 '안에' 존재한다고 주장함으로써 보편과 개별의 차원을 중재하고 연결시켰다. 이런 주장을 내세울 수 있는 근거는 인식과 밀접한 관련이 있는데, 인식은 개별자가 아닌 보편자를 요구하기 때문이다. 그래서 아벨라르는 개별적인 사물에 관계해서만 보편자를 인식할 수 있다고 주장한다. 이는 또한 보편적인 것은 개개의 구체적인 사물로부터 추상에 의해 획득되기 때문에 개개의 사물을 떠나서는 실재하지 않는다고 주장함으로써 완고한 실재론에 대립하였다. 또한 그런 이유로 해서, 온건한 실재론은 일종의 신(新)유명론으로 말해지는 것이다. 한편, 구(舊)유명론이 보편개념을 그 자체로는 그저 무의미한 단어에 불과할 뿐이라고 생각한 데 반해, 온건한 실재론의 신(新)유명론은 그것이 사고 속에서 구체적인 사물의 위임을 받아 구체적인 사물을 특징짓는 용어로서의 역할을 지닌다고 생각한 점에서 전자와 구별된다.

이와 같은 이해를 토대로 판단하건대, 아벨라르가 확립한 신앙과 이성이 조화된 변증법적 개념의 온건한 실재론은 개별자들의 경험과 자연성을 강조하는 아리스토텔레스의 철학체계 위에서 일면

---

14 그러므로 개념론은 가톨릭적 입장에서 중세 철학을 논하는 이들이 주로 오캄에서 유래하는 진보적 성향의 신(新)유명론을 가리킨다고 볼 수 있다.

반봉건적 반신학적 경향을 띠면서도 동시에 플라톤철학의 보편성과 초월성을 더 강조하고 있다는 면에서, 중세 후기 전개될 교회와 세속권력의 분산화에도 불구하고 교황권과 황제의 권한으로 대표되는 집중화를 잃지 않으려는 기독교세계의 힘의 균형을 철학적으로 지탱해 줄 수 있는 자원으로 간주될 수 있다. 베인톤이 적절하게 평가하듯, 아벨라르는 자신의 글들이 도전받았을 때 역사적 보편 교회의 권위를 받아들였고, 그럼에도 불구하고 언제나 이해하고자 했고, 또 그렇게 함으로써 믿을 수 있게 되려고 노력했다는 점에서 보다 전향적인 스콜라주의 철학적 방법의 건축자였다.[15]

중세를 휩쓴 보편 논쟁에 대한 아벨라르의 명쾌한 해석과 진화된 입장은 당대에 많은 호응을 얻었고, 그의 학식과 명성을 쫓아 수많은 군중들과 학생들이 몰려들었다. 아벨라르가 철학적 사고의 가장 위대한 활동을 보여준 것은 윤리학에서였는데, 그는 특히 주관적 의도를 결정적인 것으로 강조했다.[16] 인간 행위의 도덕적 가치를 강조하는 아벨라르의 유명론적 경향은 훗날 에라스무스를 위시한 도덕적이고 윤리적 개혁을 강조하는 인문주의의 진전에 기여하게 되는 것으로 평가된다. 아벨라르의 입장이 가지는 시대적 중재자로서의 의의에 대한 강상진의 지적대로, 그것은 서방 라틴 기독교의 한 이론적 축을 고유한 방식으로 특징짓는 것인 바, 즉 이해를 추구하는 신앙이라는 주지주의적 요소와 '의도적 윤리학'(Ethic of Intention)이라는 주의주의적 요소의 결합이라는 철학사에서 보기 드문 12세기의 고유한 이론적 성취로 평가받아야 한다.[17] 왜냐하면

15　Bainton, *Christianity*, 177.
16　Cf. Anthony Kenny, *Medieval Philosophy*, 260-263.
17　강상진, "12세기 서방 라틴 그리스도교의 자기이해 아벨라르두스(1079-

아리스토텔레스의 수용이라는 상이한 문화사적 전제 위에서 전개될 13세기 기독교의 자기이해는 주지주의 대 주의주의의 대비구도로 나타나기 때문이다. 결론적으로 말해서, 아벨라르의 '온

> *보편적인 것들과 개별적이고 구체적인 것들은 결코 나뉘어 존재를 가질 수 없으니, 즉 보편 세계 밖에서의 개별자는 존재를 가지지 못한다.*

건한 실재론'이 던지는 메시지가 의미하는 바는, 인간의 인식과 행위에 있어서 보편적인 것들과 개별적이고 구체적인 것들은 결코 나뉘어 존재를 가질 수 없다는 것이다. 철학적 신학에서 보편 세계 밖에서의 개별자는 존재를 갖지 못한다.

교회정치적 중재자 모어의 '중도적 공의회주의'

중세의 두 가지 보편 권력은 교회(敎會)와 제국(帝國)의 수장들, 즉 교황청의 교황과 신성로마제국의 황제를 가리켰다. 전자(前者)인 보편 교회의 권위와 관련하여 교황과 공의회의 권위 문제, 즉 교황과 공의회 가운데 어느 쪽이 더 수위권을 차지하는가 하는 문제는 중세 후기 교회의 대분열(the Great Papal Schism, 1378-1417)[18] 이

1142)의 <철학자와 유대인과 그리스도교인간의 대화>를 중심으로," 「철학사상」 16(2003/6), 24.

18 중세시대의 큰 분열은 기독교를 서방(로마 가톨릭)과 동방(정교회)으로 나누어놓은 동·서 교회의 분열이었고, 또 다른 중세시대의 중요한 분열은 로마 교황과 아비뇽 교황, 후에 제3의 교황으로 갈라진 서방교회 분열인데, 여기서는 서방교회의 분열을 가리킨다. 이 분열로 인해 서방 교회는 40년간의 권위의 위기에 빠져들었다.

후 뜨거운 쟁점으로 발전했다. 훗날 민족국가들이 등장하면서 보편제국이 약화된 것처럼, 종교개혁의 물결과 함께 보편 권력인 교황청으로부터의 분리를 선언하는 지역 및 국가 개(個)교회들이 등장하게 되었고, 그 한 예로, 영국성공회(Church of England)의 탄생과정은 여기서 교황주의와 극단적 공의회주의의 대립, 교황청과 개(個)교회의 대립, 그리고 토마스 모어의 중도적 공의회주의가 가진 성격을 설명하는데 도움이 될 수 있다.

교황주의와 (극단적) 공의회주의의 대립

로마 가톨릭교회의 교황권은 중세 기독교세계의 집중화의 상징이었다. 필자가 이해하건대, 교황주의 또는 교황권 확립에 기여한 것으로 평가될 수 있는 중세의 철학적, 신학적 배경은 스콜라주의 보편 논쟁에서의 한 축인 실재론(實在論)이었다. 즉, 실재론의 견지에서 보면, 교회 또는 국가는 각각 초월적 실체에서 구체화한 산물이므로 하나로 응집한다.[19] 또 실재론을 바탕으로 가톨릭교회는 개인 또는 개별(個別)교회를 종속시키는 것, 즉 전체주의적 권력 집중을 합리화할 수 있었다. 그와 반대로, 14, 15, 16세기 교황권의 타락이 극에 달하자 교회 안에서 개혁운동으로 등장한 것이 공의회주의(conciliarism)였고, 그 논지는 교회 안에서 최고의 권위는 교황직에 있는 것이 아니라 오히려 에큐메니칼 공의회에 있다는 것이었다. 공의회주의는 실재론적 권위인 교황권 주장에 대한 논리로부터 분리되어 있고, 심지어 그러한 교황주의에 대립하는 개념으로 볼 수 있

---

19 Bainton, *Christianity*, 171-172.

기 때문에, 공의회주의로 기울어질수록 실재론에 대립하는 유명론적 입장에 보다 더 기울어지는 것으로 이해될 수 있다.

 공의회주의의 역사를 보면, 그것은 본래 로마와 아비뇽으로 나뉘어 서로 경쟁관계에 있는 교황들이 대립함으로써 초래된 서방교회의 대분열(the Great Schism)에 대한 교회개혁 차원의 응답으로 나왔다. 그 분열은 피사(Pisa) 공의회(1409)와 콘스탄스(Constance) 공의회(1414-1418)의 소집을 가져왔고, 피사회의는 그 분열을 종식시키는데 실패했으므로, 뒤를 이은 콘스탄스 회의는 해산 직전 공의회주의 원칙을 주장함으로써 교황에 대해 자신의 우월한 지위를 선언하기에 이르렀다. 이러한 공의회주의의 실력행사는 바젤 회의(1431-1449)에서 그 정점에 달했고, 교회는 결국 또 분열되고 말았다.[20] 교황청이 아닌 공의회가 분열되는 그 갈등에서 궁극적인 승자는 오히려 교황권(the Papacy)의 제정이었고,[21] 5차 라테란 공의회(1512-17)에서 공의회주의를 정죄함으로써 교황권 제정의 승인으로 끝난다. 달리 그 역사를 요약하면, 공의회주의의 최초 단계는 교회 법률가들이 만일 교황이 이단이면 어떤 일이 일어날지의 문제를 생각했을 때였다. 후기 중세로 가면서 교황과 제후들 사이에 갈등들이 길어지면서 공의회주의는 그 추종자들을 늘려갔고, 실제적으로 서방교회의 분열에서 개회중인 공의회가 교황들을 폐위시키고 그들을 대치할 수 있는 권한을 가지면서 공의회가 중요한 역할을 했다.

---

20 공의회는 그레고리7세(Gregory XII)와 베네딕트8세(Benedict VIII) 모두 폐위시켰고 알렉산더5세(Alexan-der V)를 선출했다. 재위중이었던 교황 누구도 자신의 폐위를 수용하지 않았고, 알렉산더는 또 다른 곳에서 자신을 세워야, 취임해야 했다. 결국 상황은 더 악화된 것이, 교황이 세 명이 되었기 때문이다.

21 하지만 교황무오설(the doctrine of Papal Infallibility)은 1870년 1차 바티칸 공의회에 가서야 선포되었다.

그리고 마침내는 그리스도가 베드로에게 준 권위를 베드로는 교황들에게 주었다는 점을 근거로 교황들 자신이 최고의 권위 자체라고 주장함으로써 이러한 대립의 악순환은 오히려 공의회가 그 권위를 주장할 수 없게 되는 결과로 귀결되었던 것이다.

여기서 우리는 공의회주의의 의의에 좀 더 주목할 필요가 있다. 교황권에 대립하는 것으로서 공의회주의의 이론에 따르면, 교황은 단지 사도들 가운데 한 사람, 즉 베드로의 계승자에 불과하다. 반면, 주교들의 공의회는 사도들의 전체 공의회의 계승자이다. 따라서 공의회는 교회에서 가장 높은 권위에 해당하므로, 심지어 교황에 대해 사법권을 행사할 수 있다. 사실상 공의회주의가 12, 13세기 교회법 학자들(canonists)의 논의들에 그 뿌리를 가진다고 할 때, 그들은 교황직의 권위에 사법적 제한들을 확립하려고 시도했던 그룹들이었다. 한마디로 공의회주의는 로마 가톨릭교회 안에서 교회의 총 공의회가 교황보다 더 큰 권위를 가지며, 필요하다면 그를 폐위시킬 수 있다는 이론이었다. 베인톤에 따르면, 교회의 권위가 대표체 안에 있게 됨을 뜻했다는 점에서 공의회주의는 정치체제상 입헌주의[22]를 의미했다. 사실상 중세 후기의 공의회주의의 득세는 지난 수세기 동안 구가된 교황권의 쇠퇴를 의미했고 가톨릭교회의 중앙집권화 추세를 뒤집어 놓는 실로 두려운 혁신이었던 것이다.[23] 이런 의미에서 보편 권위의 상징 교황권에 도전하는 공의회주의의 부상은 지역의 개(個)교회들에 힘을 실어주는 유명론의 득세에 힘입은 것이라고 볼 수 있다.

---

22 정치적 입헌주의 역시 이미 북방 이민족들의 침입으로 제국의 중앙집권적 정부가 붕괴하고 다수의 소규모 영주들을 탄생시킴으로써 중세 세계의 근간이 된 봉건제도(封建制度, feudalism)에 뿌리를 둔 것이다.

23 Bainton, *Christianity*, 214.

한편, 공의회주의 이론의 급진적인 형태들도 있다. 그 가운데 대표적인 것들이 14세기 교황권의 신적 기원을 부인한 이탈리아 정치철학자인 파두아의 마르실리우스(Marsilius of Padua)의 글들에서, 그리고 유명론 철학을 근거로 교회를 통일된 하나의 실체가 아닌 개별적 지체들의 관점에서 본 오캄의 윌리엄(William of Ockham, d.1349)에게서 발견된다. 먼저, 대표적 유명론자인 윌리엄 오캄은 공의회주의에 대한 기본적인 이해를 개괄하는 가장 초기 문헌들을 작성한 인물로, 이들 문헌들을 작성한 목적은 교황 요한23세 제거라는 정치적 의도에 있었는데, 이유인 즉, 요한23세가 그리스도와 사도들이 개인적으로든 집단적으로든 어떤 것도 소유하지 않았다는 프란체스코의 생각들을 옹호하는 교령을 무효화시켰기 때문이었다. 오캄의 주장들 몇몇은 신실한 자들 또는 그들의 대표자들에 의한 선출이 교황의 지위를 수여하지만 동시에 교황의 권위까지도 제한한다는 것을 포함했다. 성직자의 역할을 설교 및 성직임명과 성사집례에 한정시켜야 한다고 주장한 오캄은 교황도 오류를 범할 수 있고 심지어 총공의회도 오류를 범할 수 있으며 적어도 모든 사람이 오류를 범할 수 있다고 했다고 했다. 더 나아가, 오캄에 따르면, 보편 교회는 가톨릭교회가 아니라 신실한 자들의 회집(the congregation of the faithful)이고, 그것이 예수가 사도들에게 약속한 것이다. 오캄은 심지어 말하기를, 그것이 '보편적' 교회이기 때문에, 공의회들은 평신도 남자들, 심지어 여자들의 참여까지도 포함해야 한다고 했다. 보편 교회는 이단으로 떨어질 수 없지만, 역사적으로 볼 때 과거 교황은 이단으로 떨어졌으며, 교황이 이단으로 떨어진다면 그를 심판하기 위해 그의 허락 없이도 공의회가 소집되어야 한다. 이와 관련하여 김영철은 사실상 오캄이 교황절대권 뿐만 아니라 군주절대권까지도 부정했음을 지적하면서, 오캄이 정치적 주권의 개체성 내지 다원성을 실현코자 하는 정치제도를 주장하는 데서, 그가 당시의 주된 경향인 보편성과 획일성을 강조하는 실재론적인 성격에서 벗어나 개별성과 다양성을 주장하는 유명론적 성격을 지님을 확인할 수 있다고 말한다.[24]

그의 *Defensor Pacis*(「평화의 수호자」, 1324)에서, 국가의 우월에 대한 대표적 옹호자였던 이탈리아인 법률가 마르실리우스(Marsilius of Padua)[25] 역시 오캄의 주장에 동의했는데, 즉, 보편 교회는 신실한 자들의 교회이고, 사제들의 교회가 아니라고 했다. 마르실리우스가 집중한 것은, 사제직에 있어 불평등은 어떤 신적 기초를 가진 것이 아니며, 교황이 아니라 오히려 예수가 교회의 유일한 머리라는 생각이었다. 또한 교황의 전능권을 말하는 '교황의 무오성'(Papal infallibility, 無誤性)의 교리에도 반대하면서, 마르실리우스는 보편 교회만이 무오하며, 교황은 그렇지 않다고 주장했다. 마르실리우스의 「평화의 수호자」에 대해 그 사상의 요체가 황제의 최고 권위, 주권적 위상을 밝히기 위함이라는 한 쪽의 주장도 있지만, 다른 쪽에서는 마르실리우스의 인민주권 사상을 주장하며 근대적 이념의 가교로서의 역할을 강조하기도 한다.[26]

그러므로 교황권에 가장 극력하게 대립하는 극단적 공의회주의

---

24 김영철. "오캄의 정치철학과 포스트 모던적 모티브," 「철학논총」 45(2006/7), 63-4.
25 평신도였던 그의 '교회와 국가'에 관한 이론에 따르면, 국가가 유스티니아누스의 체제에서보다 훨씬 더 높은 자리를 차지했다. 특히 모든 재산의 소유권(domi-nium)은 국가에 귀속된다고 주장했다.
26 이화용, "교회와 주권, 보편성(universitas): 마르실리우스의 공의회주의," 「서양중세사연구」 10(2002), 36.

에 따르면, 교황은 그를 선출한 사람들에 의해 폐위될 수 있으며, 국가의 권위는 모든 점에서 교회의 권위보다 우월하다. 교회의 권력 남용을 개혁해야 할 필요성과 중세 후기 대립하는 교황들을 화해시켜야 할 필요성 모두가 이 공의회주의 이론의 발전을 자극했던 것이다. 이런 배경으로, 후기 중세 교황들은 교황의 권위 위에 공의회들을 두고 호소하는 것들을 금지시켰다. 필자가 주목하는 것은, 이러한 교황의 수위권과 극단적 공의회주의의 대립은 보편적 신성에서 통일성을 찾는 실재론과 보편 교회를 단지 언약에 의한 조립품이라고 보는 유명론의 대립이었다고 볼 수 있다는 점과 그 시대적 중재의 필요성에 있다.

모어의 '중도적 공의회주의'와 '반(反)전제적 합의 사상'

영국의 인문주의자·정치가·저술가였던 토마스 모어(Thomas More, 1478-1535)는 헨리8세(Henry VIII)에 의한 영국 교회의 가톨릭교회로부터의 분리 시도 및 루터의 종교개혁을 반대하고 가톨릭을 옹호하려는 일념으로 일관한 반(反)종교개혁가였다.[27] 자신의 신념은 소중하게 여겼으나 다른 이들의 신념을 틀렸다고 간주했다는 평가가 말해주듯, 모어는 독실한 가톨릭 신자로서 종교개혁의 지지자들을 잡아들여 잔인하게 고문하고 죽이는데 양심의 가책이 없었다는 비판을 받는다. 특히 재판관으로서 그의 성격상 오점은 종교

---

27 헨리8세가 루터에 대항해 「칠성사 옹호론」(1521)을 발표하고 루터가 이를 공박했을 때, 모어는 헨리를 지지해 「마르틴 루터의 공박에 대한 응답」(1523)으로 반격했고, 대륙으로부터의 돌풍인 종교개혁에 쐐기를 박고자 A Dialogue Concerning Heresies(1529), Confutation of Tyndales' Answer(1532-1533), Apology(1533)을 저술하였다.

적인 견해들을 표출할 때 사용한 거친 표현들에 있었다. 그나마 모어가 절친 에라스무스와 공유했던 점은, 그 자신 역시 더 합리적인 신학을 갈망하고 성직자들의 행태에서 근본적인 개혁을 갈망했다는 사실이다. 그러나 에라스무스와 마찬가지로, 모어 역시 로마 가톨릭교회로 대표되는 역사적 교회와 단절하고자 하는 의지까지는 갖지 않았다. 모어는 로마와의 궁극적 결별을 향한 헨리8세의 조치들에 불만을 표출했고, 결국 1532년 대법관직(the chancellorship)을 사임했다. 1534년 헨리8세는 영국 교회의 수장으로 선언되었고, 모어는 교황 이외에 교회의 어떤 다른 수장을 인정하기를 거절했기 때문에 1년 이상 런던타워에서의 거친 수감생활 끝에 고등반역죄 선고를 받았고, 여전히 자신의 생각들을 취소하기를 거절한 모어는 1535년 7월 7일 처형되었다.

    모어가 헨리8세와 빚은 갈등의 출발점은 "평신도가 교회의 교권을 침범할 수 있는가?"의 명제였다. 모어는 이를 부정한 반면, 헨리는 구약시대 왕들이 대제사장들보다 서열이 앞섰고, 과거 황제가 공의회를 소집했으며,[28] 초기 교부들이 각 지역 주교들의 개별적 권한을 중요시했다는 주장에 입각했다. 헨리에 따르면, 관할권을 벗어나 있는 로마 주교의 불법적이며 초법적인 통치를 마감하는 것은 정당한 일이며, 영국 내에서 영국 교회의 보호자는 영국의 군주가 맡는 것이 옳은 것이었다. 이에 대해 모어는 교회의 보호자의 역할은 세속군주가 수행한다는 주장에는 토를 달지 않았지만, 교회의 머리는 어디까지나 교황이고 몸과 수족은 추기경단이며, 평신도는 세속군주라 할지라도 이를 침범할 수 없다는 주장으로 맞섰다.

---

28 예를 들어 황제 콘스탄티누스는 325년 니케아에 공의회를 소집한 바 있다.

이처럼 가톨릭 정통주의의 옹호자였지만, 모어는 사실상 공의회 주의자였다.[29] 공의회주의 이론과 관련하여, 모어는 "전체 지역을 대표하는" 의회와의 직접적인 유비를 사용해서 어떻게 종교회의들이 전체로서의 교회를 대표하는지 강조한다.[30] 그러면서도 모어는 자신이 합법적으로 전통적인 교황제 교리를 인정한 것을 부인하지 않았다. 모어가 그토록 교황제에 헌신되어 있으면서도 동시에 공의회주의자라는 것은 매우 흥미로운 이야기가 아닐 수 없다.[31] 모어가 '중도적 공의회주의자'(moderate conciliarist)로 불리는 것도 같은 맥락일 것이다. 이와 관련 교회 안의 권위에 대한 모어의 입장은 일종의 '절충주의'로도 불리는데, 김평중의 말대로, 모어는 성서의 권위를 인정하되 루터의 경우만큼 절대적인 것은 아니었으며, 다른 한편으로 역사와 전통의 산물인 교황과 공의회의 권위도 아울러 인정했

---

29 Francis Oakley, *The Conciliarist Tradition: Constitutionalism in the Catholic Church 1300-1870*, 135.

30 Thomas More, *The Complete Works of St. Thomas More (CWM)*, 8:1, 146.

31 마리우스(Richard C. Marius)는 모어가 교황제을 그토록 존중하면서 철저한 공의회주의자였다는 것을 다음과 같이 설명한다. "모어는 종교개혁 초기 대부분 다른 가톨릭 변증가들이 그 용어를 사용할 때 의미하는 그만큼 교황주의자는 아니다. 물론 모어가 교황주의가 폐지되어야 한다고 생각했다는 말은 아니다. 전통에 대해 모어만큼 깊은 정서를 가진 사람이라면 누구도 교회가 교황제를 전적으로 폐지할 수 있을 거라고 생각할 수 없을 것이다. 크롬웰을 향해 할 말처럼, 모어는 교황의 우선성(primacy)에 대한 신의 제정을 믿었다. 하지만 우선성이 수위성(supremacy) 또는 주권(sovereignty)과 동일한 것은 아니다. 내가 생각하기에, 모어는 교회 안에서 매우 제한된 권한을 가진 교황을 원했던 것이다. 그는 철저하게 공의회주의자였다." Richard C. Marius, "Henry VIII, Thomas More, and the Bishop of Rome," *A Quarterly Journal Concerned with British Studies* 10, Quincentenial Essays on St. Thomas More (1978), 105-106. Cf. Volume 20 of More's Collected Works, 교황의 권위에 비례해서 총 공의회의 교도권에 대한 모어의 해석.

시대의 중재자 모어는 교황과 종교회의의 권위 모두를 인정한 교회정치적 중재자이다.

다.[32] 이화용이 적절하게 평가하듯, 모어가 시대적으로 혁명성이 담긴 메시지와 해결책을 내놓았다 할지언정 과거의 역사를 무시하는 잘못을 범하지 않은 것이며, 시대가 이미 중세의 다리를 건너 르네상스로 전환하고 있음을 인지했지만 중세를 통해 자리 잡은 종교의 권위에 대한 역사성을 무시하지 않았던 것이다.[33] 보기에 따라서는, 시대의 중재자로서 모어는 교황과 종교회의의 권위 모두를 인정한 교회정치적 중재자이기도 했던 것이다.

또한 공의회주의자로서 모어는 반(反)전제적이고 민주적인 정치사상가였다. 모어는 교황의 사면권이 하나님의 전체 백성으로서의 교회로부터 오는 것으로 보았다. 따라서 교황도 공의회에 의해 경고를 받을 수 있고, 심지어 폐위될 수 있다. 모어는 망설임 없이 이 견해를 "교황은 단지 로마 주교에 불과하고 전 교회의 수위권은 없다."는 주장을 펴면서 헨리8세의 편에 선 토마스 크롬웰에게 선언했다.[34] 한편, 교회법 학자들이 보여 준 가장 극단적인 교황권 지상주의적 주장들에도 반대한 모어의 교황직에 대한 이해는 Sir John Fortescue(c.1395c.1477)와 같은 군사 법률가의 헌법사상에 나타나는 바, 제한된 왕권 개념, 즉 국가의 제정은 곧 전체 국민의 의도에 기초해 있다는 생각과 닮아 있다. 이와 관련하여 김평중은 모어의

---

32 김평중, "공의회주의자(conciliarist)로서의 토머스 모어와 그의 합의 사상," 「역사학연구(구 전남사학)」 19(2002), 690.

33 이화용, "토마스 모어의 세계 시대를 넘어선 16세기 사상가", 「동서인문학」 46(2012/12), 244.

34 Thomas More, *CWM*, 8:2, 590.

정치사상적인 배경을 지적한다. 김평중에 따르면,[35] 『유토피아』를 썼던 모어의 전반부 생애는 물론 반(反) 헨리8세와 반(反) 루터적 활동으로 점철되고 마침내 순교로 마감한 그의 후반부 생애를 지배한 사상적인 뿌리는 '반(反)전제' 사상이었다.[36] 모어의 관점에서 볼 때, 헨리8세가 교회의 수장이 되는 것은 왕이 교 속의 전 영역에서의 절대적인 전제권 확립과 그로 인한 유럽의 보편적인 평화의 파괴를 의미하는 것이었다. 헨리8세에게 끝까지 맞서게 한 이러한 반(反)전제적인 정치사상은[37] 그로 하여금 교황주의와 공의회주의 사이에서도 절대적인 권위가 한 몸에 집중되는 교황보다는 의회적 대표기관의 성격을 띠고 전체 성도를 대표하는 다수의 주교들의 모임인 공의회에 더 무게를 두게 했다.[38] 모어는 교황이 되었건 세속통치자가 되었건 권위가 한 사람에게 집중되는 것을 반대했던 것이다.[39] 이화용의 표현처럼, "시대의 중재자로서 모어의 사상은 더 이상 중세적 틀에 갇혀 있지 않았고 오히려 '개혁의 미명하에 관권에 의한 폭력적 혼란으로 치닫는 유럽을 향해'[필자 삽입] 종교적 관용을 제시하며

---

35 김평중, "공의회주의자(conciliarist)로서의 토머스 모어와 그의 합의 사상," 692.

36 모어는 의회에서 헨리7세의 전제적인 조세정책을 비판하였고, 『리처드 3세사』에서는 권력의 잔인한 전제성을 고발하였으며, 『유토피아』에서는 전제화로 기울기 쉬운 군주정 대신 공화적 의회적인 정치 모델을 제시했다. 참고, 김평중, 『토마스 모어의 정치사상 연구』(전남대학교 대학원 박사학위 논문 1997), 35, 55-84, 155.

37 헨리7세가 행한 전제정치의 하나였던 과도한 특별세를 반대하여 삭감시킨 적이 있었고, 이 때 격노한 헨리7세는 격노하여 모어의 공직을 박탈시킨 바 있었다. 그리고 이러한 헨리7세의 전제정치는 헨리8세의 즉위로 막을 내린 것이었다. 이화용, "토마스 모어의 세계," 228.

38 김평중, "공의회주의자(conciliarist)로서의 토머스 모어와 그의 합의 사상", 693.

39 Ibid., 696.

이미 중세를 넘어 근대의 새벽을 조용히 준비하고 있었던 것이다."[40]

한편, 김평중에 따르면, 공의회주의자로서 모어는 교황의 권위는 인정하되 교황보다는 공의회에 더 애착을 지녔었고, 그의 공의회주의 이론이 가진 가장 중요한 전거는 '합의(consensus) 사상'이다.[41] 모어는 헨리의 개혁이 가시화됨에 따라 공의회의 가치를 부각시켜 갔지만, 그것은 항상 모어의 교회관의 두 중요한 실체인 교황의 수위권 및 '합의'에 투영된 그림자 내에서 작용했다고 말해진다.[42] 김평중은 모어의 '합의 사상'을 이렇게 요약한다.

> 요컨대, 모어는 교황직을 신이 내린 제도로 인정하고 교회의 행정적인 통일의 구심점으로 인정했지만, 그가 전 교회의 입헌적·교사적·사법적인 기구로 인정한 공의회를 본질적으로 교황 위에 두었다고 할 수 있다. 특히 반전제적이고 민주적인 정치 사상가인 모어가 공의회를 교황의 위에 둔 궁극적인 배경은 공의회를 근본적으로 전 기독교 세계를 대표하는 합의의 도출기관으로 보았기 때문이다. 그가 볼 때 공의회는 합의를 도출하고 교황은 그것을 실행해야 한다. 모어가 추종해야 하는 권위는 교황을 정점으로 하는 계서제적인 것이 아니라 공의회에서 전 믿음의 공동체에 도달된 합의이다.[43]

결론적으로, 교황권과 관련한 모어의 정치사상은 스콜라주의 보

---

40 이화용, "토마스 모어의 세계: 시대를 넘어선 16세기 사상가," 237.
41 김평중, "공의회주의자(conciliarist)로서의 토머스 모어와 그의 합의 사상", 691.
42 Ibid., 690.
43 Ibid., 699.

편 논쟁에서 나온 '온건한 실재론'과 같은 맥락에서 이해 가능하다. 즉, 모어는 교황직을 신의 제도로 인정한 동시에 기독교세계라는 보편적인 공동체를 유지하고 '합의'의 효율적인 기능을 보존하는 데 필요한 구심점이요 연속적이고 실제적인 권위로 간주했다. 헤들리도 동의하듯, 모어는 교회에서 교황과 공의회의 존재의 필요성을 인정하면서도, 특히 교황직을 신이 정해준 제도로서 가시적 교회의 충분하고도 항구적인 시금석이요, 교회의 통일과 정체성의 보루로 간주했다.[44] 그러면서도 모어는 교도권이라는 가르치는 권위가 개별 지역 교회의 대표자들로 구성된 공의회라는 기구를 통해 행사된다는 주장을 옹호한다.[45] 말하자면 모어는 교회의 외적 혹은 행정적 통일의 구심점으로서 교황의 역할과 존재의미를 인정하면서도, 교리 문제에 대한 구체적이고 특수한 역할은 모든 지역의 교회를 대표하는 공의회가 갖고 있다고 본 것이다. 몬티의 결론대로, 모어는 베드로의 후계자가 지니는 수위권과 교회의 범세계적인 공의회가 가지는 권위를 믿었을 뿐 아니라, 전통적으로 '신앙 감각'(sensus fidei)이라 일컬어 온 모든 것을 그리스도인 각자의 마음에 뿌리 내린 신앙의 신조들에 대한 전체 교회의 공유된 동의도 믿었다.[46]

자신의 꾀를 끝까지 발휘해 자연사 한 에라스무스와 달리, 모어는 교황권을 부정하는 헨리8세에 반대하여 결국 반역죄로 참수형을 당했다. 이를 두고 혹자는 말하기를, 모어는 분명 이성의 힘을 가슴에까지 가져간 사람이었다고 했지만, 어쨌든 교회의 질서와 사회적

---

44 김평중, "공의회주의자(conciliarist)로서의 토머스 모어와 그의 합의 사상," 690.

45 편지 no. 199, 모어가 토마스 크롬웰에게 보낸 1534년 3월 5일자 편지, Rogers, *Correspondence*, 499.

46 제임스 몬티, 성찬성 옮김, 『성 토마스 모어』(가톨릭출판사, 2006), 224.

평화를 동일시 한 원칙주의자 모어에게 있어서 헨리8세는 영국을 통치하는 세속 왕으로서 로마 교황청에 대해 자치를 주장할 수 없는 교회의 한 구성원일 뿐이었다.[47] 모어는 최후의 순간에 이렇게 덧붙여 선언했다. "나는 왕의 충실한 신하로 죽습니다. 그러나 나는 그에 앞서 하나님의 신하로 죽는 것입니다."[48] 개별자로서 모어는 자신이 왕의 충실한 신하임을 고백했지만, 역사와 전통, 그리고 민주적인 동의에 근거한 보편적 체계로서의 기독교세계를 부정하는 일개 영국 왕의 수장권은 결코 받아들일 수 없었던 것이다.

정치적 중재자 에라스무스의 '반(反)민족주의적 세계주의'

제국과 민족의 대립

중세 기독교세계에서 집중화의 또 다른 한 축은 제국이었다. 사실상, 중세 유럽은 지금의 유럽연합(EU)보다 더욱 강력하게 통합된 사회였다. 유럽연합이 경제, 즉 돈을 매개로 한 경제 공동체에 불과하다면, 당시 유럽은 신앙을 매개로 정치, 경제, 문화 등 모든 부분에서 통합을 이룬 단일체였다. 이러한 집중화의 구심점으로서 제국의 황제는 4세기 초 로마를 통일한 콘스탄티누스로 시작되어 샤를마뉴 대제로, 그리고 오토1세를 거쳐 종교개혁 시대에는 신성로마제국의 합스부르크 왕가 찰스5세로 대표된다. 그러나 중세 말기

---

47 이화용, "토마스 모어의 세계," 234.
48 Thomas More, *St Thomas More: Selected Letters*, ed. E. F. Rogers (New Haven, CT: Yale Univ. 1961), 247-8.

에 접어들며 교황권의 추락 등과 맞물려 제국의 보편성이 쇠퇴하고 정치적 영향력이 감소함으로써 제국의 집중화의 축이 와해되기 시작했고, 느슨해진 제국은 이제 민족국가들의 군락으로 변모되어 갔다.[49] 이러한 개별 민족국가들의 형성은 심지어 교회마저도 민족적이고 영토적인 개념을 가지게 된 소위 '국교회'[50](state church) 사상 위에 세워지도록 했다. 마침내 민족 단위의 통치자들도 보편 교회의 수장인 교황의 간섭 하에서 벗어나길 원했고, 앞서 설명한 극단적 공의회 우위론자들을 지원함으로써 정치적으로도 제국의 황제와 맞서기를 피하지 않게 되었다.

제국이 중세 기독교세계의 집중화의 상징이라면, 중세 말기부터 종교개혁 전야에 급부상한 민족주의는 분산화의 상징이라 할 수 있다. 베인톤에 따르면, 14세기에 들어설 때만 해도 민족주의는 아직 오늘날과 같은 형태를 띠지 않았고, 민족(nation)이란 단어도 오늘날이라면 그렇게 명명되지 않았을 집단들을 가리켰다.[51] 사실 민족이란 단어는 대학교에서 학생 집단을 분류하는 데 최초로 쓰였다. 그러나 차츰 개별 민족들은 자신들의 울타리 안에서 각자의 정치적 자치권을 얻으려면 중세의 두 가지 보편적 권력, 곧 교회(the Church)와 제국(the empire)이라는 총괄적 보편 권력을 배척해야

---

49 혹자는 신성로마제국(Holy Roman Empire)의 경우, 그것이 가진 민족주의적 배경을 지적할 수 있다. 그러나 오토1세로부터 비롯된 신성로마제국은 독일인만의 제국이라 보기는 어려우며, 그보다는 독일계, 이탈리아계, 보헤미아계 등 다양한 인종의 사람들이 로마인이라는 정체성을 가지고 하나가 된 가톨릭 제국으로 보는 것이 훨씬 더 적합하다는 주장이 학계에서 지배적이다.

50 국왕이나 영주(領主)를 교회의 우두머리로 하는 개신교 제도로서, 그 예(例)로서 영국의 성공회가 있다.

51 Bainton, *Christianity*, 205.

했다. 마침내 왕들이 황제들의 역할을 차지했고, 이제 구호는 '군주가 자기 영토에서 황제다'[52]가 되었다. 즉, 유럽의 모든 영토들은 개별 주권 국가들에 의해 세분화되고, 그들의 독립적인 권위 아래 놓이게 되었다. 그로써 가장 먼저 영국과 프랑스 등이 교황청과 충돌하였던 것이다. 그렇다면 종교개혁 당시 제국과 민족의 중재는 시도되지 않았는가? 여기서도 실재론과 유명론 사이의 중간지점인 온건한 실재론의의 의의가 적용될 여지는 없었는가? 필자가 보기에, 종교개혁 당시 유명론적 경향을 가진 학자로서 제국과 민족의 타협을 가능성으로 제기한 인물은 그의 평화주의적 세계주의로 인해 오늘날 더 평가받는 네덜란드 출신의 에라스무스였다.

에라스무스의 '반(反)민족주의적 세계주의'와 '평화주의'

16세기 서양 지성사에서 독특하면서도 최고의 지위를 가지는 에라스무스(Desiderius Erasmus, c.1466-1536)[53]는 르네상스 시대의 인문주의자로서 다양한 자기 정체성을 융합하는 고유한 방식으로 유럽 문화의 근대 자유주의 전통을 형성하는 데 이바지했지만, 여전히 그는 트렌트 공의회 이전의 가톨릭교도로서 토마스 모어와 마찬가지로, 가톨릭교회의 울타리 안에 머물고자 했다. 한마디로 그는 시대의 중재자로서 양(兩)문화를 동시에 살았다. 어쨌든 그의 사상이 유럽 전역으로 퍼지면서 고전(古典) 연구를 통해 구현된 자유롭

---

52 The slogan was *Rex est imperator in regno suo*, "The king is the emperor in his own domain."
53 츠바이크(Stefan Zweig)는 에라스무스를 가리켜 "최초의 의식 있는 세계주의자이자 유럽인"으로 불렀다.

고 인간적인 이상은 에라스무스로 하여금 대중 가운데 개혁의 욕구를 불어넣음으로써 당시 대중의 지지를 얻기 시작한 종교개혁에 큰 힘을 보탠 것은 틀림없다. 에라스무스는 가톨릭교회의 부패상을 지적하고 가톨릭 개혁 운동의 한 흐름을 형성했다는 의미에서 가톨릭 반(反)-종교개혁(counter-reformation)에 해당하지만,[54] 이 글에에서는 결정적으로 루터의 개혁을 비판하고 반대했다는 의미에서 그를 반(反)종교개혁가로 부른다.

종교개혁에 대한 에라스무스의 영향이 지대했음에도 불구하고, 그 한계 또한 역력했다. 교황 레오10세를 향해 로마를 개혁의 중심으로 만들고 그리스도의 말씀을 들에 있는 모든 농부에게 읽히게 하라고 요구했던, 그가 번역해 만든 신약성서 서문에 표현된 그 기독교 개혁의 비전은 에라스무스의 영향에도 불구하고 실현되지 않았다. 오히려 앞장 선 루터를 따르면서 더 이상 행동하기를 기다릴 수 없었던 지식인들은 인문주의의 그와 같은 타협적 경향을 거절했고, 에라스무스와 달리 인쇄물과 설교강단을 사용하여 유럽의 대중을 움직였다. 말하자면 에라스무스의 교육적이고 설득적인 스타일은 더 단순하면서도 신학, 성례전, 교회구조에 대한 토속어를 사용한, 때로 사회, 정치적 이슈들과 연결된 소책자들 앞에서 힘을 잃었던 것이다. 그의 활동의 초창기에 해당하는 1516년 에라스무스는 '유럽의 황금시대'를 예견한 바 있지만, 1521년이 되면서 그는 유럽의

---

54 종교개혁 당시 가톨릭 측 개혁운동은 두 가지로 진행되었는데, 하나는 자유롭고, 비교리적이고, 윤리적이며, 교육에 의존하여 목적을 성취하려고 한 유형이었고, 다른 하나는 교리적이고 권징적인 유형이었다. 베인톤은 첫째 유형을 네덜란드적인 것으로, 둘째 유형을 스페인적인 것으로 묘사해도 지나친 과장은 아닐 것이라고 말하며, 자유주의적 가톨릭 개혁 운동을 이끈 대표적인 인물로 에라스무스를 지목한다. Bainton, Christianity, 232.

정치적 분열과 더불어 유럽 교회의 분열에 심각한 위기감을 갖게 되었고, 특히 개혁자들의 호소들이 보여준 열성적이고 당파적인 기조와 본질에 실망한 나머지 자신의 시대를 기독교의 시작 이래 최악의 시대로 부르고 있었다.[55]

한편, 종교개혁에 대한 에라스무스의 영향이 가진 한계는 그 개혁의 토양이 다분히 민족주의였다는 점에 있었다. 9세기 들어 서유럽은 오늘날 프랑스와 독일의 모태가 된 두 지역으로 분할되었지만, 독일이라는 말이 쓰이기 시작한 건 16세기에 이르러서였다. 그리고 그 16세기의 영웅이 바로 루터였고, 그의 개혁의 외침은 독일 민족을 향한 고함으로 시작되었다. 16세기 독일은 전쟁이 기아를 낳고, 기아로 약해진 사람들은 전염병으로 죽어가는 악순환이 계속되고 있었다. 그런 위기 속에서 지배자였던 교회와 세속 권력은 반목을 거듭하고 있었고, 마침내 독일이라는 민족이념이 발생한다. 물론 민족이념이 발생한 것은 독일뿐만이 아니라 유럽 전역에서였다. 단테와 마르실리우스 같은 사상가들이 주창한 왕정국가론이 인문주의와 더불어 민족주의적 왕정국가를 탄생시켰고, 그것이 바야흐로 전개될 종교개혁의 토양이 되었던 것이다. 그런데 독일의 경우 휴머니스트나 정치가가 아닌 종교개혁가 루터에 의해 민족이념이 확립되었다고 할 때, 바로 이에 제동을 건 사람이 에라스무스였다.

정치적 이상과 관련, 에라스무스는 사실상 민족주의를 반대하는

---

55 에라스무스는 중용에 호소했던 까닭에, 그는 종교개혁을 지지했지만 로마 가톨릭교회를 떠나지 않고 교회의 질서 안에 머물기를 원했다. 루터가 면죄부 논쟁을 일으켰을 때 에라스무스는 신중한 태도를 견지하며 루터의 행위를 비난했고, <자유의지를 혹평함에 대하여>(1524년)를 써서 가톨릭교회의 권위에 도전한 루터를 공격했다.

세계주의자(cosmopolitan)였다. "에라스무스가 종교개혁의 알을 낳고 루터가 부활시켰다."[56]라는 말이 있을 정도로, 사실상, 루터의 종교개혁 사상의 전파는 에라스무스를 위시한 인문주의자들의 지원이 있었기에 가능했다. 처음 에라스무스와 루터 두 사람 사이의 관계는 좋았고 피차 잦은 교류가 있었지만, 그들은 육체적으로, 기질적으로 정반대의 극들이었다. 루터가 열광적 기질인 반면, 에라스무스는 타협적인(conciliatory) 기질이었고, 루터가 혁명을 외친 반면, 에라스무스는 진화(evolution)를 주창했다. 한마디로 격정 대 이성, 원초적인 힘 대 문화의 대조였다. 그러나 무엇보다도 루터의 민족주의에 반대하여 에라스무스는 세계주의(cosmopolitanism)를 표방했다. 보편적 자유주의와 관용을 외친 에라스무스가 필연적으로 루터에게서 등을 돌리게 된 것은 광신적인 신앙, 독단과 불관용, 그리고 무엇보다도 민족주의였던 것이다. 에라스무스는 루터가 독일의 민족주의에 편승하고 있다고 생각했고, 두 사람의 논쟁이 격화되면서 에라스무스는 루터를 "민족주의 독이 든 열매를 맺은 나무다"라고 맹비난했을 정도였다. 이에 대해 리터(Gerhard Ritter)는 종교개혁이 왜 독일에서 일어났는지를 말하면서 다음과 같이 썼다.

> 에라스무스는 모든 일에서 독일 인문주의자들의 뚜렷한 민족주의와 그들의 유치한 논쟁을 멀리 했고, 모든 민족주의적 경계들을 넘어서는 학문의 세계주의적 세상에서 살았으며, 다른 무엇보다도 커다란 정치적 투쟁들의 시끄러운 소리를

---

56 사실, 가톨릭교회로부터 자신이 루터와 츠빙글리 같은 이를 부화시킨 알을 낳은 장본인이라는 비난을 받았을 때, 에라스무스는 "나는 달걀을 낳았으나 루터는 다른 새의 알을 부화했다"고 항변했다고 전해진다.

자신의 학문적 실존의 교양 있는 고요 속으로 위협하며 가지고 들어오는 것을 싫어했다.[57]

항구도시 로테르담(Rotterdam)의 중앙도서관 벽에 "전 세계가 너의 조국이다."라고 적힌 글은 이 도시 출신 에라스무스에게 헌정된 것으로, "온 나라가 나의 조국이다(The whole earth is my fatherland)."라고 말하곤 했던 세계주의자 에라스무스는 스위스 취리히의 시민권을 제안 받았을 때 짜증스러워하는 태도로 "나는 한 도시가 아니라 세계의 시민이기를 원한다."라고 썼다.[58] 에라스무스는 그의 『우신예찬』(The Praise of Folly)에서도 민족성과 민족주의를 비판했는데, 그는 민족성이라는 것이 개별 인간뿐만 아니라 전체로서의 인류가 즐기는 '자기-사랑'이며 '자화자찬'으로[59] 가장 큰 어리석음의 하나라고 지적했다.

> 그러므로 영국인은 무엇보다도 멋진 외모, 음악적 재능, 좋은 음식에 관한 한 독보적인 위치에 있다고 나는 생각합니다. 스코틀랜드인은 고귀한 혈통을 지니고 있고, 왕과 혈연관계에 있다는 명예와 함께 논쟁하는 능력에 대한 자부심을 갖고 있습니다. 프랑스인은 세련된 품행을 내세우고, 파리 사람들은 그들의 신학적 통찰력이 다른 나라 사람들의 추종

57　Gerhard Ritter, "Why the Reformation Occurred in Germany," *Church History* 27/2(June 1958), 103.
58　Koenraadt, Mathijs, (2016.08.07), "Erasmus's War against the Turks: A Warning from the Past," http://koenraadt.info/essays/erasmuss-war-against-the-turks.html.
59　Desiderius Erasmus, *The Praise of Folly* (New Haven: Yale Univ., 1979), 70.

을 불허한다고 특별히 자랑합니다. 이탈리아인은 자신들만이 문화와 언변에 관한 능력을 갖고 있다고 주장합니다. 그러면서 자신들만이 문명화된 민족이라고 자화자찬하면서 행복을 느낍니다.[60]

이와 같이 인문주의자로서 에라스무스가 가진 개혁의 성향에도 불구하고 민족주의 문제는 그를 여타 종교개혁가들과 시간이 갈수록 첨예하게 대립하게 만들었다. 1470년대 네덜란드에서의 에라스무스의 교육은 *devotio moderna*('새로운 헌신')에 의해 영향받았고, 사실 그는 인정하길 피하지만, 그 영향은 종교개혁을 향한 경향의 일환으로 간주될 수 있다. 16세기 초 물질주의적 교황권에 대한 그의 태도 역시 본질적으로 종교개혁가들의 그것과 다르지 않다. 교회개혁의 일환으로 성경을 중시한 에라스무스가 헬라어 신약성서를 주의를 기울여 편찬한 것도 역시 *devotio moderna*와 종교개혁 모두와 조화를 이루며 맥락을 같이하는 것이다. 그런데 여기에 한 가지 분명한 차이가 있는데, 즉 에라스무스는 헬라어 신약성서를 라틴어로 번역했지만(1516년), 루터는 독일어로 번역했다는 사실이다. 장차 에라스무스는 "세계어는 라틴어가 되어야 한다"고 생각했다는 것에서도 알 수 있듯이, 대다수 북구 인문주의자들이 민족주의와 민족어에 관심을 가졌던 것과 달리, 세계주의자로서 에라스무스는 라틴어 세계화를 통한 국경 없는 유럽 통합을 꿈꾸었던 것이다.

에라스무스의 출생지 로테르담(Rotterdam)[61]은 네덜란드의 좌

---

60 *Ibid*., 69.
61 로테르담은 네덜란드에서 두 번째로 큰 도시로 유럽 최대의 무역항이며 2차 대전 당시 독일의 폭격으로 도시의 80% 이상이 파괴되어 고대 건축물이 없을 정도이다. 로테르담의 상징은 "백조"라는 별명을 가진

경화된 지식인 여행지로서 그 누구보다도 에라스무스에게 어울리는 도시였다. 말하자면 에라스무스는 일종의 반(反)민족주의적 우상이고, 아마도 개방된 국경들을 주장했을 것임에 틀림없는 다문화적 세계 시민이며, 모든 곳으로부터 많은 문화들과 신념들을 진심으로 환영했을 관용적인 인간이었으면, 궁극적으로 전쟁을 반대한 평화주의자였다. 에라스무스가 오늘날 미국인이었다면 그는 당연히 민주당에 투표했을 수밖에 없다. 그러므로 에라스무스의 세계주의의 의의는 무엇보다도 그의 평화사상에 있다. 평화주의자로서 에라스무스는 교육에 의한 개혁을 수행하려면 교회와 조화를 이루고 정부와 화친할 필요가 있다고 보았다. 따라서 베인톤이 적절하게 논평하듯이, 보편적 권위로서의 로마 가톨릭교회와 보편 제국으로서의 정부를 중시하는 그에게 민족주의라는 새로운 정신은 차라리 가장 완강한 적이었던 셈이다.[62] 그러므로 평화주의자인 에라스무스는 정치인들이 민족주의 정서를 이용하여 전쟁을 부채질하는 것을 반대했는데, 정치인들이 외국인에 대한 혐오를 조장하고 자기 민족의 우월성을 조장하는 행위를 비판한 것이다. 이에 대 해 박경수가 평가하듯이, 에라스무스는 정치인들에게 민족적 영광이라는 환상을 국민에게 심어서는 안된다고 조언하고 있으며,[63] 이것은 협소한 민족주의를 넘어서 세계 시민으로 살고자 했던 에라스무스의 정신과 일치하

에라스무스 다리이고, 그 다리 부근에 걸려 있는 170개국 나라의 국기야말로 오늘날 세계에서 가장 많은 국가들로부터 온 사람들이 살고 있는 다민족, 다인종 국가로서의 네덜란드를 잘 설명해 주고 있다.

62 베인톤에 따르면, 에라스무스는 영국인들과 프랑스인들과 스페인인들에게 이렇게 묻기를, 사실상 그리스도 안에서 형제들인데 왜 스스로를 혈통상의 원수로 여겨야 하느냐고 했다. 참고, Bainton, *Christianity*, 234.

63 Erasmus, *The Complaint of Peace* (Chicago: The Open Court Publishing Co., 1917), 52.

는 것이다.[64]

박경수가 지적하는 대로, 에라스무스는 네덜란드인이기 전에 인간이었고, 무엇보다도 그리스도인이었다. "이 땅에서 가장 중요한 문제는 루터에게는 종교였고, 에라스무스에게는 인간이

지리적 경계가 그리스도인을 나눌 수 없고, 국가나 민족의 정체성이 그리스도의 신비한 몸을 나눌 수 없다.

었다"[65]는 츠바이크의 표현이 일면 설득력을 가진다고 해도, "민족 단위를 가리키는 지리적 경계가 그리스도인을 나눌 수 없고, 국가나 민족의 정체성이 그리스도의 신비한 몸을 나눌 수 없다"(에라스무스)고 보았다. 박경수는 에라스무스의 평화주의를 말하면서, 극단적 민족주의를 경계하는 에라스무스의 외침이야말로 지난 20세기에 왜곡된 국수주의와 인종주의로 인한 참극을 겪었던 우리에게 유효한 조언이라고 결론짓는다.[66] 베인톤의 표현대로, 에라스무스는 향수어린 심정으로 하나의 보편 제국과 하나의 보편 교회 안에서 하나의 사회를 이루고 살던 과거를 되돌아보았다.[67] 이것이, 분명 루터와는 달리, 에라스무스가 로마 가톨릭교회를 떠나지 못한 이유였던 것이다.

결론적으로 시대의 중재자 에라스무스의 사상 안에는 개별자로서의 개인과 보편자로서의 교회와 제국이 함께 있는 것이 가능했다.

---

64   박경수, "에라스무스의 평화주의: 『평화의 탄식』과 『투르크족에 대항하는 전쟁에 관하여』를 중심으로," 「신학논단」 85(2016. 9), 112-113.
65   슈테판 츠바이크, 정민영 옮김, 『에라스무스 평전 종교의 광기에 맞서 싸운 인문주의자』(아롬미디어, 2006), 158.
66   박경수, "에라스무스의 평화주의," 113.
67   Bainton, *Christianity*, 234. "a society comprised within a universal empire and a universal Church "

> 에라스무스는
> 제국보다는 개인의 윤리에 집중했고,
> 윤리와 평화 사상으로
> 궁극적으로 세계주의의 실현을
> 꿈꾸었다.

인문주의적 정치적 중재자 에라스무스는 결코 제국에 집중한 것이 아니라, 오히려 개인의 윤리에 집중했으며, 그러한 윤리와 평화 사상으로 궁극적으로 세계주의의 실현 가능성을 꿈꾸었던 것이다. 세계, 아니 당시로서는 유럽을 조국으로 삼은 최초의 유럽인이자 최초의 비판적 평화애호 인문주의자였던 에라스무스는 종교개혁의 투쟁에서는 루터에게 패했지만, 그의 외침은 여전히 살아 있다: "그리스도라는 이름이 우리를 하나로 만들고 있는데, 도대체 무엇 때문에 영국이니 독일이니 프랑스니 하는 그 '바보'같은 이름들로 갈라져 있어야 한단 말인가?" 그리고 그 외침은 다시 유럽 통합의 상징으로 부활하고 있다. 20세기 최고의 전기 작가 슈테판 츠바이크가 에라스무스의 유산에 대해 쓴 마지막 몇 문장이 우리 가운데 다시 들려져야 한다.

> 바로 불같은 분열의 그 순간에 인류의 평화가 가능하다는 믿음이 나타난다. 인류는 도덕적으로 승화할 수 있다는 환상의 위안 없이는, 마지막 화합의 그 꿈 없이는 결코 살 수 없고 일할 수도 없기 때문이다. 약삭빠르고 냉혹한 계산꾼이 '에라스무스적인 것'은 가망이 없음을 늘 새롭게 입증할 수 있다 하더라도, 그리고 현실이 그 계산꾼의 계산이 옳았다고 끊임없이 인정한다 하더라도, 분열돼 있는 민족들에게 화

합을 말해 주고, 앞으로 다가올 더 지고한 시대사상인 인류애를 인류의 가슴에 믿음으로 새롭게 심어 주는 그런 사람이 절대적으로 필요할 것이다.[68]

맺는 말

오늘날 EU와 그 소속 국가들은 어느 때 보다 크고 깊은 현실적 위기와 미래에 대한 불안에 직면해 있다. 브렉시트 개시와 그리스 스페인의 높은 청년 실업률, 이탈리아의 부채와 경기침체, 포퓰리스트의 준동, 그리고 끝없이 이어지는 난민 문제 등 직면하고 있는 난제들이 줄어들 기미를 보이지 않고 있다. 이러한 때에 다시 신(新)민족주의의 위세가 몰아치며 유럽연합의 통일성을 위협하고 있는 것이다. 역사적으로 볼 때, 기독교회 또는 기독교 지도자들이 그 역사적, 종교적 보편성에 대한 의식을 결여하고 서유럽중심주의나 민족중심주의적, 또는 국수주의적 시각에 갇혀 있을 때 발생하는 사회, 정치적 문제는 실로 크고 때로 비극적이었다. 전쟁까지도 불사하여, 지난 세기 1차 세계대전에서 수백만의 무고한 사람들 가난한 사람들, 농민들과 노동자들이 4년 동안의 맹목적 민족주의와 군사주의에 의해 희생되었고, 2차 세계대전에서는 6천만명이 희생되었다. 왜곡된 민족주의는 보편의 세계역사를 만들지 못하고 인류를 적대와 고립과 비극과 퇴보로 이끈다는 것이 역사의 준엄한 경고이며, 역사의 경험은 국경들을 인정하지 않고 민족적 경계들을 인정하는 않는

---

68   슈테판 츠바이크, 『에라스무스 평전』, 254-5.

새로운 유럽, 새로운 세계의 당위성을 웅변하고도 남는다. 국가적 경계선을 넘어 함께 공존하는 삶의 가치는 새로운 천년을 위한 세계 인류의 공통된 과제이다. 그런 의미에서, 이러한 국수주의적 자국 이기주의의 재(再)발흥이 종교, 특히 개신교를 중심으로 전통적이고 보수적인 가치들과 목소리들이 시대를 역행하여 다시 득세할 뿐만 아니라 정치, 사회적 이슈들에 메시지를 가질 수도 있다는 점은 우려하지 않을 수 없는 역사의 교훈인 것이다.

종교개혁은 무엇보다도 먼저 기독교적 삶을 다시 성서에 기초시키고 교회의 삶을 정화시키고자 한 것으로 대중가운데 공감된 종교적 운동이었지만, 다른 한편으로 민족주의와 그밖에 사회, 경제적 이슈들이 그 배경과 원인으로 작용했다는 점도 기억되어야 한다. 필자는 중세 말기 교황주의와 공의회주의의 대립, 제국과 민족들의 대립과 긴장을 이해함에 있어서, 중세철학에서 스콜라주의의 뜨거운 논쟁 가운데 하나인 실재론과 유명론의 대립이 그 이데올로기적 배경으로 작용한 것으로 간주되는 서유럽 기독교세계의 소위 집중화와 분산화의 대립과 긴장이라는 맥락의 연속선상에 두고 보고자 했다. 보편과 특수, 교황주의와 공의회주의, 제국과 민족이 그 집중화와 분산화의 긴장을 통해 갈등하면서도 공존을 모색한 중세 후기 기독교세계의 성격은 오늘날의 세계가 왜곡된 혹은 극단적 민족주의의 이름으로 직면하고 있는 도전들을 풀어나가기 위한 열쇠가 될 수 있지 않을까? 중세 후기 교황주의와 공의회주의의 대립, 제국과 민족의 대립의 과정에서 지역과 민족국가 중심의 사회적 종교적 이슈들이 종교개혁의 중요 동인들이었음에도 불구하고 교회적, 정치적 중재를 위한 사상적 발전과 노력들이 있었다. 특히 기독교세계의 역사적 보편성과 통일성을 중시한 모어와 에라스무스의 비전은[69] 우리로 하여금 왜곡된 민족주의의 재발흥과 사회적, 종교적 보수주의의 득세를 반성적으로 바라보도록 하고, 민족주의에 대한 지나치게 낙관적인 신뢰를 경계하도록 도전할 수 있을 것이다. 특히 에라스무스가 보여준 사고의 개방성, 중용, 그리고 인내, 무엇보다도 공공복지의 증진을 주장한 사례들은 오늘의 유럽 연합의 비전과 가치에 기여한 역사적 선례로 평가받는다. 바로 이점을 EU의 미래를 걱정하는 모든 이들이 기억할 필요가 있다.

---

69 지난 세기 제2차 세계대전의 종전을 앞두고 "새로운 사회 질서를 위한 모어와 에라스무스의 비전들"에 대해 글을 기고하면서 아담스(Robert P. Adams)는 다음과 같은 문장으로 그의 글을 마무리했다. "분명한 것은, 새롭고 합리적으로 사고된 좋은 사회에 대한 모어와 에라스무스의 비전은 빠져나오기 힘든 작은 섬의 지적 한계들에서 크게 도약하여 르네상스의 국제적이고 세계주의적 개념을 구현한다는 것이다." Robert P. Adams, "Designs by More and Erasmus for a New Social Order," *Studies in Philosophy* 42/2(April 1945), 145.

도움 받은 글

강상진. "12세기 서방 그리스도교의 자기이해 - 아벨라르두스(1079-1142)의 <철학자와 유대인과 그리스도교인과의 대화>를 중심으로."「철학사상」16(2003/6), 3-28.
고부응. 엮음.『탈식민주의: 이론과 쟁점』. 문학과 지성사, 2003.
김영철. "오캄의 정치철학과 포스트모던적 모티브."「철학사상」45 (2006/7), 47-68.
김정수. "구제역 정책실패로 인한 환경문제와 시민과학."「환경사회학연구 ECO」15/1(2011/6), 85-119.
김평중. "공의회주의자(conciliarist)로서의 토머스 모어와 그의 합의 사상."「역사학연구(구 전남사학)」19(2002), 689-711.
_____.『토마스 모어의 정치사상 연구』. 전남대학교 대학원 박사학위 논문. 1997.
김홍재.『인간복제의 시대가 온다』살림, 2005
김희영. "중세 크리스트교의 민족주의적 전환."「경주사학」32(2010/12), 175-196.
김희헌. "기독교 신학의 내적 딜레마에 대한 과정사상의 응답." 「한국조직신학논총」27(2010/9), 43-78.
내쉬, 로날드. 박찬호 옮김.『현대의 철학적 신론』. 살림, 2003.
데시데리우스 에라스무스, 차기태 옮김.『바보 여신의 바보 예찬』. 필맥, 2011.
데시데리린지, 앤드류. 장윤재 역.『동물 신학의 탐구』. 대장간, 2014.
베인턴, 롤란드. 이길상 옮김.『세계교회사』. 크리스챤다이제스트, 1997.
마크 배코프 지음, 윤성호 옮김.『동물 권리 선언』. 미래의 창, 2011.
맥페이그, 샐리.『기후 변화와 신학의 재구성』. 한국기독교연구소, 2008.
McFague, Sallie. A New Climate for Theology: God, the

World, and the Global Warming. Fortress, 2008.

메슬, 로버트. 이경호 역.『과정신학과 자연주의』. 이문, 2003. Mesle, Robert C. *Process Theology: A Basic Introduction*. St. Louis, Missouri: Chalice, 1993.

문시영.『생명복제에서 생명윤리로 - 테크놀로지 시대의 책임적 생명윤리』. 대한기독교서회, 2001.

문창옥.『화이트헤드과정철학의 이해』. 통나무, 1999.

박경수. "에라스무스의 평화주의 :『평화의 탄식』과『투르크족에 대항하는 전쟁에 관하여』를 중심으로."「신학논단」85(2016/9), 101-134.

박미선. "포스트식민주의와 페미니즘." Next (2004/7).

박은정 외.『줄기세포연구의 윤리와 법정책』. 이화여자대학교, 2004.

박충구.『생명복제 생명윤리』. 가치창조, 2001.

보리피리. "에라스무스 우신예찬." (2017/2/12). Http://blog.daum.net/shchang425/17046263.

브래들리, 이안. 이상훈·배규식 옮김.『녹색의 신: 환경주의적 성서해석』. 따님, 1996. Bradley, Ian. *God is Green*. Darton: Longman & Todd, 1990.

사이드, 에드워드. 박홍규 옮김.『오리엔탈리즘』. 교보문고, 1991.

송병선. "카리브 해의 혼종성과 정치적 의미." Http://www.latin21.com/board3/view.php?table=research_th&bd_idx=13

슈테판 츠바이크, 정민영 옮김.『에라스무스 평전 - 종교의 광기에 맞서 싸운 인문주의자』. 아롬미디어, 2006.

이승구.『인간 복제, 그 위험한 도전』. 예영커뮤니케이션, 2003.

이정배. "J. B. 맥다니엘의 생태신학 연구."「神學思想」133(2006/여름), 129-152.

_____.『생명의 하느님과 한국적 생명신학』. 새길, 2004.

_____.『신학의 생명화 신학의 영성화』. 대한기독교서회, 1999.

이화용. "교회와 주권, 보편성(universitas), 마르실리우스의 공의회주의."「서양중세사연구」10(2002), 33-58.

_____. "토마스 모어(Thomas More)의 이상국가론."「정치사상연구」
　　　7(2002/11), 91-107.
_____. "토마스 모어의 세계 – 시대를 넘어선 16세기 사상가."
　　　「동서인문학」46(2012/12), 225-249.
장왕식.『종교적 상대주의를 넘어서』. 대한기독교서회, 2002.
장의준. "신은 참되게 의미하는가? : 아벨라르와 보편자 논쟁."
　　　「신학과세계」85(2016/3), 243-269.
정강길.『화이트헤드와 새로운 민중신학』. 한국기독교연구소, 2004.
제임스 몬티, 성찬성 옮김.『성 토마스 모어』. 가톨릭출판사, 2006.
조용훈.『동서양의 자연관과 기독교 환경윤리』. 대한기독교서회, 2002.
쥘레, 도로테. 서광선 옮김.『현대신학의 패러다임』. 한국신학연구소, 1993.
추정완, 최경석, 권복규. "동물권 옹호론과 영장류 실험에 대한 윤리적
　　　검토."「생명윤리」8/1(2007/6), 41-53.
캅, 존. 김준우 역. "생태학, 과학, 종교: 포스트모던 세계관을 향하여."
　　　『세계의 신학』. (1996/여름), 231-241; (1996/가을), 237-249.
_____. 이경호 옮김.『생각하는 기독교인이라야 산다』. 한국기독교연구소,
　　2002. Cobb, John B. Jr. *Becoming a Thinking Christian*. Nashville:
　　Abingdon, 1993.
켈러, 캐더린. 신재식 역. "종말론, 생태학, 그리고 녹화를 위한 우월권."
　　　호남신학대학교 편.『생태학과 기독교 신학의 미래』. 한들, 1999.
　　　322-344. Keller, Catherine. "Eschatology, Ecology, and a
　　　Green Ecumenacy." In *Reconstructing Christian Theology*,
　　　eds. Rebecca S. Chopp and Mark Lewis Taylor, 326-345.
　　　Minneapolis: Fortress, 1994.
펜스, 그레고리 E. 엮음, 류지한 외 역.『인간복제 무엇이 문제인가?』. 울력,
　　　2002. Gregory Pence, ed. *Flesh of My Flesh: The Ethics of
　　　Cloning Humans*. Lanham: Rowan & Littlefield, 1998.
펜스, 그레고리 E. 이용해 역.『누가 인간복제를 두려워하는가?』. 양문,
　　　2001. Gregory E. Pence. *Who's Afraid of Human Cloning?*
　　　Lanham: Rowman & Littlefield, 1998.

피터 싱어 지음, 김성한 옮김. 『동물 해방』. 인간사랑, 1999.
한국기독교학회. 『포스트모더니즘과 탈식민주의 시대의 신학』. 한국신학연구소, 1996.
홍승표. "통일체적 세계관과 새로운 유토피아의 모색." 「한국사회과학연구」 25/2(2006/12), 195-219.
JTS의 자료집. (2008.04.30). "WSJ, '신자유주의 시대 가고 자국 이기주의 부활'. 세계화 지고 신국가주의." Http://blog.daum.net/shbaik6850/15287751.

Adams, Robert P. "Designs by More and Erasmus for a New Social Order." *Studies in Philosophy* 42/2(April 1945), 131-145.
Armstrong-Buck, Susan. "Nonhuman Experience: A Whiteheadian Analysis." *Process Studies* 18/1 (Spring 1989), 1-18.
Ashcroft, Bill., Gareth Griffiths and Helen Tiffin. Eds. *The Post-Colonial Reader*. London: Routledge, 1995.
Augustijn, Cornelis. *Erasmus His Life, Works, and Influence*. Toronto: Univ. of Toronto, 1991.
Bainton, Roland H. "Interpreations of the Reformation." *The American Historical Review* 66/1(October 1960), 74-84.
_____. *Christianity*. Boston, MA: Houghton Mifflin Co., 1964.
_____. *Erasmus of Christendom*. New York: Charles Scribner's Books, 1969.
_____. *The Reformation of the Sixteenth Century*. Boston, MA: Beacon, 1960.
Beardslee, William A. "Openness to the New in Apocalyptic and in Process Theology," *Process Studies* 3/3(Fall 1973), 169-78.
Bhabha, Homi K. *The Location of Culture*. London and New York: Routledge, 1994. 나병철 옮김. 『문화의 위치』. 소명, 2002.
Birch, Charles and John B. Cobb Jr. *The Liberation of Life: From the Cell to the Community*. Cambridge: Cambridge Univ., 1981. 찰스 버치 · 존 캅. 『생명의 해방 – 세포에서 공동체까지』.

양재섭·구미정 옮김. 한국연구재단 학술명저번역총서 서양편 255. 나남, 2010.

Birch, Charles, William Eakin and Jay B. McDaniel. *Liberating Life: Contemporary Approaches to Ecological Theology*. Ed. by Charles Birch, William Eakin, and Jay B. McDaniel. Maryknoll, N.Y.: Orbis Books, 1990.

Birch, Charles. "Process Thought: Its Value and Meaning To Me." *Process Studies* 19/4(Winter 1990), 219-229. Http://www.religion-online.org/showarticle.asp?title=2801.

_____. "Process Thought: Its Value and Meaning To Me." *Process Studies* 19/4(Winter 1990), 219-229. Http://www.religion-online.org/showarticle.asp?title=2801.

Boff, Leonardo. "Social Ecology: Poverty and Misery." In *Ecotheology: Voices from South and North*, ed. David G. Hallman, 235-247. Maryknoll, NY: Orbis Books, 1994.

_____. *Ecology and Liberation: A New Paradigm*. Maryknoll, NY: Orbis Books, 1995.

Bracken, Joseph A. S.J. *Christianity and Process Thought: Spirituality for a Chaning World*. Philadelphia: Templeton, 2006.

_____. *The One In The Many: A Contemporary Reconstruction of the God-World Relationship*. Grand Rapids, MI: William B. Eerdmans Publishing, 2001.

Case-Winters, Anna. *God's Power: Traditional Understandings and Contemporary Challenges*. Louisville, Kentucky: Westminster/John Knox, 1990.

Cauthen, Kenneth. *Science, Secularization and God*. Nashiville: Abingdon, 1969.

Chapman, Audrey R. *Unprecedented Choices: Religious Ethics at the Frontiers of Genetic Science*. Minneapolis: Fortress, 1999.

Childs, Peter and Patrick Williams. *An Introduction to Post-colonial Theory*. 김문환 옮김. 『탈식민주의 이론』. 문예출판사, 2004.

Chopp, Rebecca S. and Mark Lewis Taylor. *Reconstructing Christian Theology*. Minneapolis: Fortress, 1994.

Clayton, Philip. "God Beyond Orthodoxy: Process Theology for the 21st Century." *A paper presented at the Center for Process Studies at Claremont School of Theology* on Sept. 9, 2008. Http://clayton.ctr4process.org/files/papers/GodBeyondOrthodoxy-r3.pdf.

Cobb, John B. Jr. "Christianity, Economics, and Ecology." In *Christianity and ecology: seeking the well-being of earth and humans*, eds. Dieter T. Hessel and Rosemary R. Ruether, 497-511. Cambridge, MA: Harvard Univ., 2000.

_____. "Deep Ecology and Process Thought." *Process Studies* 30/1(Spring-Summer 2001), 112-131.

_____. "Process Theology and Environmental Issues." *Journal of Religion* 60/4(October 1980), 440-458.

_____. "What is the Future? A Process Perspective." *In Hope and the Future of Man*, ed. Ewert H. Cousins, 1-14. Philadelphia: Fortress, 1972.

_____. *After Noah: Animals and the Liberation of Theology*. London: Mowbray, 1997.

_____. *God and the World*. Philadelphia: Westminster, 1969.

_____. *Grace & Responsibility: A Wesleyan Theology for Today*. Nashville, TN: Abingdon, 1995.

_____. *Process Theology as Political Theology*. Philadelphia: Westminster, 1982.

_____. *Sustainability: Economics, Ecology and Justice*. Maryknoll, NY: Orbis Books, 1997.

_____. *The Lure of God: A Biblical Background for Process Theism*. Philadelphia: Fortress, 1978.

Cobb, John B. Jr. and David Griffin. *Process Theology: An Introductory Exposition*. Philadelphia: Westminster, 1976.

Daly, Herman E. and John B. Cobb Jr. *For the common good*. Boston: Beacon, 1994.

David J. Bromell, "Processing towards Death," *The Australasian Journal of Process Thought* 2(June 2001). Http://www/alfred.north.whitehead.com/ajpt-papers/vol02/02_bromell.htm.

Dombrowski, Daniel. *Hartshorne and Metaphysics of Animal Rights*. Albany, NY: State Univ. of New York, 1988.

Erasmus, Desiderius, Richard J. Schoeck, Beatrice Corrigan. *Collected Works of Erasmus: Controversies*. Univ. of Toronto, 1993.

Erasmus, Desiderius. *The Complaint of Peace*. Chicago: The Open Court Publishing Co., 1917.

_____. *The Praise of Folly*. New Haven: Yale Univ., 1979.

Faber, Roland. "Apocalypse in God: On the Power of God in Process Eschatology." *Process Studies* 31/2(2002), 65-96.

Farians, Elizabeth. "Is There Gospel Good News for the Animals: A Survey of Recent Literature." *Book Review for the Christian Vegetarian Association*. See www.christianveg.com.

Ford, Lewis S. "The Divine Activity of the Future." *Process Studies* 11(Fall 1981), 169-179.

_____. *The Lure of God: A Biblical Background for Process Theism*. Philadelphia: Fortress, 1978.

Friedman, Susan S. *Mappings: Feminism and the Cultural Geographies of Encounter*. Princeton: Princeton Univ., 1998.

Griffin, David R. "A Process Theology of Creation." *Mid-Stream* 13/1-2(Fall-Winter 1973/74), 48-70.

_____. "Whitehead's Contribution to a Theology of Nature." *Bucknell Review* 20/3(Winter 1972), 3-24.

Hackman, Sandra, ed. *The Nova Reader: Science at the Turn of the Millennium*. New York: TV Books, 1999.

Harrod, Howard. *The Animals Came Dancing: native american sacred ecology and animal kinship*. Tucson: Univ. of Arizona, 2000.

Hartshorne, Charles. *Man's Vision of God and the Logic of Theism*. Willet, Clark & Co., 1941.

_____. *The Divine Relativity: A Social Conception of God*. New Haven: Yale Univ., 1948.

Haug-Moritz, Gabriele. "The Holy Roman Empire, the Schmalkald League, and the Ideas of Confessional Nation-Building." *Proceedings of the American Philosophical Society* 152/4(December 2008), 427-439.

Hefner, Philip. *The Human Factor: Evolution, Culture, and Religion*. Minneapolis: Fortress, 1993.

Hessel, Dieter T. and Ruether, Rosemary R. *Christianity and Ecology*. Cambridge: Harvard Univ., 2000.

_____. Ed. *Theology for Earth Community: A Field Guide. Ecology and Justice Series*. Maryknoll, NY: Orbis Books, 1996.

Isasi-Diaz, Ada María. "A New Mestizaje/Mulatez: Re-conceptualizing Difference." An unprinted Paper for Class Use at Drew University.

Joarnson, Philip N. and Ken Butigan, ed. *Cry of the Environment: Rebuilding the Christian Creation Tradition*. Santa Fe, NM: Bear and Co., 1984.

Jones, L. Gregory. *Embodying Forgiveness*. Grand Rapids: W. B. E. Publishing Company, 1995.

Karlson III, Henry C. Antony. *All Creatures of Our God and King*. Indianapolis: CreateSpace, 2011.

Keller, Catherine. "Eschatology, Ecology, and a Green Ecumenacy." In *Reconstructing Christian Theology*, eds. Rebecca S. Chopp & Mark Lewis Taylor, 226-245. Minneapolis: Fortress, 1994.

_____. "Hybridity and Chaos: Theology on the Face of the Deep." An unpublished Draft of AAR Paper, October 1999.

_____. "Pneumatic Nudges: The Theology of Moltmann, Feminism, and the Future." In *The Future of Theology*, eds. Miroslav Volf, Carmen Krieg, and Thomas Kucharz, 142-153. Grand Rapids: Wm. B. Eerdmans, 1996.

_____. "Talk about the Weather: The Greening of Eschatology." In *Ecofeminism and the Sacred*, ed. Carol J. Adams, 30-49. New York: Continuum, 1993.

Kenny, Anthony. *Medieval Philosophy*. Oxford: Clarendon, 2005.

Koenraadt, Mathijs. "Erasmus's War against the Turks: A Warning from the Past." (7 August 2016). Http://koenraadt.info/essays/erasmuss-war-against-the-turks.html.

Kwok, Pui-lan. "Jesus the Hybrid: What Do You Say That I Am?" *A Draft for AAR Paper*, Boston, 1999.

Laven, Mary. "Encountering the Counter-Reformation." *Renaissance Quarterly* 59/3(Fall 2006), 706-720

Lee, Sang Sung. *The Korean Church As People's Movement*, Ph. D. Dissertation, Drew Univ., Madison, NJ, 1998.

Lee, Seung Gap. *The Hope of the Earth: A Process Eschatological Eco-ethics*. Saarbrücken: VDM Verlag, 2008.

Linzey, Andrew & Dorothy Yamamoto, eds. *Animals on the Agenda*. Urbana and Chicago: Univ. of Illinois, 1998.

Linzey, Andrew & Paul Barry Clarke. *Animal Rights: A Historical Anthology*. New York: Columbia Univ., 2005

Linzey, Andrew. "Making Peace with Creation: A Sermon at Harris Manchester College." *Expository Times* 110/9(June 1999), 283-284.

_____. "The Divine Worth of Other Creatures: A Response to Reviews of Animal Theology." *Review and Expository* 102(Winter 2005), 111-124.
_____. *Animal Gospel*. Louisville, KT: Westminster John Knox, 2000.
_____. *Animal Rights: Liturgies of Animal Care*. London: SCM, 1999.
_____. *Animal Theology: A Christian Assessment*. London: SCM, 1976.
_____. *Christianity and Rights of Animals*. London: SPCK, 1987.
_____. *Creatures of the Same God: explorations in animal theology*. New York, NY: Lantern Books, 2009.
_____. *Political Theory and Animal Rights*. London and Winchester: Pluto, 1990.
_____. *Why Animal Suffering Matters: Philosophy, Theology, And Practical Ethics*. Oxford: Oxford Univ., 2009.
_____. Ed. *The Link Between Animal Abuse and Human Violence* (Hardcover). Intl Specialized Book Service Inc.
Logan, George M. *The Cambridge Companion to Thomas More*. New York: Cambridge Univ., 2011.
Marius, Richard C. "Henry VIII, Thomas More, and the Bishop of Rome." *A Quarterly Journal Concerned with British Studies* 10, Quincentenial Essays on St. Thomas More (1978), 89-107.
McDaniel, Jay B. "Six Characters of a Post-Patriarchal Christianity." *Readings in Ecology and Feminist Theology*, eds. by Mary Heather MacKinnon and Moni McIntyre, 306-325. Sheed & Ward, 1995.
_____. *Of God and Pelicans: A Theology of Reverance for Life*. Louisville, KY: Westminster/John Knox, 1998.
McFague, Sallie. *Models of God: Theology for an Ecological, Nuclear Age*. London: SCM, 1987.
_____. *The Body of God*. Minneapolis: Fortress, 1993.

Mellert, Robert B. What is Process Theology? New York: Paulist, 1975.

Mesle, Robert C. *Process-Relational Philosophy: An Introduction to Alfred North Whitehead*. West Conshohocken, PA: Templeton Foundation, 2008.

_____. *Process Theology: A Basic Introduction*. St. Louis, Missouri: Chalice, 1993.

Min, Anselm K. "Anthropology and Theology in the Age of Globalization: Reflections on Theological Method." (December 5, 2006, Process Center Presentation, Revised 12/28/2006) *Process Perspective* 29/3(Fall 2006). Http://www.ctr4process.org/publications/SeminarPapers/29_3%20Min.pdf.

Moltmann, Jürgen. *God in Creation*. Minneapolis: Fortress, 1993.

More, Thomas. *St Thomas More: Selected Letters*, ed. E. F. Rogers. New Haven, CT: Yale Univ., 1961.

_____. *The Complete Works of St. Thomas More*, 15 vols., New Haven and London: Yale Univ., 1963-97.

Moses, Gregory James. "Process Relational Ecological Theology: Problems and Prospects," (July 2000). Http://members.optusnet.com.au/~gjmoses/ecothlfr.htm.

Moses, Gregory James. "Process Relational Ecological Theology: Problems and Prospects," (July 2000). Http://members.optusnet.com.au/~gjmoses/ecothlfr.htm.

Nash, James A. *Loving Nature: Ecological Integrity and Christian Responsibility*. Nashville, TN: Abingdon, 1991.

Oakley, Francis. *The Conciliarist Tradition: Constitutionalism in the Catholic Church 1300-1870*. Oxford Univ., 2003.

Ogden, Schubert M. "The Meaning of Christian Hope." Union Seminary Quarterly Review, Festschrift in Honor of Daniel

Day Williams 30(Winter-Summer 1975), 153-64.

Peters, Ted. "Genetics, Theology, and Ethics." In *Bridging Science and Religion*, ed. by Ted Peters & Gaymon Bennett, (London: SCM, 2002), 80-106.

Peters, Ted. *Playing God? - Genetic Determinism and Human Freedom*. New York: Routledge, 2003.

Polkinghorne, John. *Science and Providence*. London: SPCK, 1989.

_____.*The God of Hope and the End of the World*. New Haven: Yale Univ., 2002.

Pope John Paul II. "The Ecological Crisis: A Common Responsibility." *Message of POPE JOHN PAUL II for the celebration of the WORLD DAY OF PEACE*(1 January 1990).

Regan, Tom. *Defending Animal Rights*. Champaign, IL: Univ. of Illinois, 2007.

_____. *The Case for Animal Rights*. Berkeley and LA, CA: Univ. of California, 2004.

Ridley, Matt. *Nature Via Nature: Genes, Experience, & What Makes Us Human*. New York: Harper Collins, 2003.

Ritter, Gerhard. "Why the Reformation Occurred in Germany." *Church History* 27/2 (June 1958), 99-106.

Ronald Cole-Turner. *Human Cloning: Religious Responses*. Louisville: John Knox, 1997.

Rummel, Erika, ed. *The Erasmus Reader*. Toronto: Univ. of Toronto, 1996.

Simpson, Peter. *THE BIBLICAL CASE FOR BREXIT: Why Britain should leave the European Union and return to its historic Christian foundations*. Belmont House Publishing, 2016.

Singer, Peter. *The Case for Animal Rights*. New York: HaperCollins Publishers, 1975.

Suchocki, Marjorie Hewitt. "The Question of Immortality." *Journal of*

Religion 57(January 1977), 288-306.

_____. "As Good as It Gets? Musings on Morality and More," Creative Transformation 11/4(Fall 2002), 2-8.

_____. "What Is Process Theology?" A Conversation with Marjorie H. Suchocki. Process Faith, 2003. Http://www.processandfaith.org/publications/RedBook/What%20Is%20Process%20Theology.pdf.

_____. God-Christ-Church: A Practical Guide to Process Theology. New York: Crossroad, 1989.

Tshishiku, Tshibangu. "Eschatology and Cosmolgy." In Cosmology and Theology, ed. David Tracy and Nicholas Lash, 27-34. New York: Seabury, 1983.

Wade, Richard. "Animal Theology and Ethical Concerns." Australian EJournal of Theology Issue 2(February 2004).

Waters, Brent & Ronald Cole-Turner. God and the Embryo: Religious Voices on Stem Cells and Cloning. Washington, D.C.: Georgetown Univ., 2003.

Webb, Stephen H. On God and Dogs: A Christian Theology of Compassion for Animals. New York, NY: Oxford Univ., 1998.

Westermann, Claus. Creation. Tr. J. Scullion. London: SPCK, 1974.

White, Lynn Jr. "The Historical Roots of Our Ecological Crisis." Science 155(10 March 1967), 1203-7.

Whitehead, Alfred N. Adventures of Ideas. New York: Free, 1933.

_____. Modes of Thought. New York: Free, 1938.

_____. Process and Reality: An Essay in Cosmology. Corrected Edition by David Ray Griffin and Danald W. Sherburne. New York: Fortress, 1978.

_____. Religion in the Making. Lowell Lectures, 1926. New York: The MACMILLAN Company, 1926.

_____. *Science and the Modern World*. Lowell Lectures, 1925. New York, NY: Free, 1967.

_____. *The Concept of Nature*. Tarner Lectures, 1919. London: Cambridge Univ., 1971.

_____. *The Function of Reason*. Boston: Beacon, 1929.

Woodward, E. L. *Christianity and Nationalism in the Later Roman Empire*. Forgotten Books, 2016.

Young, Robert J. C. *Colonial Desire: Hybridity in Theory, Culture and Race*. New York: Routledge, 1995.